KB234913

# 3040
## 로드맵

WENIGER ARBEITEN, MEHR LEBEN by Hajo Neu
copyright © Campus Verlag GmbH 2003
Korean Language Edition is published by Haeto Publishing Co.
Korean Translation Copyright © 2003 by Haeto Publishing Co.
All rights reserved.
The Korean language edition is published by arrangement with
Campus Verlag GmbH through MOMO Agency, Seoul.

이 책의 한국어판 저작권은 모모 에이전시를 통해
Campus Verlag GmbH 사와의 독점 계약으로
도서출판 해토에 있습니다.
저작권법에 의해 한국 내에서 보호를 받는 저작물이므로
무단전재와 무단복제를 금합니다.

부 와  행 복 의  균 형 을  찾 는  다 운 시 프 팅  전 략

# 3040 로드맵

하요 노이 지음 _ 염정용 옮김

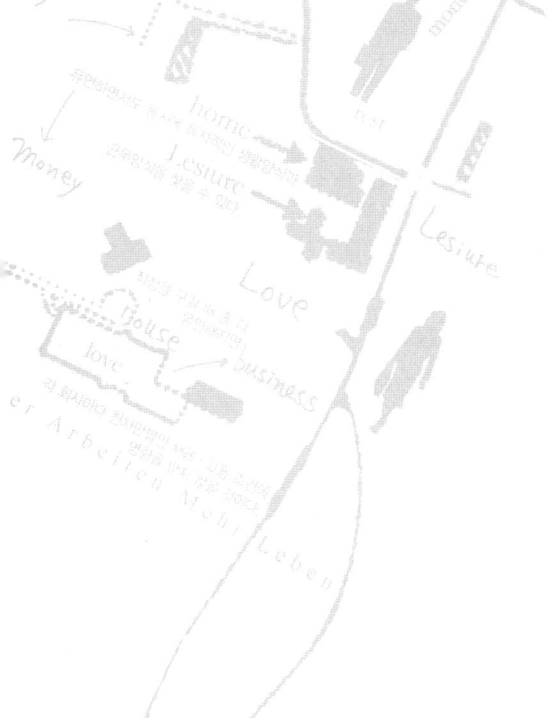

하모니

옮긴이 **염정용**

1961년 부산에서 출생하였다. 서울대학교 독어교육과를 졸업하고 동 대학원에서 박사학위를 받았다. 독일 마부르크(Marburg) 대학에서 독문학을 수학했으며, 서울대학교 강사를 거쳐 현재 전문 번역가로 활동하고 있다. 주요 역서로는《베를린의 한 여인》《말의 힘!》《안녕, 아인슈타인》《자본주의의 종말》《위기의 달러 경제》등이 있다.

# 3040
# 로드맵

하요 노이 지음
염정용 옮김

초판 1쇄 인쇄  2008년 3월 15일   초판 1쇄 발행  2008년 3월 20일
펴낸이 | 고찬규   펴낸곳 | 도서출판 해토   편집 | 지태진, 방재원
등록번호 | 제10-2631호   등록일자 | 2003년 4월 16일
경기도 고양시 일산동구 백석동 1324번지 동문굿모닝타워 2차 807호
전화 | 031)812-7165 팩스 | 031)812-7166   이메일 goodhaeto@empal.com


ISBN  978-89-90978-63-9  03320

잘못 만들어진 책은 구입한 곳에서 교환해드립니다.

당신도 일에 압도당하고 있다고 생각하는가?
일 외에 가족들, 취미 그리고 친구들을 위한 시간은
전혀 남아 있지 않은가?
이제 상황을 바꿀 수도 있다!

이제 약간 여유를 가지고 새로운 가능성들을 분석해보라.
이 책은 일에서 비롯되는 부담을 합리적인 수준으로 줄이고
삶의 질을 높이는 데 도움을 줄 것이다.

# 백만장자가 아니라도 행복하게 살아가기

만약 내일 당신의 통장에 10억 원이 들어온다면 어떨까? 세금도 없고 아무런 의무도 없고 당신 마음대로 사용할 수 있는 돈 10억이 말이다. 이것은 우리들 모두가 한번쯤 꿈꿔본 매력적인 생각일 것이다. 잠깐 더 생각해보자. 10억 원이 들어온다면 당신이 부자가 되는 것은 의심할 여지가 없다. 적어도 경제적인 근심은 하지 않아도 될 것이다. 그렇다면 당신의 일, 직장은 어떻게 할 것인가? 일을 그만두고 직장 생활을 완전히 청산할 궁리를 할 것인가? 아마 그렇지 않을 것이다.

성공적으로 직장 생활을 하고 있는 사람들은 대부분 이러한 엉뚱한 질문에 다음과 같이 대답할 것이다. "일을 그만두지는 않을 거예요. 그러나 약간 천천히 하겠어요. 저에게 중요한 일들에 신경을 쓰겠습니다. 아마 가족과 친구들을 위해 더 많은 시간을 투자하겠지요." 그러고 나서 대다수 사람들은 체념하며 이렇게 덧붙일 것이다.

"그러나 그게 무슨 소용이겠어요, 그만한 돈이 없는데. 그리고 직장 때문에 꼼짝할 수도 없어요. 그런 일은 절대 불가능해요." 그리고 대부분은 이 정도에서 생각을 멈춘다.

이러한 대답으로 미루어보건대, 대다수 사람들은 삶의 의미를 찾고 삶의 질을 높이기를 간절히 바라고 있음을 알 수 있다. 대다수 사람들은 분주하고 스트레스로 가득한 삶을 살아가며, 이따금씩은 생계에 대한 걱정도 할 것이다. 그리고 그들은 살아가면서 더 많은 것을 이루고 일을 줄이고 싶어 할 것이다. 통장에 이러한 꿈을 이룰 돈이 충분히 들어 있기만 하다면…….

그렇지만 만약 당신에게 그만한 돈이 필요 없다면 어떨까? 그렇다면 백만장자가 되려는 꿈은 당장 버리는 것이 좋다. 당신의 소망을 이루기 위해 꼭 부자가 될 필요는 없다. 당신의 배우자와 가족 그리고 오랫동안 간직해온 몇 가지 꿈을 이루는 데 필요한 여가가 있는 생활을 바란다면 말이다.

## 축하합니다!

당신은 사실 성공한 사람 축에 들지도 모른다. 넉넉한 사회적 명망과 함께 많은 봉급을 받고 즐겁게 일할 수 있는 직장이 있을지도 모른다. 출세의 사다리를 타고 승진하는 것은 시간문제일 수도 있다. 어쩌면 명함에는 멋진 직함이 새겨져 있고, 항상 최신형 휴대폰으로 통화를 하며, 회사에서 업무용 고급 승용차도 제공하고 있을지 모른다. 이미 많은 것을 이루었고 사장, 동료, 고객들에게 칭찬을 듣고 있을지도 모른다.

아니라고? 부족한 것이 있다고? 아마도 그것은 당신의 금전 상황이나 당신이 타고 다니는 차와는 전혀 상관없는 어떤 것일 것이다. 왜냐하면 당신은 희생을 감수했기 때문이다. 당신이 남성이라면, 자녀들은 서너 살 혹은 여덟 살쯤 되었을 것이다. 그리고 그 아이들이 얼마나 빨리 성장하는지 가슴 아프게 깨달았을 것이다. 그러나 당신은 그 아이들이 성장하는 것을 돌봐줄 수도, 상당 기간 아이들과 함께할 수도 없었을 것이다. 당신이 여성이라면, 어쩌면 출세를 위해 가족을 완전히 포기해버렸을지도 모른다. 그리고 당신은 잡지에 단골로 등장하는 커리어우먼들이 어떻게 '자녀 양육과 출세'를 그토록 완벽하게 조화시킬 수 있었는지 의아해할 것이다. 당신이 독신이라면, 아마 당신은 사무실 밖에서 만날 친구가 거의 없다는 사실을 깨닫게 될지도 모른다. 어쩌면 당신은 바쁜 직장 생활에도 여유롭게 영화를 보러 가고 피아노 레슨을 받거나 스키를 타러 가는 동창생들을 놀란 눈으로 바라볼 것이다.

어쨌거나 여가, 가족과 친구들은 완전히 한쪽으로 밀려나 있고, 당신은 현재 위치에 도달하기 위해 사실상 반평생을 보냈다는 허망한 기분에 시달린다. 더욱 서글픈 것은 앞으로도 삶의 질이나 삶의 의미 같은 살아가는 데 정말 중요한 사항들에는 별다른 변화가 일어나지 않으리라는 사실을 잘 알고 있다는 점이다.

지금 이 순간 당신은 의심의 여지없이 여러 가지 흥미로운 프로젝트에 정신을 빼앗기고 있을 것이다. 마케팅 캠페인을 기획하고 회계 결산을 맡거나 시스템 프로그램을 최적화하기 위해 골몰하고 있을 것이다. 이 모든 것들은 분명 재미있고 도전할 만한 가치가 있는 일이지만, 시급한 대형 거래를 성사시키기 위해 바삐 돌아다니고 다음 번 승진 계획을 세우는 일보다 더 중요한 것이 있다는 통렬한 깨달음은 얻지 못할 것이다. 왜냐하면 당신은 이 모든 일들이 책상에서 벗어나 친구들과 주말을 보내는 것이나, 어떤 사회활동에 참가하는 것이나, 학창 시절부터 간직해온 어떤 멋진 꿈(보트를 만드는 것이든, 과수원을 조성하는 것이든, 아니면 책을 쓰는 것이든 상관없이)을 실현하는 것과 동일한 비중을 차지하지 않는다는 사실을 분명히 알게 되었기 때문이다. 간단히 말해서, 당신의 생활이 오직 단 한 가지, 일만을 중심으로 돌아가고 있다는 냉철한 깨달음 말이다.

## 출세 가도에서 갓길로

어쩌면 당신은 출세의 무게중심이 갑자기 무자비하게 반대편으로 기울어서 다음과 같은 생각을 하는 사람들 중 한 명일지도 모른다. '원, 기가 막혀. 내가 해고되다니! 일자리나 구할 수 있다면 좋으련만!'

물론 이렇게 생각해볼 수도 있을 것이다. 당신은 최근 당혹스럽게도 한때 상당히 성공한 듯 보였던 자신의 인생이 산산 조각난 모습을 대하고 있는 것이다. 어쩌면 당신은 최근 몇 년 동안 미친 사람처럼 노력을 기울였을 것이다.

그러나 속으로는 늘 다음과 같이 다짐했을 것이다. '언제까지나 이렇게 하지는 않을 거야. 지금 이 일을 마쳐놓고, 다른 것에 신경 쓰기 위해 일을 약간 줄여야겠어.' 사실 이런 생각은 '몇 년만 더 하고 나서 일을 그만둬야지'라는 누구나 한번쯤 해보는 생각이다. 수많은 사람들이 매일 사무실로 출근하면서 정체된 차량이나 만원 지하철 속에서 이런 생각을 한다. 그러나 그뿐이다. 임원진의 전화나 대화 혹은 무미건조하게 작성된 공문을 통해 당신은 다음과 같은 칭찬을 받는다. "당신의 부단한 노력에 진심으로 감사드립니다!"

엄밀히 말하자면, 당신이 힘든 직장에서 최선을 다해 지쳐 쓰러질 정도로 일했든, 출세에 치명적인 타격을 입어 그제야 아주 씁쓸하게 최근 몇 년간의 노력이 상당 부분 물거품이 되어버렸다는 결론을 내렸든, 그것은 전혀 중요하지 않다. 분명한 것은 이토록 힘든 시절에는 일을 줄일 생각 따위는 할 수 없다는 사실이다. "소매를 걷어붙이고 더욱 분발하자"는 구호를 따를 수밖에 없다.

따라서 당신은 지금 이 순간 어쩌면 계속해서 부담을 주고 직장을 잃을지도 모른다는 불안을 느끼게 하는 판에 박힌 일에 더욱 몰두할 각오를 하고 있는지도 모른다. 아마 다음과 같은 알량한 논리를 펴면서 말이다. "결국 모두들 다 그렇게 하니까." 혹은 "아직 때가 되지는 않았지만, 난 벌써 저 긴 터널 반대편의 빛을 볼 수 있어!" 정말, 저기 아주 뒤편에서 희미한 불빛이 보인다. 그리고 늦어도 65세가 되면(연금 수령액이 부족하다면 70세가 되어서야) 어차피 일을 그만둘 수 있을 것이라는 점이 아무튼 위안이 된다. 하지만 아직 몇 년이나 더 남았단 말인가?

그러나 차도가 아니라 길 주변에서 벌어지는 일에 눈길을 돌려보면 어떨까? 만약 당신이 계획하고 있는 그런 일들을 생활 속에 더 많이 포함시키고, 무엇보다 당신에게 부담을 주는 모든 업무를 줄이려고 노력한다면 말이다. 당신의 개인적인 상황이 어떻든 상관없이, 충분히 여유를 가지고 이 책을 읽는 동안 어떤 대안을 숙고해보라. 인생에서 일이 더 작지만 훨씬 더 멋진 부분을 차지하는 그런 대안을 말이다.


## 고속 승진과 생계의 불안 사이에서

명망 있고 수입이 좋은 직장에 다니면서 성공과 물질적인 부유함을 보여주는, 높은 생활수준을 누리는 사람들이 적지 않다. 그들은 남들이 흔히 '성공' 했다고 말하는 사람들이지만, 결코 그것으로 만족하지 못하는 사람들이기도 하다. 그 이유는 다양하다.

오늘날 직업 세계는 과거 어느 때보다 다채롭고 흥미롭다. 직장생활은 우리의 부모들 시대보다 몇 배나 더 예측할 수 없고 가혹하게 변했다. 오늘날에는 어느 누구도 평생 한 회사에서만 일하리라고 기대할 수 없다. 다국적으로 활동하는 대기업들의 시대, 초대형 합병과 파산이 난무하는 시대에 평생직장을 얻기를 기대하는 것은 어리석은 일이다. 오늘 안전해 보이는 일자리, 비약적으로 보이는 출세는 이미 내일이면 사라진다. 직원들은 구조조정으로 떨어져나가고, 회사들은 공장시설을 폐쇄하거나 완전히 도산하기 때문이다.

중간직과 고위직 경영진들에게도 일자리를 둘러싼 경쟁이 일상적인 일이 되어버렸다. 급박한 일이 생기면 늘 연락할 수 있어야 하고, 늘 자리를 지키고 있어야 하며, 언제든지 만반의 준비를 갖추어야 한다. 오늘날 보통의 기술자, 기자, 선전원, 판촉 책임자는 5시 반에 필기구를 내려놓고 컴퓨터를 끄는 대신 오히려 초과 근무를 한두 시간 더 한다. 승진과 출세를 원하기 때문이다. 많은 사람들이 동료나 지인들이 이렇게 되는 과정을 지켜보았거나 직접 겪기도 했다.

이러한 상황이 악순환을 일으킨다. 불안한 일자리를 지키기 위해 개인은 더 많은 노력과 열의를 내보여야 한다. 또 어느 날 갑자기 구조조정으로 감원당하거나 합병으로 희생양이 되지 않을까 하는 불안이 늘 따라다닌다. 그 때문에 어쩔 수 없이 업무에 쏟아 붓는 시간과 정력이 견디기 힘들 정도로 늘어난다.

그리고 이러한 중압감은 그만한 대가를 치르게 한다. 가족생활과 사회 생활에서 오는 부담에 스트레스를 받을 뿐만 아니라 직장인이라면 누구나 갖고 있는 통상적인 증상들이 추가된다. 그것은 피로, 정서불안, 최악의 경우에는 질병으로 나타난다. 청룡열차를 타는 것처럼 우리들 대부분은 끊임없이 양극단을 오간다. 말 그대로 모든 것을 다 바치는 호황기에는 출세가 인생의 중심을 차지한다. 그러고 나서 경기에 따라 늘 반복되는 불황기가 찾아온다. 그러면 우리는 종종 생계조차 걱정할 지경에 이르게 된다. 다시 말하자면 우리는 전속력으로 추월선을 달리고 있거나, 아니면 엔진 고장으로 안전지대에서 견인차가 오기를 기다리는 것이다.


## 쳇바퀴 생활에서 벗어나기


일상적으로 벌어지는 판에 박힌 일에서 벗어나는 방책들은 대단히 많다. 우리는 다만 그것을 적극적으로 찾아내고 구체화하기만 하면 된다. 왜냐하면 최근 몇 년간 급격하게 발전한 새로운 직업 세계는 기회 또한 충분히 제공하기 때문이다. 그것은 양극단의 한가운데 놓여 있는 의미 있고 보람 있는 길을 찾는 많은 사람들에게 열려 있는 기회다.

현재 상황이 어떠하든 조만간에 누구나 다 어려움을 겪게 되며, 생활을 바꾸고 삶의 새로운 의미를 찾으려는 소망은 더욱 절박해질 것이라는 사실만은 확신할 수 있다. 그러나 사람들이 자신에 대한 의구심에서 이끌어내는 결론은 저마다 다르다. 어떤 사람들은 모든 의구심을 적어도 당분간은 한쪽으로 미뤄두고 앞으로도 지금까지와 똑같이 하기로 결심한다. 그리고 다른 사람들은 직장 생활과 개인 생활 사이에 또 다른 새로운 균형을 확립하려고 결심한다.

이 책을 읽는 당신은 아마 후자 쪽에 속할 것이다. 분명 당신은 이전에 한번쯤 일을 적게 하거나 중단하는 것, 나아가 '늦어도 50세가 되면 일을 완전히 그만두는 것'이 어떨까 하고 숙고해보았을 것이다. 이왕이면 50세가 되자마자 곧장 말이다. 하지만 50세에 일을 그만두려는 꿈은 거의 대부분 사람들에게는 아쉽게도 단지 꿈으로만 남게 된다.

이 책에서 소개할, 성공적인 사회 생활을 한 많은 사람들 중에서 이러한 꿈을 실현하기 위해 구체적인 계획을 세운 사람은 단 한 명도 없었다. 그 이유는 비교적 단순하다. 50세가 되면 일을 그만두려는 사람들은 그들의 인생문제를 당장 해결하는 대신 나중의 일로 미뤄두기 때문이다. 최악의 경우에 그들은 자신들의 직장과 인생의 위기를 더욱 악화시킬 뿐이며, 일을 그만둘 사전준비가 필요한 기간에 더 많은 일을 하고 더 많은 스트레스를 받고서야 겨우 그 꿈을 이룬다. 나중에 그들은 이전보다 더욱 심한 곤경에 처해 있다는 사실을 깨닫게 될 뿐이다.

따라서 좀 더 현명한 대안은 이런 것이다. 생활양식과 근무양식을 수많은 작은 단계들로 바꾸고, 스트레스와 바쁜 활동과 지나친 물질적 풍요에서 벗어나 지금까지 너무 소홀하게 다루어온 삶의 가치들을 되찾는 것이다.

## 출세 지향적인 사회에서 벗어나라

이렇게 자신의 삶을 단계적으로 변화시키기 위해 확고하게 자리 잡은 개념이 바로 다운시프팅(Downshifting)이다. 다운시프팅이란 자동차 기어를 저속으로 한두 단 내리고 직장에서 벌어지는 일상의 중압감과 분망함을 털어버리고 참으로 유익하고 보람 있는 일에 전념하는 것을 말한다.

어쩌면 당신은 일과 생활 사이의 균형이라는 주제를 다루는 전통적인 안내서들이 별 도움이 되지 않는 사람들 축에 들지도 모른다. 그 이유는 이러한 안내서에서는 종종 한 가지 사실을 무시하기 때문일 것이다. 많은 사람들이 살아가면서 부딪히는 가장 중요한 문제는 그들이 일할 준비가 되어 있지 않거나 수입이 너무 적거나 친구들이 없다거나 그런 것들이 아니다. 가장 중요한 문제는 그야말로 그들을 압박하고 있는 '일'이 '나머지 생활'보다 압도적으로 우위를 차지하고 있다는 데 있다.

그 때문에 다운시프팅이라는 아이디어가 당신에게는 훨씬 더 나은 안내서가 될 수 있다. 일과 생활 사이의 균형이라는 전통적인 구상과는 달리 여기서는 무엇보다 일과 당신의 관계를 다시 정하는 것이 중요하다. 당신이 현재 1주일에 50시간 혹은 그 이상을 뼈 빠지게 일하고 있든, 아니면 책임감 때문에 사표를 내고 바쁘게 여러 헤드헌터들을 찾아다니고 있든 상관없다. 일과 직장의 역할, 규모, 의미를 새롭게 규정하고, 그 불가피한 결과로 생활의 다른 많은 면들을

개선하기만 하면 되는 것이다. 얼마나 바꾸느냐는 오로지 당신의 소
망과 개인적인 상황에 달려 있다.

다운시프팅은 얼핏 '일을 적게 하는 것'과 관련 있는 것처럼 보인
다. 사실 다운시프팅의 출발점은 '일을 많이 하는 것'이다. 지금까
지 너무나 소홀하게 다루어왔지만, 인생을 풍부하게 만들어주는 올
바르고 중요한 일들을 더 많이 하는 것이다. 따라서 다운시프팅은
일을 완전히 그만두는 것을 의미하는 것이 아니다. 다운시프팅을 하
는 사람들은 전통적인 의미에서 일을 그만두는 사람들이 아니라 직
업을 바꾸는 사람들이며, 더 좋게 말하자면 새롭게 시작하는 사람들
이다. 그들은 과거와는 전혀 다른 생활을 시작하기로 선택한 사람들
이다. 그들은 일을 할 때 긍정적이고 적극적으로 생각하는 사람들이
며, 자신의 문제점이 무엇인지 살펴보고 그들의 수준 높은 직장 생
활과 물질적인 풍요 그리고 지나친 사치 역시 값비싼 대가를 치르고
서(일 이외의 생활을 포기하고서) 얻은 것이라는 사실을 명확히 깨달은
사람들이다.


## 이 책이 당신에게 도움이 되는 점

《3040 로드맵》이라는 제목의 이 책에서는 단순히 새로운 삶의 방
식을 제시하는 것만은 아니다. 이 책은 일을 급히 처리하느라 지칠
정도로 바쁘게 돌아가는 이른바 '고강도 생활양식'을 극복하기 위

해 당신이 알아야 할 모든 것을 설명해준다. 이 책은 더욱 보람 있는 생활을 바라는 꿈이 어떻게 실현되는지를 알려주는 자세한 점검 항목과 실무에 유용한 조언들을 담고 있다. 그리고 더 나은 삶을 바라는 소망이 깨어나는 순간부터 자신의 직장 생활을 바꾸고 자신의 소망대로 삶을 새롭게 꾸미는 단계에 이르는 과정에서 나타날 수 있는 모든 과제와 문제점들도 함께 다루고 있다.

이 책을 읽기 전에 알아야 할 것이 있다. 소망을 이루는 길은 다양하며 누구에게나 들어맞는 이상적인 해결책이란 없다는 사실이다. 그러므로 각 장 마지막에 나오는 질문과 점검 항목을 이용하여 더 나은 삶을 바라는 당신의 욕구가 어느 정도인지 확인해야 할 것이다. 그렇게 하면 '다운시프팅 계획'이 당신에게 얼마나 절실한지 명확히 깨닫게 될 것이다. 그리고 당신의 생활을 어느 날 갑자기 완전히 바꾸고 싶지 않을 때도, 계획을 미리 세워놓는 것이 가치 있는 일이라는 사실도 깨닫게 될 것이다.

여기서 지적하고 싶은 것은, 새로운 생활의 균형이 무엇인지 규정하고 그것을 마침내 확고하게 뿌리내리게 하는 일은 결코 며칠 안에 할 수 없다는 점이다. 그 전에 몇 가지 계획과 사전준비가 필요하다. 그리고 지금 당신이 조금이라도 그렇게 할 능력이 있는지 따져보고 있다면, 다음과 같은 사실을 알아야만 한다. 여기에는 당신이 현재 위치에 오르기 위해 투여한 바로 그런 인간적인 자질, 말하자면 용단, 의지력 그리고 낙관적인 태도가 필요하다. 따라서 《3040 로드맵》은 직장에서 이미 성공을 거둔 바 있는 사람들을 위해 씌어진 것이다. 그리고 이제 자신의 인생과 관련된 새로운 도전에 나서고 싶어 하는 사람들을 위한 것이다.

다운시프팅은 모두 네 단계의 이정표로 구성되어 있다. 당신이 자동차를 타고 출세 가도를 달리고 있다고 가정해보자. 당신의 목표는 기어를 한두 단 내리는 것일 수도 있고, 아니면 달리고 있는 도로에서 완전히 벗어나는 것일 수도 있다. 목표를 이루기 위해서는 우선 사전준비를 해야 한다. 각각의 이정표가 나타날 때마다 당신은 다운시프팅이라는 길 위에 놓인 목적지에 성큼 다가가게 된다. 물론 이 표지판들이 반드시 일정 간격으로 떨어져 있는 것은 아니다. 어떤 이정표에는 빠르고 쉽게 도달할 수 있는 반면, 다음 이정표로 가는 여정은 시간이 약간 더 걸릴 수도 있다.


- 먼저 지금까지의 (직장) 생활과 얼마나 거리를 두고 싶은지 정하는 것으로 첫 번째 다운시프팅 이정표에 도달한다. 당신이 끌어낼 수 있는 잠재력이 얼마나 되며, 당신의 생활을 얼마나 새롭게 바꾸고 얼마나 더 느리게 만들고 싶은지 명확히 파악한다.

- 두 번째 이정표에는 "돈과 행복 — 이전처럼 지나치게 풍요롭지 않으면서도 많은 것을 성취하기"라는 글이 새겨져 있다.

- 세 번째 이정표는 당신이 지금까지 해온 일 그리고 앞으로 할 일과 관련된 것이다. 일을 합리적이면서도 보람 있는 규모로 맞추고, 당신의 앞날을 위해 꼭 필요한 변화를 불러올 계획을 세

우는 것이다.

● 마지막 네 번째 이정표에서는 마침내 당신이 살아오면서 지금까지 비중 있게 다루지 못했던 모든 것을 더욱 촉진하고 향상시키는 방법을 다룬다. 여기까지 달려오면서 어떤 성과를 올렸느냐에 따라 당신은 새로 생겨난 여지를 새롭게 채우고 당신의 생활에 새로운 의미를 부여할 수 있다.

이 책 끝부분에는 당신이 목적지에 정확히 도달할 수 있도록 도움을 주는 상세한 계획표와 새로운 '도로지도' 가 나온다. 이 도로지도로 이정표의 위치와 아직 남아 있는 거리가 얼마나 되는지 알아볼 수 있다. 당신의 성과를 측정해볼 수도 있고, 혹시 정해진 길에서 너무 멀리 벗어나 있는 것은 아닌지도 확인할 수 있다.

준비되었는가? 당신은 이미 첫 번째 다운시프팅 이정표로 가는 길로 접어든 셈이다!

**제15장 | 그날 이후**

# 거리를 유지하라

직장생활을 비롯한 당신의 삶을

바꿀 수 있는 여지가 얼마나 되는지 확인하라.

그런 다음 당신의 생활을 얼마나 바꾸고 싶은지

얼마나 더 느리게 만들고 싶은지 명확히 파악하라.

**제 1 장**
# 이젠 못하겠어!

누구나 자신이 불행한 일을 당하지 않기를 바라지만, 결국 아무도 확신하지는 못한다. 탄탄한 성장과 결코 끝나지 않을 것 같던 번영의 시대는 끝나버렸고, 화려한 출세가 오직 열의와 인내의 결과였던 시절도 그와 함께 끝났다. 독일 산업부와 상공부의 조사에 따르면, 합병으로 기업을 정리하고 일자리가 완만하게 줄어드는 국면은 앞으로도 몇 년간 줄기차게 이어질 것이라고 한다. 독일 기업의 3분의 1이 계속해서 일자리를 줄이려고 한다. 그리고 1980년대나 1990년대와는 달리 기술자, 생산 관리자, 법률가와 같은 고도의 자질을 갖추고 전문교육을 받은 경영진과 개발부서 직원들도 해고 대상에 포함된다. 이들은 고등교육을 받았고 지금까지 출세 가도에 아무런 장애물도 나타나지 않을 것이라고 믿었던 사람들이다.

그사이에 회사 분위기는 더욱 냉혹하게 변했다. 친절, 다정한 말투, 1980년대에 타오르던 숭고한 이념들은 눈 깜짝할 새에 자취를 감취버렸다. 오늘날에는 어느 누구도 즐겁게 공동의 원대한 목표를 이루려고 노력하는 직업 세계가 있다고 말하지 않는다. 오히려 그 반대다. 잘나가는 기업에서조차 직원들은 자신들의 일자리가 얼마나 안전한지 따져본다. 그리고 기업의 새로운 분위기가 마음에 들지 않는 사람은 떠나면 그만이다.

세계화뿐 아니라 엄청나게 빠른 발전 속도도 기업들과 거기서 직원들이 일하는 양식을 변화시킨다. 제휴와 합병이 일상이 되어버렸고, 기업전략과 시장전략은 계속 변화하며, 경쟁은 더욱 가속화된다. 이처럼 시장 여건이 바뀌면 종업원들이 가장 먼저 희생된다. 이러한 상황은 변화에 가장 큰 영향을 받는 IT산업 분야와 서비스 분야에서도 마찬가지다. 그리고 전문가들뿐 아니라 일반 직원들에게도 해당되며, 계급서열을 막론하고 모든 계층에 해당된다. 그 냉혹한 결과로 이제 많은 직원들이 내일이면 어디에 고용되어 있을지 모른다. 그들의 일자리가 안전할지, 아니면 길거리로 내몰리게 될지 모르는 것이다.


실업과 해고, 이것은 전문교육을 받은 은행원이자 경영 전문가인 마르쿠스에게는 남의 일이었을 뿐이다. 서른한 살이 된 이 남자는 석사과정을 우수한 성적으로 마쳤고, 런던과 제네바에서 공부했다. 프랑크푸르트의 한 투자은행이 그를 채용한 것은, 이 야심 찬 석사 은행원에게는 지금까지 살아온 과정의 당연한 결과일 뿐이었다. 그의 인생에는 출세밖에는 없을 것 같았다. 마르쿠스의 참담한 불행은 2002년 여름 그 대형 은행의 근무처가 사라지면서 시작되었다. 그의 부서에서 처음으로 해고가 있을 것이라는 소문이 나돌 때만 해도 그의 상사는 별것 아니라고 말하며 그를 위해 적극적으로 나서겠다고 약속했다. 그 약속은 정확히 2주 동안만 지켜졌다. 그 후에 해고 통지서가 날아왔다. 마르쿠스가 분노와 자책감에서 벗어나는 데도 정확히 2주가 걸렸다. 마르쿠스는 마침내 지금까지 자신이 너무나 일방적으로 출세에 매달려왔다는 사실을 깨달았다.

## 역동적이고 유연하게

외부 여건뿐 아니라 회사 내의 업무 강도도 격심한 변화를 겪었다. 30년 전만 하더라도 1주일에 50시간이나 60시간 이상 일하는 사람들은 극히 드물었다. 그러나 오늘날에는 중간 경영진들조차 저녁에 초과 근무를 하고 주말에는 세미나와 계속교육에 참가하는 것이 보통이다. 역동적이고 유연하게 그리고 하루 12시간 근무를 마친 후에도 회의에 기꺼이 참석해야 한다. 이것이 많은 회사들이 직원들에게 제시하는 근무규정이다. 그리고 이것이 성공을 거둔 수많은 직장인들이 떠올리는 자기 자신의 모습이다.

그런데 우리는 이러한 생활양식이 어떤 결과를 가져올지 깨닫지 못한다. 이런 압박감과 일상의 부담은 20대 말에서 30대 초반에는 이겨낼 수 있지만, 시간과 에너지가 자신의 수명 계좌에서 끊임없이 빠져나가고 있다는 사실은 전혀 알아차리지 못한다. 그러나 적어도 40, 50대가 되면 이런 생활의 결과가 노골적으로 드러난다. 말하자면 20대 중반처럼 컨디션이 좋아야 하거나 혹은 주변 사람들에게 억지로 그런 정력이 있는 것처럼 보여야만 할 때 말이다.

이러한 부담은 당연히 육체 건강에도 영향을 미친다. 대부분 우리가 직장 생활이라는 제단에 가장 먼저 희생물로 바쳐야 하는 것이 바로 건강이다. 건강을 해치는 주범은 스트레스다. 끊임없이 적응해야 하고, 외부에서 압박을 받고, 또 늘 최고의 실력으로 실수 없이 대처하기 위해 노력해야 하기 때문이다. 그 결과 우리는 신경과민, 만성피로, 수면 장애, 그리고 또 드물지 않게 불안감도 드러낸다. 가장 심각한 결과는 도전을 기회가 아니라 위기로 받아들이는 것이다. 이러한 사람들은 불행할 뿐 아니라 질병에도 더 쉽게 걸린다.

게다가 많은 일을 하고, 제대로 먹지 못해 건강을 해치고, 운동을 거의 하지 않는 사람들은 상황을 더욱 악화시킨다. 노동·사회 분야 보건재단(IAS)에서 시행한 2001년도의 한 연구 결과를 보면, 독일의 회사 간부들이 자신을 돌보지 않는 위험한 풍조가 만연해 있다는 사실을 알 수 있다. "업무 부담을 많이 받는 단계에서 운동을 줄이는 경향이 있다." 그리고 이 연구자들은 다음과 같은 결론을 내린다. "이러한 태도는 심장혈관 위험뿐 아니라 스트레스 해소와 정신 건강에도 상당히 부정적인 영향을 미친다는 사실이 최근의 연구조사에서 두드러진다."

매년 수천 명에 이르는 경영진들의 건강상태를 검진하는 이 연구소는 그 결과 이들 중 3분의 1에게서 고혈압, 과체중 혹은 혈중 지방 수치 증가 같은 증세가 나타난다고 진단한다. 이러한 증세들은 심장 순환기 질병, 경색증 혹은 뇌졸중에 심각한 위험요인들이다. 바꾸어 말하자면, 일을 많이 하는 사람들이 불행하게도 건강을 돌보는 일들 (비용이 가장 적게 들면서도 최상의 방법인 규칙적인 운동 같은)을 출세를 위해 가장 일찍 포기하는 것이다.

붐을 이루고 있는 건강 관련 회사들은 이 점을 오래전에 알아차리고 갖가지 취향에 맞춰 저렴한 비용으로 스트레스를 받는 직장인들을 (부당하게 속여서) 안심시키기에 적당한 프로그램들을 내놓는다. 요가 강좌, 도자기 강좌, 패러글라이딩 강좌에 등록하면 사람들은 일시적으로 분주함에서 벗어났다고 안심하게 된다. 그러나 이렇게 한다고 해서 지속적인 변화나 혁신적이고 더 건전한 생활양식이 생겨나지는 않는다. 새롭게 치료를 받은 사람들도 얼마 지나지 않아 다시 이전의 습관으로 되돌아가는 경우가 빈번하다.

이 육체적인 시달림에 또 하나의 부정적인 요인이 추가된다. 오로지 일에만 매달리는 사람들은 직장 생활이 위기에 빠지면 곧장 자신의 인생에 심각한 위기가 찾아왔다고 부풀려서 생각할 위험이 있다. 모든 것을 출세를 위해 내주고 직장 외에는 아무 지향점이 없는 사람들은 좌절을 겪으면 그나마 빈약한 균형을 완전히 잃어버릴 위험에 처한다. 여기서 좌절이란 추진 중인 프로젝트에 실패하거나, 계약을 성사시키지 못하거나 혹은 상사에게서 질책을 받는 것이 될 수도 있다. 이러한 실패를 직업과 관련 없는 다른 분야의 성공으로 상쇄할 수 없는 사람은 심각한 좌절을 극복하기가 매우 힘들다. 그래서 이들은 자신이 직장에서 실패했다고 여기면서 곧장 자신의 인격을 의문시한다.

반면에 심리학자들이 말하는 이른바 '복합적인 자아관'을 가진 사람에게는 이러한 문제가 생기지 않는다. 복합적인 자아관을 가진 사람들은 그들 자신을 직장과 출세로만 규정하는 것이 아니라, 다른 수많은 정체성을 통해 판단하기 때문이다. 가령 사회활동에 헌신하는 사람, 가정을 이끌어가는 아버지나 어머니, 성공한 아마추어 예술가나 운동선수로서 말이다.


함부르크 출신의 광고 매니저 카렌의 사례를 보면 알 수 있듯이, 처음에는 대부분 단순히 시간이 부족하다는 사실만 문제가 된다. 서른네 살인 그녀는 초고속 출세를 했으며, 대형 광고회사의 견습생에서 회계부장으로 기록적으로 승진했다. 파워 우먼이 된 그녀가 상당히 자부심을 느끼고 있는 이 멋진 직장에 지불한 대가는 이런 것이다. 매일 10시간에서 12시간의 근무, 주말 근무, 고객들에게 받는 스트레스와 중압감. 사회 생활과 인간관계에서 부족했던 점을 살펴보면, 그녀도 여러 동료들과 별다를 바가 없었다. "사람들은 내가 몇 년 더 이렇게 나가다가 갑자기 한직으로 물러나게 될 것이라고 장담하고 있다니까, 기가 막혀서."

모든 사람들이 서로 다른 수많은 자질과 능력을 가지고 있는 것은
자연스러운 일이다. 우리 내면에는 아주 놀라운 재능들이 숨겨져 있
다. 그렇지만 편협한 자아관 때문에 오직 출세만을 좇는 사람들의
재능은 위축되어버린다. 그러한 사람들은 사무실에서 조금만 잘못
을 저질러도 깊은 절망에 빠진다.


## 엄청난 변화를 겪고 있는 노동하는 인간

역설적으로 들릴지 모르지만, 개인의 노동양식과 생활양식을 긍정
적으로 변화시킬 가능성은 바로 변화하는 직업 세계에 있다. 오늘날
의 직업 세계는 이제 다운시프팅과 직업의 스트레스에서 벗어난 또
다른 생활양식을 진정한 대안으로 제시해준다. '노동하는 인간(Homo
Laborans)' 은 철저한 변혁 과정, 전문가의 견해에 따르면 산업혁명 이
후로 가장 심각한 변화에 직면해 있다.

우리 부모들 세대가 경험한 고정적이고 변함없는 직장 생활, 그
리고 또한 전통적인 인생 행로(직업교육을 받고, 경우에 따라서는 대학
에 다니고, 한 회사에서만 수년 동안 일하고, 그 후에는 엄숙하게 퇴임을 한
다)는 머지않아 완전히 과거의 일이 될 것이다. 회사는 특정한 목적
을 위해 결성된 시한부 결사체로 변한다. 고용주와 근로자 사이에

는 점점 더 제한적이고 단기적인 관계가 생겨날 것이며, 그러한 관계는 양측 모두 거기서 이익을 얻는 동안에만 유지된다. 정규직의 일자리는 하청업체와 비정규직 근로자들이 대신하고, 정식 부서는 임무를 수행하는 데 필요한 기간에만 함께 일하는 프로젝트 팀으로 바뀐다. 직장의 안정과 종신고용 보장은 이제 옛날 얘기가 되어버렸다.

그 이유는 간단하다. 제품들은 더욱 짧은 주기로 시장에 쏟아져 나오고, 기술의 혁신 속도는 기업들에게 그들의 전략을 점점 더 빨리빨리 바꾸도록 요구한다. 정신없이 바뀌는 경영 전략에 직원들의 수와 자격 요건들이 지속적으로 따라주어야만 하는 것이다. 지금 이 새로운 고용 방식이 일시적이거나 주기에 따른 반복적인 현상이라고 믿는 사람은 잘못 생각한 것이다. 고용 구조의 장기적이고 근본적인 변화가 일어나고 있다. 이것은 먼 장래에나 일어날 일처럼 들리겠지만, 많은 기업과 전문분야에서 이미 현실이 되어버렸다.

당신은 어쩌면 여전히 이렇게 생각하고 있는지도 모른다. "흥미롭군, 그러나 그것은 아직 나와는 상관없는 일이야. 내 직장은 안전해." 독일 통계청(이곳은 공포 분위기를 조성하거나 일방적인 편들기를 하고 있다고 비난할 수 있는 기관이 결코 아니다)은 이 문제와 관련된 설문조사(《마이크로 센서스 2001》) 결과, 1991년 4월부터 2001년 4월까지 독일에서 시간제 고용자 수가 470만 명에서 680만 명으로 44퍼센트 증가했다는 사실을 밝혀냈다. 자영업자 수는 10년 동안 20퍼센트 증가해서 360만 명이 되었다. 반면에 독일의 정규직 노동자 수는 11퍼센트 하락했다. 이제 확신할 수 있겠는가? 이러한 변화로 예상할 수 있는 결론은 명확하다. 직업 활동이 앞으로는 더 융통성 있게, 그리고 무엇보다 자기 책임하에 이루어질 것이다.

그러므로 당신은 거침없이 승승장구하는 출세 따위는 기대하지 않는 편이 좋을 것이다. 끝에 가서 사장이 당신에게 금제 만년필을 건네주고 풍족한 연금생활을 하도록 해주는 그런 출세 말이다. 그 대신 변화와 새로운 여건에 대비하라. 당신이 준비가 되어 있다면, 전혀 당황할 필요가 없다. 그리고 바로 이렇게 준비하는 것으로 당신은 이미 다운시프팅이라는 주제의 한가운데에 들어와 있는 셈이다.

다운시프팅 계획을 성공적으로 실행하면 당신은 또한 유연하면서도 동시에 독자적인 생활양식과 근무양식을 찾을 수 있을 것이다. 직장을 구할 때 유연해지고, 각 회사마다 변동이 심한 요구사항과 고용기회에 영향을 받지 않게 될 것이다. 인력 컨설턴트들은 이것을 이미 '패치워크(patchwork, 조각보) 경력'이라고 부른다. 이것은 건너뛰거나 돌아갈 수 있도록 해주며, 또한 옆으로나 (겉으로 보기에는) 거꾸로도 진행되는 직업 활동이다. 그리고 일을 개인의 생활에 맞출 수 있는 가능성을 제공하는 그런 직업 활동이다.

따라서 지금 이 순간 우리가 헤쳐 나가고 있는 상황은 다운시프팅을 하는 사람들에게는 수많은 가능성을 제공한다. 그리고 변화를 알아내고 혹시 일어날지도 모르는 변동에 대비해온 사람은 새로운 직업 세계에서 유리한 고지를 차지할 수 있으며, 다운시프팅을 하기에 가장 적절한 시점도 선택할 수 있다.

## 새로운 사회적 신분상징들

행로를 바꾸는 이유는 사람들의 개성만큼이나 다양하며, 어떤 특별한 출신성분이나 직업교육과는 전혀 상관이 없다. 자신의 경제활동을 한두 단 저속으로 늦추려는 결심을 한 사람들은 사회계층도 이력도 매우 다양하다. 그들은 모두 자신들만의 이유가 있었고 지금도 그렇다. 그러나 한 가지 공통점이 있다. 그들은 지금까지의 생활계획에 불만이 있었고, 변화를 불러와 상황을 개선하려는 확고한 생각이 있었다. 그들은 지금까지 거둔 상당한 수입과 그 덕분에 누린 높은 생활수준을 위해 너무나 많은 대가를 치르고 있다는 사실을 깨달은 사람들이다. 그 대가는 스트레스와 질병, 단절된 인간관계, 가족과 친구들에게서 오랫동안이나 떨어져 지내는 것이었다.

비록 당신이 지금까지 위에서 설명한 사례들 가운데 하나에 해당되지 않는다 하더라도, 저명한 후원자들이 더 나은 삶을 바라는 당신의 소망을 지원하고 있는 것은 분명하다. 가령 미국에서 터보자본주의(미국 경제학자 에드워드 러트웍이 소련과 동구권 붕괴 이후 아무런 장애물이 없는 상태에서 더욱 맹렬하게 달려가는 자본주의를 가리켜 사용한 표현—편집자 주)를 주창해온 사람들 가운데 한 명이 얼마 전에 자신의 내면을 성찰하라고 호소했다. "비즈니스에서 아무리 성공하더라도 그것이 사생활 영역에서 겪는 어떤 결손을 매워줄 수는 없습니다!" 하버드 경영대학원 학장이 졸업생들에게 들려준 말이다.(《비르트샤프트보케(*Wirtschaftswoche*)》2000년 32호, 100쪽 이하)

위에서 설명한 딜레마에서 벗어날 방책을 찾는 사람들이 점점 늘고 있다. 2000년도 《비르트샤프트보케》에 실린 '미래의 엘리트'에 대한 한 설문조사에서(2000년 15호와 25호) 40세 이하의 경영진들 가운데 절반 이상이 가족이 차지하는 비중이 직장과 출세가 차지하는 비중보다 '훨씬 더 높다'고 밝혔고, 동시에 원만한 사생활의 중요성을 강조했다. 그 이유는 젊은 직장인들이 일에 모든 것을 빼앗긴 부모들 세대를 아직도 자주 대하기 때문이다. 따라서 새로운 사회적 신분상징보다는 가족과 여가에 가치를 부여하는 것이다. 사람들은 수명이 다하면 직업상의 출세를 둘도 없는 귀감으로 내세우는 것이 아니라 죽을 뿐이다.

## 결정할 때가 되었다

많은 사람들은 인생의 위기를 너무나 성급하게 쉽게 포기해도 좋은 부정적인 경험으로 치부한다. 진정한 위기를 아직 겪어보지 못한 사람들일수록 더욱 그렇다. 그리고 그들은 위기가 나름대로 소중하고 의미 있는 것이라는 사실을 모른다. 여기서 잠깐 동안 이것이 경제위기와 관련하여 무엇을 의미하는지 마음속으로 한번 떠올려보자. 경제위기가 닥치면 사람들은 일반적으로 다음과 같이 말한다. "필요한 적응과 구조조정을 끝내면 건전한 기업들은 이 위기에서 벗어나 강해질 것이다." 이것은 다른 면에서도 앞으로 대단히 중요해질 논점이다. 기업에 적용할 수 있는 논점은 당신 자신은 물론 그 기업에서 일하는 사람들 모두에게 적용할 수 있는 것이다.

위기는 기회다. 위기는 골머리를 앓고 운명을 한탄하는 대신, 자신의 목표를 따져보고 필요하다면 그것을 바꾸기 위해 적극적으로 활용해야 할 그런 기회인 것이다. 좀 더 과격하게 표현하자면 살아가면서 맞이하는 위기는 어쩌면 우리가 오래전부터 꿈꾸어왔을지도 모르는 길로 마침내 접어들게 해주는 계기가 될 수도 있다. 우리가 어떤 우연한 일들 때문에 꾐에 빠져 엉뚱한 인생 행로로 발을 들여놓기 전에 늘 되고 싶어 했던 그런 사람으로 새롭게 태어나게 해주는 계기 말이다.

이러한 맥락에서 아마 가장 자주 거론되는 사례는 이른바 '중년의 위기(Midlife-Crisis)' 일 것이다. 당신이 지금까지 이것에 대해 어떤 내용을 듣고 읽었든 상관없다. 중요한 것은 중년의 위기가 결코 나쁜 것이 아니라는 점이다. 이 위기가 지극히 곤혹스러운 점은 기껏해야 그것이 나타나는 시점이며, 중요한 것은 우리가 그것을 (만약 우리가 그런 일을 당한다면) 어떻게 극복하느냐 하는 것이다.

중년의 위기를 극복하는 가장 이상적인 방법은, 아무리 늦어도 20대 후반에는 중년의 위기에서 완전히 벗어나서 자신에 대한 의구심을 떨쳐버리고 인생에서 정말로 이루기를 바라는 일에 열성적으로 매달리는 것이다. 그렇지만 20대에 때로는 과격하기까지 한 이러한 일을 감행할 용기와 자신감과 지혜를 지닌 사람은 얼마 되지 않는다. 오히려 우리는 외부 환경의 요구에 순응할 때가 너무나 잦다.

따라서 어떠한 일이 있더라도 피해야 할 것이 한 가지 있다. 인생의 위기를 (대충) 극복한 후에 지금까지 해왔던 것과 똑같이 계속하는 것 말이다. 이것을 기업에 비유한다면, 구조적인 문제점을 처리하지 못해서 다음번 경기 침체기에는 정말로 어려움에 처하는 꼴이 될 것이다.

카렌은 아버지가 50대 중반에 갑자기 뇌졸중으로 사망했을 때 처음으로 좌절감을 맛보았다. 건축가였던 아버지는 의심할 여지없는 모범 가장이었다. 아버지는 카렌과 마찬가지로 일벌레였으며, 늘 외근 중이었고, 한 번도 휴가를 즐기지 않았으며, 항상 뼈 빠지게 일하는 사람만이 성공하고 행복해질 수 있다는 확고한 믿음을 가지고 살았다. 성공한 광고 담당자 카렌에게 찾아온 것은, 처음으로 깨달은 인생과 가치의 심각한 위기였다. 카렌은 다시 출세의 대열에 끼어들지 않고 오랫동안 소홀히 했던 개인 생활과 여가 생활에 관심을 기울이기로 결심했다. 물론 지금까지 한 번도 그녀의 일정표에서 우선순위 '1번, 2번'으로 밀고 올라갈 처지가 못 되었던 그 모든 일들도 포함해서 말이다.

▶ 카렌의 다운시프팅 조언
내면의 목소리에 귀 기울이세요! 그리고 그것이 도움이

되지 않는다면, 다른 사람들(직장 동료들은 제외하고)의 중립
적인 판단을 참고하세요.

직장에서 어떤 일이 잘못되어 가고 있고, 사장이나 동료들과 잘
지내지 못하며, 자신의 일자리가 안전하지 않다는 것을 알아차린 사
람들은 대개 당황해한다. 일부는 심지어 스스로 어떻게도 할 수 없
는 무력함을 보인다. 그들은 속았다는 생각에 마치 정신 나간 사람
처럼 행동한다. 이렇게 행동하는 것은 조금도 도움이 되지 않는다.
왜냐하면 자신이 억울하다고 여기거나 자신의 직장이나 사장을 증
오하는 태도를 보이는 사람은 다음에 그런 일이 일어나면 또다시 허
둥댈 것이기 때문이다.

당신이 현재 정말로 심각한 위기에 빠져서 모든 것을 다 내팽개치
고 싶어 하든, 아니면 단지 조깅을 하거나 자녀들의 숙제를 도와주
기 위해 1주일에 반나절 정도만 일을 적게 하기를 바라든, 혹은 또
다른 무엇을 바라든 더 이상 망설여서는 안 된다. 자기 자신과 (직
장) 생활에 대한 만족감은 저절로 생기는 것이 아니라 계획하고 만
들어야만 하는 것이다.

이때 잘못된 결정을 내릴지도 모른다는 불안을 느낄 필요는 전혀
없다. 왜냐하면 다운시프팅의 강도를 결정하는 것도, 그리고 이전과
는 달라진 새로운 생활을 꾸미는 것도 당연히 당신 자신이기 때문이
다. 당장 직장을 그만둘 필요는 없으며, 자동차를 팔고 핸드폰을 쓰
레기통에 내던질 필요도 없다. 다운시프팅에는 여러 가지가 있으며,

오직 당신만이 어떤 것이 자신에게 맞는지 결정할 수 있다. 그리고 아직 구체적인 의도를 품고 있지 않다 하더라도, 계획을 세우는 것은 결코 잘못된 것이 아니다! 많은 사람들이 직장이 불만스럽거나 불안한 징후를 보이는 즉시 새로운 직장 생활과 개인 생활에 대한 시나리오를 짜기 시작한다. 사전에 미리 잘 세워둔 대안은 경우에 따라서는 전혀 사용할 기회가 없는 유익한 보험과 같은 것일 수도 있기 때문이다.

## 다운시프팅 나침반을 맞춰라

이제 첫 준비에 들어간다. 당신이 정말로 다운시프팅을 할 의향이 있고 직업 활동의 내용을 새롭게 정한다면 다음과 같은 생활 영역에서 커다란 변화가 일어날 것이다.

● 자금 사정과 소비 행태
● 직장 생활과 앞으로 수행할 일의 강도
● 여가와 사적인 관심사
● 다른 사람들이 당신에게 거는 기대

이러한 변화로 말미암아 필연적으로 생겨나고 당신 스스로도 제기해야 하는 가장 중요한 질문들은 다음과 같다.

- 생계비를 벌기 위해 앞으로 어디서 그리고 어떻게 일하고 싶은가?
- 물질적인 것과 정신적인 것 모두를 포함해서 어떤 것을 포기할 수 있으며, 또 포기하고 싶은가?
- 가족, 배우자, 친구들이 당신의 결심에 대해 무엇이라고 말할 것인가?
- 그리고 어떻게 하면 그들을 최대한 효과적으로 당신의 계획에 함께 포함시킬 수 있는가?
- 마지막으로, 지금까지 당신이 살아오면서 특별히 호감을 느낀 요인들은 무엇인가?

'이제 나는 반드시 내가 하고 싶은 일을 할 거야!' 라는 깨달음을 준 요인이 있다면, 앞으로 당신은 그것을 다운시프팅의 기반으로 삼아야 할 것이다.

그러나 우선 당신이 생활과 일 사이의 새로운 균형을 얼마나 진지하게 바라는지부터 따져보아야 한다. 정말로 차선을 바꿀 때가 되었는지, 아니면 단지 직장 생활에서 일시적인 좌절감을 느끼고 있을 뿐인지 말이다. 다시 말해서, 지금 이 순간 당신은 차량들의 홍수 속에서 시속 180킬로미터로 8차선 고속도로를 질주하고 있다. 당신은 직장에서 거둔 성과로 출세와 생활의 질이 정해지는 분망하고 때로는 공격적인 세계의 일부다. 당신은 이 엄청난 속도와 경쟁에서 오는 스트레스를 계속해서 견뎌낼 수 있는가? 당신은 혹시 추월차선을 달리면서도 핸드폰으로 중요한 고객과 상담을 하고 동시에 곧 다가올 배우자와의 만남을 아주 느긋하게 준비할 수 있는 그런 사람들에 속하는가? 그렇지 않으면 당신은 이미 좌절을 견뎌낼 수 없는 한계에 다다랐는가? 당신은 속도를 줄이고 기어를 한두 단 저속으로 놓아야 하는가?

한 가지 명심해야 할 점은, 다운시프팅 계획을 너무 성급하게 공상적으로 다루거나 충분한 계획 없이 실행해서는 안 된다는 것이다. 그것은 갑작스럽게 받은 멋진 휴가처럼 일시적으로 기분을 좋게 만들 수는 있겠지만, 그 후에 당신은 진짜 원인들을 퇴치하고 제거하지도 못한 채 옛날 습관으로 되돌아갈 가능성이 높다.

## 첫 번째 테스트 : 직장이 인생의 덫이 된다면

여기서 제기해야 할 질문은 이런 것이다. 당신은 직장과 일에 얼마나 불만을 느끼고 있는가? 배터리가 완전히 나가 바로 옆에 있는 콘센트에조차 다가갈 수 없을 정도인가? 이런 상황이라면 보상에 비해 훨씬 더 많은 노력을 기울여야 하는 그런 직장 여건에서 빠져나오지 못할 것이다. 이러한 상황에 처한 사람들에게 전형적으로 나타나는 증상이, 흔히 얘기하는 터널 반대편의 빛이다. 우리는 그 빛이 점점 더 가까이 다가오고 있다고 믿지만, 실제로는 신기루에 지나지 않는다. 이런 상황에서는 사태의 심각성을 알아차릴 수 없기에, 최악의 경우 스트레스로 인한 신경쇠약증에 걸릴 수도 있다.

다음 테스트에 나오는 질문들은 당신이 처한 상황이 어느 정도인지, 그리고 얼마나 일찍 다운시프팅 계획에 착수해야 할지를 확인시켜 줄 것이다.


▶ 테스트

다음에 나오는 내용을 주의 깊게 읽어 보고, 그것이 당신에게 얼마나 해당되는지 솔직하게 판단하라. 그러고 나서 다음과 같은 방법으로 점수를 매겨라.


- '전적으로 그렇다' 고 생각하면 2점
- '부분적으로 그렇다' 는 생각이 들면 1점
- '나는 그렇지 않아' 라고 생각하면 0점


① 일이 정서적으로 너무나 지치게 하기 때문에, 보상에 비해 훨씬 더 많은 노력을 기울인다는 느낌이 든다.

② 직장에서 하는 일이 사회에 정신적, 물질적인 기여를 거의 하지 못하며 별 가치가 없다는 느낌이 든다.

③ 다른 사람들을 대하는 태도가 어느 정도 냉정하다고 느낀다. 직장이 원래 생각했던 것보다 정서적으로 더 메마르게 만든 것 같다.

④ 회사나 당신의 부서, 혹은 동료들에게 무슨 일이 일어나든 실

제로는 별로 상관하지 않는다.

⑤ 고객들이나 사장 때문에 자신이 처리할 수 없거나 원하지 않는 업무를 해야만 한다는 느낌이 점점 더 자주 든다.

⑥ 동료들이나 회사의 비슷한 지위에 있는 다른 사람들보다 일을 더 많이 해야만 한다는 느낌이 든다.

⑦ 사람들이 회사 내의 문제점을 일방적이고 부당하게 당신 탓으로 돌린다는 의구심이 든다.

⑧ 고객들이나 직장에서 상대해야 하는 사람들이 그들의 요구를 수긍할 수 있는 동등한 사람들이 아니라, 문제를 일으키는 사람들이라고 여겨진다.

⑨ 일이 정서적으로 너무나 지치게 하기 때문에, 보상에 비해 훨씬 더 많은 노력을 기울인다는 느낌이 든다.

⑩ 직장에서 하는 일이 사회에 정신적, 물질적인 기여를 거의 하지 못하며 별 가치가 없다는 느낌이 든다.

⑪ 다른 사람들을 대하는 태도가 어느 정도 냉정하다고 느낀다. 직장이 원래 생각했던 것보다 정서적으로 더 메마르게 만든 것 같다.

⑫ 회사나 당신의 부서, 혹은 동료들에게 무슨 일이 일어나든 실제로는 별로 상관하지 않는다.


▶ 진단

점수 합계가 1에서 4점 사이라면, 당신은 직장에서 일시적으로 좌절감을 느끼고 있을 가능성이 높다. 문제가 되는 항목들을 다시 한 번 똑똑히 들여다보라. 그것이 혹시 오랫동안 쌓인 부담 때문에 생겨난 결과가 아니라, 일시적으로 생겨났으며 금세 해소될 수 있는 일 아닌가?

점수 합계가 5에서 9점 사이라면, 그것은 당신이 이미 한계에 가까워졌음을 의미한다. 이때는 시급한 도움이 필요하다. 당신의 (직장) 생활 전체를 당장 뒤바꾸어놓을 필요는 없겠지만, 일과 출세의 압박감을 받는 원인을 찾아내서 제거하고, 그 다음으로 생활의 즐거움을 상당히 늘려야 한다.

두 자릿수, 즉 10점 이상을 기록했다면 이는 위험 신호다. 정서적으로 감당할 수 없을 정도로 일의 중압감이 한계를 넘어선 것이다. 여기서도 해결책은 동일하다. 마음을 억누르고 있는 것을 제거하고, 일에서 벗어난 새로운 활동의 여지를 마련하라.

몇 점을 기록했든, 당신이 단 한 번이라도 열성적으로 고개를 끄덕였다면, 적어도 그 항목에서만큼은 약간 변화를 일으켜야 한다. 직장을 바꾸거나 고객, 동료들과 작별하고 연금 생활을 해야 할 것이다. 아니면 조용히 구체적인 다운시프팅 계획을 세워야 할 것이다.


## 두 번째 테스트 : 삶의 의미를 어디에 두는가?


아마 첫 번째 테스트에서 당신의 (직장) 생활에 실제로 개선할 점이 있다는 사실이 드러났을 것이다. 그것은 속도를 줄이고, 다음 휴게소로 차를 몰고 가서 교통지도를 한번 살펴보라는 지적이다. 당신이 있는 이곳은 대체 어디인가? 앞으로 곧장 나아가야 하는가? 아니면 고속도로를 일단 벗어나는 편이 더 나은가? 그리고 이것으로 우리는 다음 단계로 넘어가게 된다. 이제 다운시프팅 나침반을 맞춰야 한다. 1장을 다 읽고 나면 당신은 자신이 속도를 늦추고 싶어 한다는 사실뿐 아니라, 어떤 방향을 향해 나아가야 할지도 대충 알게 될 것이다.

따라서 이제 경제 활동에 관련된 것뿐 아니라, 다른 모든 생활 영역들도 포함하는 일련의 내용을 대하게 된다. 여기서 처음으로 다운시프팅의 전체적인 내용을 살펴볼 것이다. 이 모든 사항들은 다음 장들에서 더욱 면밀히 검토할 것이다. 여기서는 먼저 부담이 줄어든 생활을 바라는 당신의 소망이 얼마나 강한지 정도만 간단히 알아보도록 하자.

### ▶ 테스트

점수를 부여하는 방법은 앞의 테스트와 같다. 다만 여기서는 전체 점수를 지금부터 나오는 네 분야에 따로따로 기록하라.

이 테스트는 당신이 앞으로 어떤 방향으로 나아가야 할지를 알아보는 데 도움을 준다. 그러나 세부 사항은 아직 중요하지 않다. 여기서는오직 당신의 다운시프팅 계획이 어느 방향으로 나아가야 할지만 알아볼 것이다.

## 직업상의 미래

① 당신의 목표와 야망이 사실상 수포로 돌아갔는가? 이미 오래 전부터 당신의 승진 계획이 쓸모없고, 과도하거나 실현할 수 없는 것이라는 느낌을 받았는가?

② 직장에서 행하는 업무가 결국 보잘것없는 일에 지나지 않는다는 느낌을 받고 있는가? 장기적인 관점에서 당신의 의욕을 불러일으킬 만한 것이 전혀 없는가?

③ 10년 후를 내다볼 때 어떤 모습을 그려보는가? 어느 날 갑자기 고참 동료나 상사와 똑같은 전철을 밟지 않을까 하는 절망적인 생각이 드는가?

④ 당신이 있는 부서에서 구조조정이 있을 것이라는 징후가 보이는가?

## 가족, 친구, 배우자

① 지금까지 단지 시간이 부족했기 때문에 마음에 드는 배우자를 구하지 못했는가?

② 친구, 배우자 혹은 친한 사람들에게서 자신들에게 들이는 시간이 너무 부족하다는 비난을 자주 듣는 편인가? 혹시 직장에서는 성공했지만, 가족이나 다른 사회 영역에서는 패배자라는 기분이 들기도 하는가?

③ 경제활동에서 가족 생활 내지 여가 생활로 넘어갈 때 애써서 노력해야 겨우 가능하다는 느낌이 드는가? 배우자, 가족 그리고 친구들과 더 많은 시간을 보내기를 원하는가?

④ 친한 사람들 중에서 당신의 인생에 어떤 근본적인 문제가 있다는 곤혹스러운 사실을 지적해줄 누군가가 당신 앞에 불쑥 나타나지 않을까 두려운가?


## 여가 생활

① 직장 밖에서 만나는 친구나 친지들이 얼마 없거나 혹은 단 한 명도 없는가? 혹시 때때로 퇴근 후에 아무도 만날 필요가 없다는 사실 때문에 기뻐하기도 하는가?

② 직업 외의 관심사, 취미, 여가 활동보다 당연히 업무가 더 중요하다고 생각하는가? 당신 자신, 여가, 개인적인 관심사를 위한 시간이 너무나 부족하다고 느끼는가?

③ 여가가 생기면 그 시간을 물건을 구입하는 데 사용하는가? 풍족하게 돈을 지출함으로써 일에서 받는 스트레스를 '보상' 받는가? 혹시 직장이 당신에게서 너무나 많은 에너지를 뺏어가기 때문에, 힘들여 번 돈을 사용해볼 시간조차 전혀 없다는 느낌이 드는가?

④ 당신이 비교적 오랫동안 실업자 생활을 해야 한다고 가정해보자. 당신이 이 기간을 경제적으로 별 어려움 없이 보낼 수 있다 하더라도, 일 이외의 활동은 어떻게 보이는가? 당신에게 정말

로 기쁨을 주고, 그렇게 쉬는 동안 심취할 수 있는 일이 거의 없거나 심지어 전혀 없는가?

▶ 진단

각 영역 혹은 네 영역에서 모두 0에서 2점 사이의 낮은 점수를 얻었다면, 당신은 직장과 미래의 계획, 직장과 가족, 직장과 여가를 잘 조화시키고 있는 것으로 보인다. 혹시 있을지 모르는 결점을 극복하기 위해 자신의 생활계획을 완전히 바꿀 필요는 없다.

각 영역에서 3에서 5점 사이를 얻었다면, 당신의 진정한 욕구는 뒷전으로 밀려나 있을 것이다. 직장 생활과 개인 생활이 서로 조화를 이루지 못하고 있으므로 당신은 이러한 결함을 해소하기 위해 집중적으로 노력해야만 한다.

만약 한 영역 혹은 여러 영역에서 6, 7점 혹은 심지어 8점에 도달했다면, 당신의 재량은 지극히 부족한 상태다. 이런 상황에서는 모든 에너지가 대부분 '직장과 출세를 위한 에너지'로 빠져나간다. 일 때문에 생겨난 불만은 그사이에 생활 영역 전체를 약화시킨다. 자신의 욕구와 보람찬 생활을 꾸리고자 하는 의욕은 상당 부분 사라져버린 것이 분명하며, 따라서 몇 가지 근본적인 변화를 불러올 준비를 해야 한다.

## 나침반 바늘이 어디를 향하고 있는가?

그 다음 과정은 뻔하다. 위의 질문과 진단은 네 영역에서 각각 당신의 다운시프팅이 얼마나 필요한지 보여주었다. 언제나 바늘이 가장 심하게 기울어진 항목에서부터 시작해야만 한다. 새로운 직장을 찾으려고 노력하거나, 직업을 바꾸거나, 가족들에게 더욱 관심을 기울이거나, 자기 자신을 위해 더 많은 시간을 내거나, 어떻게 하든 상관없다. 네 영역 모두에서 당신이 얻은 결과를 기록으로 남겨두도록 하라.

그 결과를 지금부터 나오게 될 모든 이정표를 접할 때마다 늘 기억하고 있어야 할 것이다. 이 테스트를 처음 시행한 후에는 당신의 답을 다시 한 번 검증하기 전에 한동안 그냥 잊어버리는 것이 가장 좋다. 이렇게 하면 당신의 직업 활동에 대한 불만이 지속되는지, 아니면 일시적으로 직장에서 좌절을 겪었을 뿐인지 쉽게 확인할 수 있다.

물론 결과가 완전히 상반되거나 모호하게 나올 수도 있다. 어쩌면 직장 때문에 짜증나고 지치고 너무나 혹사당한다 하더라도, 당신은 자신이 하는 일과 그 업무방식을 만족스럽게 생각한다는 사실이 드러날지도 모른다. 이것은 이 시대 특유의 전형적인 딜레마일 것이다. 당신 외에도 아마 스트레스를 받고 있는 수백만의 다른 사람들도 이런 딜레마를 겪고 있을 것이다. 이 경우에 다운시프팅 문제점을 해결하는 방법은 아주 간단하다. 근무 시간을 줄이기 위해 고용주와 협의하고, 홈 오피스를 만들거나 때로는 일을 중단하는 것이 해결책이 될 것이다.

사정이 더 나쁘단 말인가? 이미 원래 목표에서 너무나 멀리 벗어나서 실제로는 모든 것을 포기하고 싶은가? 이러한 상황이라면 정말로 일을 그만두고 새로운 직장뿐 아니라 새로운 직업을 찾아야 할지도 모른다. 구체적으로 어떤 해결책이 있으며, 또 고용주와 상담을 하기 전에 어떤 논거를 갖추어야 하는지는 세 번째 이정표에 도달하면 알 수 있다.

비록 이 첫걸음이 아무리 보잘것없어 보인다 하더라도 그것들은 훨씬 더 광범위한 계획들을 세우는 실마리가 될 수 있다. 이 장을 다 읽은 후에도 장래 계획에 대한 확신이 생기지 않는다면, 당신이 다운시프팅을 시작할 때의 상황을 정확하게 떠올리게 해줄 몇 가지 질문을 해보기 바란다.

당신은 자신의 직업을 통해 조화롭고 모든 것을 갖춘 인간이 되었다고 생각하는가? 당신은 지금 다니고 있는 직장에서 자신을 정말로 기쁘게 해줄 그런 목표를 가지고 있는가? 아니면 일을 할 때마다 매일 수명이 줄어들고 있다는 기분 나쁜 확신이 드는가? 당신이 기꺼이 다른 곳에 쓰고 싶은 그런 시간을 엉뚱한 일에 허비하고 있다고 생각한 적이 있는가? 당신이 유용하게 만들고 싶은 재능 중 몇 가지가 묻혀 있다는 확신이 드는가? 당신이 하는 일에서 더 이상 진정한 가치를 발견하지 못하는가? 지금까지 살아온 삶이 당신이 진정으로 원한 삶이 아니었다고 생각하는가?

만약 당신이 이러한 질문을 듣고 단 한 번이라도 놀라 주춤하면서 '그래, 내게 꼭 들어맞는 말이야!' 라고 생각했다면, 다운시프팅이 당신에게 진정한 대안이 될 것이다. 이러한 상황에 처해 있다면 앞으로는 직업과 사생활의 조화를 이루어내겠다는 확고한 목표를 세우고 지금까지의 (직장) 생활을 철저하게 숙고해보아야 할 것이다.

아직도 다운시프팅의 필요성을 절감하지 못하는 사람들에게는 마지막으로 한 가지 효과적인 방법을 추천한다. 만약 앞으로 3~4년밖에 살지 못한다면, 여생을 어떻게 살아 나가고 생활을 어떻게 바꿀 것인지 골똘히 생각해보라. 이 질문은 매우 극단적으로 들릴지도 모르지만, 당신이 인생에서 진정으로 바라는 것이 무엇인지 진지하게 살펴보는 데 아주 적합하다.

마지막으로 다시 한 번 후면경을 들여다보자. 맨 먼저 당신은 직장 생활에서 느끼는 부담을 감당할 수 있는지 살펴보았다. 그 다음으로 나침반 바늘이 어느 방향으로 기울어져 있는지 확인했을 것이다. 계속해서 자동차에 비유하자면, 당신은 아직 고속도로를 질주하고 있으며 길가로는 단 한 번도 눈길을 돌리지 않았다. 이제야 당신은 속도를 줄이고 차선을 바꾸고 싶어 한다는 확신이 들었을 것이다. 다음 장부터는 어떤 준비를 갖추어야 속도를 줄이는 훈련을 가장 잘할 수 있으며, 마침내 정확히 어떤 차선으로 꺾어들 수 있는지 알아볼 것이다.

**제 2 장**

# 차선 변경을 준비하기

당신은 이제 막 첫 번째 이정표를 향해 발걸음을 내디뎠다. 당신은 이제 변화를 일으킬 적절한 시점이 되었음을 깨달았다. 아니면 적어도 지금까지의 (직장) 생활을 새롭게 할 대안이 필요하다는 사실을 깨달았을 것이다. 물론 앞으로 어떤 방향으로 나아가야 할지 아직 확신하지는 못한다. 어쩌면 아직도 망설이고 있을지 모른다. 그것은 전혀 이상한 일이 아니다. 이는 당신의 생활을 근본적으로 바꾸는 문제이기 때문이다.

그렇지만 지나치게 망설이다 보면 당신의 계획을 쉽게 무산시킬 수 있다는 사실을 명심해야 한다. 그 이유는 사실 아주 간단하다. 거의 모든 사람들이 언젠가 한번쯤은 — 아주 다양한 이유 때문에 — 이 귀찮은 일을 내팽개치고 싶은 시점에 이른다. 이때 많은 사람들은 무작정 기다려보거나 내키지 않는 상황을 마지못해 받아들이는 경향을 보인다. 그리고 심지어는, 마음속에서 꿈틀거리는 거부감이 자신들의 삶을 고치지 못하도록 방해하고 있다는 사실을 인정하지 않고, 자신들의 무력함을 감추기 위해 외적인 요인들을 변명거리로 내세운다.

직장인들이 직장 생활에서 받는 스트레스를 견뎌내는 능력은 안타까울 정도로 강해 보인다. 호텔 수영장 수온이 적당하지 않았다는 이유로 휴가 여행경비의 반환을 청구하는 일에는 어떠한 수고도 아끼지 않는 바로 그 사람들이, 적극적으로 직업을 바꿀 생각은 하지 않고 오히려 걸핏하면 화를 내는 사장과 맞붙어 싸우거나 자신의 소질을 제대로 발휘하지 못해서 괴로워한다.

2002년에 엠니드 연구소(Emnid-Institute)가 100명의 인력 컨설턴트들을 대상으로 한 설문조사 결과에 따르면, 직업을 바꿀 가능성이 있는 사람들 중 4분의 3이 새로운 일자리를 찾거나 직업을 바꾸기 위해 기꺼이 이사를 할 준비가 되어 있지 않았다. 그들이 이사를 가기 싫어한 주된 이유는 무엇일까? 설문 대상자의 93퍼센트는 그럴 경우에 배우자도 마찬가지로 새로운 일자리를 찾아야만 하기 때문이라고 응답했다. 83퍼센트는 현재 살고 있는 집에서 떠나고 싶어 하지 않았다. 50퍼센트는 오래된 친구들을 포기해야 한다는 데 불안을 느꼈다.

노골적으로 표현하자면, 방해가 된다고 거론한 모든 요인들은 설문 대상자들 자신이 만들어낸 것이다. 그것은 어떤 다른 곳에 있는 것이 아니라 바로 그들 머릿속에 들어 있는 장애물이다. 여기서는 이직(移職)이나 제2의 경력이 가져다줄 긍정적인 효과들은 고려 대상조차 되지 않았다.

설문 대상자들이 내세운 이유는 진부하면서도 또한 서글프다. 그것은 단지 편하게 지내기 위해 내세운 변명에 지나지 않는다. 사람들은 자신이 누리는 편하고 기분 좋은 규칙적인 생활에 익숙해져 있다. 다른 한편으로 사람들은 만족스럽지 못한 직장, 더 이상 함께 지내기 어려운 사람들, 위축되는 소질과 능력을 위해 수많은 불편한 점들을 감수한다. 그러면서 이렇게 말한다. "나는 사실 기꺼이 직장을 옮기고 싶지만, 그럴 능력이 없어." 바로 이것이 잘못된 생각이다. 노예 제도는 이미 오래전에 폐지되었다. 어느 누구도 일생 동안 자신을 불행하게 만드는 직업에 시간을 허비하도록 강요받지 않는다.

이는 당신에게 무엇을 의미하는가? 만약 다운시프팅 또는 이전과는 다르게 변한 생활양식과 근무양식이 당신에게 적절한 것이라고 확신한다면, 당신의 의도를 철저하게 밀고 나가야 할 것이다. 그러나 많은 사람들은 자신의 내면의 소리에 귀를 기울이지 않는다. 다른 사람들이 무슨 말을 할지 몰라 두려워하기 때문이다. 이러한 잘못을 저질러서는 안 된다. 당신의 소망, 당신의 생각을 따르도록 하라. 결국 당신이 자신을 가장 잘 아는 사람이니까 말이다.

필요한 준비를 마치고 올바른 결정을 내렸다면, 다운시프팅 계획이 분명히 바라던 성과를 가져다줄 것이다. 물론 처음에는 어느 정도 심각할 수 있는 불확실성을 감수해야 한다. 그것은 당신이 부모 집에서 분가해서 나오고, 처음으로 직장에 취직하거나 혹은 새로운 직장으로 옮겨 가기로 결심했을 때 느꼈던 것과 똑같은 불확실성이다. 따라서 전혀 새로운 것이 아니다. 그러므로 당신은 그것을 지금 극복하거나 그러지 않으면 영원히 포기하고서 아침 일찍 회사로 출근하는 길에 언젠가 다시 버럭 화를 내거나, 이 둘 중 하나를 선택할 수밖에 없다.

외르크는 성공을 거둔 이상적인 관리직 노동자의 모범이었다. 그는 책임감 있고 창의적이었기 때문에 30대 초반에 독일 최초의 멀티미디어 광고 대행사에서 고객 상담역을 맡았다. 그 후로 다섯 명이 근무하던 회사가 주식시장에 상장될 정도로 엄청나게 성장하였다. 앞날은 찬란해 보였다. 지속적인 성장, 넉넉한 봉급, 엄청난 액수의 스톡옵션 — 그리고 한계에 다다른 일. 이사진에게서 받는 중압감, 자기 스스로에게 시달리는 중압감, 점점 더 늘어나는 고객들의 까다로운 요구, 이 모든 것들이 흔적을 남겨놓았다. 이전에 핸드볼 선수였던 외르크는 담배를 피우기 시작했고, 제대로 된 식사 대신 초코바를 먹었으며, 잠자리에 들기 전에는 하루의 스트레스를 털어버리기 위해 술을 몇 잔 마셨다. 그리고 그는 늘 자신에게 다짐했다. '언젠가는 이 모든 것들이 끝나겠지.' 정말로 그 끝이 찾아왔다. 어느 날 그는 의자에서 굴러 떨어져서 구급차에 실려 병원으로 실려 가야만 했다. 진단 결과는 중증 심장 순환기 장애였다. 외르크가 며칠 후에 건강을 회복하고 회사에 나가려고 하자, 담당의사가 그를 심하게 질책했다. 그 의사의 참담한 소견은 그가 계속 이런 템포로 일한다면 앞으로 4년, 기껏해야 5년밖에 살지 못한다는 것이었다. 바로 다음날 외르크는 사직서를 제출하고 그와 동시에 자신의 낡은 스포츠 용구를 손질했다.

▶ 외르크의 다운시프팅 조언
위험신호를 조기에 잘 살피세요. 일과 관련된 해로운 습관들이 두드러지게 나타나면 주의를 기울여야 합니다.

사람들을 돌변하게 만드는 요인들은 아주 다양하다. 스스로를 바꿔야 할 충분한 계기가 있다고 생각하면서도 지금까지도 망설이고 있는가? 그렇다면 아마도 당신이 망설이는 이유는 자신이 나아가야 할 방향과 다운시프팅 계획을 구체적으로 세우지 못했기 때문일 것이다. 어쩌면 지금까지 다니던 직장에서 완전히 등을 돌리고 싶어 하는지, 아니면 당분간 시간제 일거리만 얻고 싶어 하는지 확신하지 못해서 망설이고 있는지도 모른다. 어쩌면 자신의 직업과 완전히 결별하는 일이 두려워 주저하고 있는지도 모른다. 걱정할 것 없다. 어떤 결정을 한 번 내렸다고 해서 그 결정을 끝까지 밀고 나가야 하는 것은 아니니까 말이다. 어느 누구도 당신이 1, 2년 지난 후에 '이제 다시 열심히 활동해야겠어!'라고 생각하고 그에 필요한 대비책을 세우는 것을 방해하지 않는다. 바로 그 때문에 이 장에서는 어떤 방향과 어떤 다운시프팅 강도가 당신에게 알맞은지 살펴볼 것이다.


## 속도를 얼마나 줄여야 하나?


일에 덜 시달리고 그 대신 더욱 성취감을 느끼며 살아가는 생활양식은 모든 사람들에게 유용한 대안이 될 것이다. 그러나 그렇게 하고 싶다고 해서 아무런 어려움 없이 그러한 목표를 달성할 수 있는 것은 아니다. 준비를 잘못하면 이러한 꿈은 쉽게 악몽으로 변할 수 있다.

운전연수를 받을 때 회전하는 방법과 정지하는 방법을 제대로 익히지 않으면 운전을 하다 사고를 내고 말 것이다. 다운시프팅 역시 마찬가지다. 준비를 제대로 하지 않으면 최악의 경우에는 인생에서 가장 중요한 지향점을 잃어버리고, 직장을 그만둔 것을 한탄하고, 물질적으로 이전보다 훨씬 더 어려워질 것이다. 지금 이 순간 당신은 전속력으로 8차선 고속도로를 질주하고 있다. 당신이 지금 결코 해서는 안 될 일은 완전히 멈춰서 갓길에 차를 세우고 씽씽 달리는 차량들 한가운데서 새로운 생활이 어떻게 될지 살펴보는 것이다. 그 것은 위험할 수도 있다.

모든 것은 자신의 생활환경에 맞는 균형을 찾아내느냐에 달려 있다. 그리고 성급하게 달려들어 구체적인 조처를 취하기 전에 다음과 같은 질문을 해보아야 한다. 나는 실제로 내 생활을 얼마나 변화시키고 싶은가? 그리고 어떤 생활양식이 내게 적합한가?

이제 더 나은 생활의 질을 바라는 당신의 욕구를 더욱 구체적으로 확인해보자. 그러고 나면 그러한 욕구를 성취하기에 이상적인 과정을 단계적으로 만들어낼 수 있을 것이다. 이때 가장 먼저 살펴보아야 할 두 가지 영역이 있다. 이 영역들은 직접적으로 연관되어 있다.

- 직장
- 재정 상태

어쩌면 당신은 자동차를 타고 가면서 단지 차선만 바꾸고 속도를 약간 늦추는 것으로 충분할지도 모른다. 아니면 자동차를 완전히 팔아버리고 그 대신 자전거로 갈아타야만 할지도 모른다. 당신이 어떤 사람인지 알아내기 위해 먼저 자기 자신에 대해 몇 가지 생각을 해봐야만 한다.

## 현대의 직업관

솔직히 말하면, 일에 대한 부담을 줄이려는 소망 때문에 완전히 잘못된 판단을 할 가능성도 당연히 있다. 당신이 출세와 동료 없이는 절대 살아갈 수 없는 개선의 여지가 없는 일벌레일 가능성도 있다. 아무튼 지금 이 순간 당신은 아직 분망한 일로 가득 차고 매일 새로운 과제들이 주어지는 신속하고 때로는 도전적인 세계에서 활동하고 있다. 당신은 24시간 내내 전력을 다하도록 요구받고 있고, 대기업에서 중요한 지위를 차지하고 있으며, 일 때문에 다른 문제를 심각하게 생각해볼 여유가 없는 것이다. 당신은 최악의 추월선에서 달리고 있다. 거기서는 우리 모두가 잘 알고 있듯이 모든 일들이 쫓기듯이, 때로는 정신없이 돌아간다. 그러나 이런 상황은 어이없게도 많은 사람들이 제대로 인식하지 못하면서도 소중하게 여기고 필요로 하는 것이기도 하다.

이러한 딜레마는 우리가 흔히 '직업관' 이라고 부르는 것에서 비롯된다. 그것은 우리의 교육에서 생겨난 것이며 따라서 대다수 사람들의 마음속에 깊이 뿌리내리고 있는 관점이다. 현대의 직업관에 따르면, 행복해지고 존중받고 싶은 사람은 직장을 자기 인생의 중심에 둬야 한다. 그 결과 일을 적게 하는 사람은 그만큼 가치가 없고 일을 많이 하는 사람은 그만큼 더 가치가 있다고 생각한다. 직장 내에서 차지하는 지위는 인생의 가치와 동일한 의미로 통한다. 특히 남자들의 직업관은 특별히 두드러져 보인다. 남자들은 자신들을 위험한 환경에 맞서서 스스로를 지켜내고 싸우고 먹잇감을 구하기 위해 아침마다 냉혹한 정글로 출발하는 사냥꾼으로 여긴다.

그리고 남들이 우리를 평가하는 방식도 직업 세계에서 우리가 차지하는 지위와 곧바로 연결된다. 어린 시절 우리는 어른들에게 "너는 이 다음에 커서 무엇이 되고 싶어?" 하는 질문을 받는다. 세월이 흐른 후에 사람들은 서로 인사를 나누며 묻는다. "무슨 일을 하시죠?"

나디네는 요양 호텔 수석 매니저였다. 두 아이의 엄마인 이 38세의 여자는 남편과 함께 1년 수익으로 10만 유로 이상을 벌며, 자동차에서 집에 이르기까지 생각할 수 있는 온갖 성공의 상징물들을 지니고 있다. 이 호화로운 생활의 대가로 그녀는 매일 12시간에서 14시간을 고객들에게 봉사해야 했다. 또 언제나 친절해야 하고 웃음을 보여야 하며 늘 자기 자신이 휴가를 나온 것처럼 행복한 표정을 지어야 했다. 그러나 투자가들이 하나둘 손을 떼기 시작했다. 비록 나디네의 업무 능력을 헐뜯을 아무런 근거도 없었지만, 새로 온 경영진들은 요직을 자기 사람들만으로 채우고 싶어 했다. 2주 후에 그녀는 새로운 상사를 받아들이고 나서 이제 그만두어야 한다는 사실을 알아차렸다. 그 후에 뒤따른 여러 달의 실직 기간은 그녀의 우려와는 반대로 불행이 아니라 오히려 대단한 기쁨을 안겨줬다. 몇 년 만에 처음으로 직장에 나갈 때는 소홀히 했던 일에 몰두할 수 있는 여유가 생겼다. 그리고 그녀는 자신의 앞날을, 자신의 전체 인생계획을 새롭게 숙고해보기로 결심했다.

▶ 나디네의 다운시프팅 조언

자신의 인생 행로를 점검할 수 있도록 정기적으로 일에서 손을 놓아보세요.

비록 몇 가지 점에서 전통적인 직업관이 서서히 변해가고 있다는 징후가 보이기는 한다. 그렇지만 시간제로 근무하면서 아이들을 키우는 30대 남자가 유명 기업체에서 100명의 직원들이 일하는 부서를 관리하는 남자와 사회적으로 똑같이 인정을 받는다고 상상하기란 쉽지 않다. 어쩌면 이 관리자가 너무나 스트레스에 시달려서 마침내 '비상탈출' 할 날만을 손꼽아 기다리고 있을지도 모르지만 말이다.

그리고 전문가들과 관리자들 역시 기분은 조금 좋을지 모르지만 컨베이어 벨트에서 일하는 사람들처럼 힘들게 일한다. 그리고 우리들 모두는 이들의 이런 숭고한 노력을 여러 해에 걸쳐 촉진하고 열성적으로 장려해왔다. 이것도 그리 놀라운 일은 아니다. 일을 약간 줄이는 것도 가능할 것이라는 인식, 한 관리자가 4시에 퇴근해서 재택근무를 하거나 근무 시간을 줄여도 좋다는 인식, 그렇게 하더라도 곧장 회사가 무너지지 않는다는 인식은 이러한 상황에서는 뿌리내릴 수 없다.

바로 이것이 자신의 인생을 변화시키거나 새롭게 구성하고 싶어 하는 사람들, 즉 다운시프팅을 하는 사람들이 내리는 (종종 과소평가된) 결론이다. 자신의 직업을 완전히 혹은 부분적으로 포기하는 사람은 처음에는 불가피하게 소속감이나 (직업 분야에만 국한된) 삶의 의미를 일정 부분 잃을 수밖에 없다. 게다가 종종 상당한 사회적 압박감에 시달리기도 한다.

그러나 다운시프팅에 성공한 사람들은 이러한 압박감을 극복하며, 처음에 상실한 소속감을 다른 활동과 지금까지 등한시해온 능력을 발전시키는 것으로 보충한다. 이것이 결국 이 모든 의도 뒤에 숨겨진 진정한 목적이다. 그러나 이러한 시도가 아무런 문제없이 이루어지는 것은 아니다. 다른 사람들은 모두 근무하고 있는 5시 정각에 컴퓨터를 끄는 데는 용기가 필요하다. 그리고 고속 승진을 포기하는 것은 마약을 끊는 것만큼이나 힘든 일이다.

특히 가장 절실하게 다운시프팅이 필요한 사람들 — '출세할 기회가 가장 많은 연령대' 의 훌륭한 기량을 가진 사람들 — 에게는 직장 생활을 포기하거나 조금이라도 일손을 놓는 것은 무척 어려운 일이다. 다운시프팅은 "20대 후반에서 40대 중반 사이에 직장에서 상당한 노력을 기울이지 않는 사람에게는 승진의 기회가 없다"는 세간에 널리 퍼져 있는 견해와는 명백히 모순되는 것이다. 이러한 시기에 '전통적인 의미의 일' 과는 거의 관계가 없는 다른 길로 접어들 결심을 하는 것은 당연히 더욱 힘들다. 어쩌면 남몰래 '어떤 것을 놓치고 말 것이다' 는 불안감이 밀려올지도 모른다. 그리고 실제로 이러한 결심에는 당연히 희생도 따르게 마련이다.

혹시 당신에게 닥칠지도 모르는 이 난관들을 앞으로의 모든 단계에서 잘 기억하도록 하라. 그러나 또한 초고속 승진에 성공한 사람은 자신의 인생을 희생해야 한다는 사실도 유념하기 바란다.

## 출세 속도 줄이기와 그 결과들

다운시프팅을 하기로 결심한 것은 — 어떤 형태, 어떤 강도로 하든지 간에 — 잘한 일이다. 그러나 다운시프팅에 뒤따르는 성과가 어떻게 될지 명확히 깨닫는 것은 별개 문제다. 그리고 그 결과는 일단 이미 설명한 바와 같이 지금까지의 직업 세계에서 '벗어나는 것'과 관련되어 있다. 구체적으로 설명하자면, 당신은 새로 얻어낸 자유를 제대로 이용할 수 있을 것인가? 혹은 사무실, 동료들, 그리고 당신을 지치게 만드는 일과에서 일단 벗어났을 때, 혹시 당신에게 어떤 결정적인 것이 부족하지 않겠는가? 이 점에 관해 미리 밝혀두자면, 혹시 그렇다 하더라도 다운시프팅 계획을 당장 쓰레기통에 던져 넣을 필요는 없다. 가령 속도를 약간 줄이기만 하는 것도 하나의 해결책이 될 것이다.

이 모든 요인들을 더욱 철저하게 살펴보기 위해 당신의 일과 당신이 거기에 부여하는 비중을 평가해보자. 다음 내용들을 주의 깊게 읽어 보고 각 항목이 당신에게 얼마나 들어맞는지 숙고해보라. 그러면 이 테스트가 앞 장에서 제기한 질문들에 대한 대답에 해당한다는 사실을 확인할 수 있을 것이다.

▶ 테스트

점수를 부여하는 원칙은 1장에서와 같다.

- ● '전적으로 그렇다' 고 생각하면 2점
- ● '부분적으로 그렇다' 는 생각이 들면 1점
- ● '나는 그렇지 않아' 라고 생각하면 0점

① 직장의 안정성 : 고정 근무처와 회사의 안정성은 그리 중요하지 않다. 가령 프로젝트에 따라 여러 회사를 위해 일하는 것도 충분히 생각해볼 수 있다.

② 사회적 신분의 상징으로서 직업 : 직업상의 신분과 회사 내의 지위는 당신의 자부심에 거의 혹은 조금밖에 영향을 미치지 않는다. 지금의 명망을 직업 외의 다른 분야에서 거두는 성공으로 대체하는 것도 충분히 생각해볼 수 있다.

③ 직업상의 관계 : 동료나 거래처 직원과 함께 지내는 것(예를 들어 식사 접대)을 즐거운 기분전환이라기보다는 오히려 부담스러운 의무로 여긴다.

④ 출세의 좌절 : 우회로를 택하거나 파트타임으로 전환하는 것이 출세에 해가 될지도 모른다고 두려워하지 않는다.

⑤ 직업과 여가 : 만약 선택할 수 있는 여지와 능력이 있다면, 지금 당장이라도 직장 생활을 그만두고 개인 생활로 달아날 것이다. 일에 덜 시달리는 생활을 한다면 새로 생겨날 자유시간을 무엇으로 채울 것인지 구체적인 계획을 세워두고 있다.

⑥ 모험을 받아들일 각오 : 어떻게 될지 알 수 없는 새로운 직업 상황이 닥칠 것이라는 생각이 당신을 불안하게 하기보다는 오

히려 분발하게 만든다. 되도록 일찍 계획에 착수하고, 그것을 완성할 것이다.

⑦ 낙관적 태도 : 알고 지내는 사람들 중에서 한 명도 다운시프팅에 성공한 사람이 없다는 사실을 당신은 그저 다른 사람들의 의지가 약했기 때문이라고 평가한다. 당신의 인생 계획에 관한 한 어떤 모범도 필요하지 않다.


▶ 진단

이 테스트에 임하면서 당신은 자기 자신에 관해 많은 것을 알게 됐을 것이다. 당신은 어찌할 수 없는 일벌레인가? 아니면 직업을 포기하는 것도 그리 힘들지 않은가?

총점이 0에서 4점 사이라면, 당신은 아주 혹독한 다운시프팅을 원하는 사람이 아니다. 당신에게는 직장과 출세가 비교적 중요하며, 심하게 바뀐 생활의 불안과 위험을 이겨내는 데 어려움을 겪을 것이기 때문이다. 결론적으로 말하자면 당신은 속도를 줄여야 하지만 너무 급하게 차선을 변경해서는 안 된다. 당신이 지금까지 등한시해온 일에 전념하기 위해 짬짬이 시간을 내는 것도 하나의 해결책이 될 것이다. 그것이 구체적으로 어떤 모습이 될지, 그리고 지금까지 제대로 해오지 못한 생활 영역들을 어떻게 성공적으로 포함시킬지에 대해서는 세 번째와 네 번째 이정표에서 더 자세히 알아볼 것이다.

총점이 5에서 9점 사이라면, 가장 중요한 영역들에서 생활을 성공적으로 변화시킬 가능성이 훨씬 높은 편이다. 당신은 출세 지향형 인간이 아니며, 적어도 현재의 직장에서는 그렇지 않다. 따라서 당신은 업무의 부담을 현저하게 줄일 수 있을 것이다. 지금 당신은 더 적합한 차를 구입할 것인지, 아니면 심지어 고속도로를 벗어날 것인지 선택의 기로에 놓여 있다.

총점이 10점이나 그 이상이면, 다시 말해 위에 나오는 모든 질문에 긍정적으로 답했다면, 다운시프팅 계획을 시행하는 데 어떤 것도 방해가 되지 않을 것이다. 그뿐 아니라 당신은 인생을 아주 철저하고 폭넓게 변화시키는 해결책을 선택하려는 생각에도 서서히 익숙해질 것이다. 당신이 완전히 새로운 활동에서 행복을 찾든지, 아니면 자동차에서 자전거로 갈아타든지 상관없이 말이다.


## 남자와 여자


지금까지는 당신이 변화를 얼마나 쉽게 받아들일 수 있느냐 하는 문제를 다루었다. 그리고 이제 당신이 사전준비를 하는 이 구간에서 가장 중요한 길목에 와 있다. 직업의 부담을 줄이는 것, 심지어 출세를 완전히 포기하고 직장과 생활 사이의 더 나은 균형을 찾아내는 것과 관련된 문제에서는 남자들과 여자들의 사고방식에 사소하지만 아주 미묘한 차이점이 있다. 특히 스스로 제기하는 자기 비판적인 질문들에서 그러한 차이점이 두드러진다.

특히 남자들에게 직업 세계는 삶을 지탱해주는 가장 강력한 버팀목이다. 남자들을 추동하는 힘은 계급조직의 정상까지 오르고자 하는 야심, 사명감과·책임감, 직장에서 인정을 받지 못할까 하는 두려움이다. 그런데도 남자들은 그들에게 활기를 불어넣는 '직업상의 도전' 혹은 '긴장되는 임무'라는 말을 즐겨 한다. 그래서 남자들은 보통 다음과 같은 생각 때문에 다운시프팅을 망설인다.

- "그렇게 해서는 출세할 수 없을 거야." : 이미 언급한 바와 같이 업무 범위를 줄이거나 심지어 어떤 일자리의 과제를 제한하면, 이 다음에는 자신의 가치가 떨어질 것이라는 생각이 뒤따른다.
- "수입이 너무 줄어들 거야." : 수입을 새로 책정하고 적은 돈으로 어려움을 이겨내는 것이 문제가 될 때 남자들은 전통적인 부양자로서 훨씬 더 사려 깊게 대응한다.

이 두 가지 반론에는 이런 조언이 적절하다. 이런 문제들은 해결할 수 있다. 더구나 다음 이정표들이 나타나면 알게 되겠지만 이런 문제들을 해결하는 방법은 여러 가지다. 미리 요약해서 소개하자면 다음과 같다.

- 다운시프팅이 반드시 직업을 완전히 포기하는 것을 의미하는 것은 아니다. 그리고 만약 그렇다 하더라도 잃어버린 직장인 신분은 다른 활동과 가치로 대체할 수 있다.

● 줄어든 봉급은 절약을 통해 균형을 맞출 수 있다. 당신이 직장을 옮길 계획을 하고 있다면, 때로는 경제적 관점에서 보더라도 어쩌면 이전에 늘 꿈꾸어왔을 그런 직업으로 바꾸는 편이 더 낫다.

여자들은 사정이 약간 다르다. 왜냐하면 여자들 사이에서는 오늘날 '모든 것(아이와 출세, 행복한 가족생활과 품위 있고 힘든 직장)을 가질 수 있다'는 구호가 통용되기 때문이다. 이러한 논리, 이 고상한 주장 때문에 여자들은 실제로도 이 모든 것을 이루어야만 한다는 중압감에 시달린다. 주위 사람들 앞에서 부엌데기가 아니면 출세에 매달리는 무정한 어미, 이 둘 중 하나로 보이지 않기 위해서다. 다음과 같은 의구심이 여자들에게 나타날 개연성이 있다.

● "남들이 내가 너무 나약하다고 생각할 수도 있어." : 이런 생각에는 힘든 직업에서 출세하기에는 여자들이 너무 여리다는 비난에 대한 불안이 숨어 있다.
● "경제적인 안정을 잃고 말 거야." : 근무 시간이 줄어들면 경제적인 면에서 독립성을 상실할 것이라는 두려움이 숨어 있다.
● "사회적인 관계의 상당 부분을 잃게 될 거야." : 사무실에서 규칙적으로 일하는 시간이 사라지면 고립되고 외톨이가 될지도 모른다는 불안감을 다르게 표현한 것이다.

물론 이러한 의구심도 쉽게 해결할 수 있다.

● 첫 번째 의구심은 남자가 바깥일을 맡고 여자가 가사를 책임져
야 한다는 논리와 마찬가지로 이미 시대에 뒤떨어지고 불필요
한 것이 되었다. 그리고 너무나 지치게 만드는 직장에서 완전
히 녹초가 될 용기가 없다면, 내면의 불안감도 솔직히 털어놓
아야 한다.

● 두 번째와 세 번째 의구심 역시 몇 가지 계획을 세우면 쉽게 해
소할 수 있다. 특히 사회적으로 고립되지 않을까 하는 불안감
을 느끼는 사람에게는 다음과 같은 조언이 적절하다. 그러한 고
립감은 친구, 친지 그리고 가족들과 더 많은 시간을 보냄으로
써 상쇄할 수 있다. 그리고 경제적 안정을 잃지 않을까 하는 불
안감은 오히려 자신의 금전 상황과 앞날을 면밀히 검토할 수 있
도록 도와줄 것이다.

결국 당신이 제기해야 할 질문은 단 한 가지만 남게 된다. 바로 이
런 질문이다. "좋아, 앞으로는 어쩌면 수입이 줄어들고, 사무실에서
칭찬받는 일도 줄어들고, 고급호텔에서 저녁을 먹는 일도 드물 거
야. 나는 이러한 희생과 또한 거기에 따르는 위험을 감수할 각오가
되어 있는가?"

이러한 위험이 존재한다는 사실은 분명하다. 다만, 어느 정도 위
험 없이는 아무것도 이룰 수 없다.

## 찬성인가, 반대인가 : 격심한 비판을 받는 다운시프팅

앞으로 어떤 방향으로 나아가야 할지 결정하기 위해 당신은 이제 마지막 조처로 다운시프팅이라는 주제에 관해 떠오르는 모든 논거들을 기록해야 한다. 다운시프팅 계획에 유리하게 보이는 논거뿐 아니라 불리하게 보이는 논거도 말이다. 당신에게 대단히 중요한 모든 관점들을 열거할 때 다음과 같은 항목들을 모범으로 삼을 수 있다.

- 직장에 대한 만족도, 직장의 안정성 그리고 수입
- 가족 생활, 사회활동, 여가 생활
- 건강, 만족도, 내면의 조화

왜 이렇게 나누어야 하는가? 물론 반드시 이 세 범주를 선택해야 하는 것은 아니다. 그러나 경험에 따르면 이 세 가지 핵심 범주들 속에 다운시프팅을 찬성하는 이유와 반대하는 이유가 대부분 포함된다. 이때 어떤 것이 찬성하는 이유 혹은 반대하는 이유가 될지는 사람에 따라 다르다. 여기에 몇 가지 예가 있다.

### 다운시프팅에 찬성하는 이유

- 직장에서 스트레스를 덜 받는다. 자기 자신을 위한 시간을 더 벌 수 있다.
- 가족, 친구 그리고 사회적인 관계를 맺고 있는 모든 사람들을

위해 더 많은 시간을 낼 수 있다.

- (직업과 관련되지 않은 것도 포함하는) 계속교육과 연수를 활용할 수 있는 더 좋은 기회가 된다.
- 직업 외에도 오랫동안 마음속에 품어왔던 꿈을 실현할 수 있는 가능성이 높아진다.

## 다운시프팅에 반대하는 이유

- 수입이 줄어든다.
- 직장에서 차지하는 지위와 정규직 근로자로서 누려온 안정성을 상실할 수 있다.
- 직업상 맺고 있는 대인관계를 상실할 수 있다. 경우에 따라서는 중요해 보이는 인맥과 사람들을 잃어버릴 수 있다.
- 계획이 망상에 지나지 않는다는 것이 드러날 경우 엄청난 공허함이 찾아오지 않을까 걱정된다.

다운시프팅에 찬성하는 논거는 대부분 정신적인 것들이며, 특히 아직 남아 있는 수명과 관련되어 있다. 이와는 달리 반대하는 논거는 주로 경제적인 안정의 상실에 관한 것이다. 이 대목에서 중요한 질문은 '어떤 논거가 더 많은가? 그리고 어떤 장애 요인들을 쉽게 제거할 수 있는가?' 하는 것이다. 당신은 줄어든 수입을 해결해야만 한다. 그리고 '이전보다 더 적은 돈으로 생계를 유지할 수나 있을지 모르겠다'는 불안감은 세부적인 금전상황을 분석함으로써 명확히 파악할 수 있으며, 또한 제거할 수 있는 가능성도 상당히 높다.

엄청난 공허감과 출세에서 멀어지리라는 불안감에 대해서도 마찬가지로 합리적인 계획을 세움으로써 효과적으로 대처할 수 있다. 동료들이 등 뒤에서 당신의 계획을 비웃지나 않을까 하는 근심을 뿌리뽑는 가장 좋은 방법은 그러한 생각들을 완전히 무시하는 것이다. 그리고 나머지 문제들은 이 책을 계속 읽어가다 보면 해결책을 발견할 수 있을 것이다. 지금은 비록 극복할 수 없을 것처럼 보이는 많은 문제점들이 결국에는 별것 아니며 충분히 해결할 수 있는 문제로 드러날 것이다.

## 후면경 들여다보기, 깜빡이 켜기

앞에서 나온 조처들로 당신은 가장 중요한 몇 가지 준비를 마쳤다. 1장과 2장의 마지막 부분에서는 당신이 다운시프팅 눈금의 몇 단계에 놓여 있는지 평가하고, 출세를 향해 달리고 있는 속도를 얼마나 급격하게 늦추고 싶어 하는지 산정하였다. 어쩌면 당신은 아직도 계속해서 고속도로 한가운데서 시속 140킬로미터로 달리고 있는지도 모른다. 언제든지 다시 추월선으로 바꿀 수 있도록 말이다. 아니면 당신은 급히 다음 인터체인지로 빠져나가야만 한다는 사실을 깨달았을 수도 있다. 속도를 줄이고 업무용 차량을 시간과 신경을 덜 써도 되는 덜 화려한 모델로 당장 바꾸기 위해서 말이다.

당신이 아직도 망설이고 있다면, 몇 주 후에 태도와 업무 부담을 줄이고 싶어 하는 당신의 소망이 얼마나 변했는지 확인해야 할 것이다. 이 밖에도 당신이 현재의 직장 생활에서 얼마나 벗어나고 싶어 하는지를 알아내는 또 다른 효과적인 방법이 있다. 달력을 손에 들고 근무를 마칠 때마다 당신의 기분이 어떤지를 기록하라. 40일 정도 근무하는 동안, 그러니까 약 두 달 동안에 당신이 "난 안 되겠어!"라고 스무 번 혹은 심지어 서른 번이나 외쳤다면, 이제는 정말로 일을 그만두고 변화를 불러올 적절한 시점이 된 것이다.

# 제 3 장

# 이봐, 내가 왔어!

"깜짝 놀랄 일이 있어, 여보. 난 오늘 직장을 그만두고 우리 집도 팔아버렸어. 다음 주에 우리는 시골로 내려갈 거야! 이거 정말 신나는 일 아냐?"

당신은 이미 어떤 계획을 세워두고 있다. 당신은 앞으로 어디에서 살고 무엇으로 돈을 벌지 알고 있다. 새로 시작할 직업에 대해 잘 알고 있고, 그것이 금전적으로나 시간적으로도 완벽하게 당신의 다운시프팅 계획에 들어맞는다고 확신한다. 아직 미결로 — 기분 좋은 미결로 — 남아 있는 사항은 어쩌면 당신이 새로 얻어낸 여가 시간일 것이다. 당신은 아직 걸러내야 하고 올바른 순서로 정리해야 하는 수많은 아이디어들을 가지고 있다. 그렇지만 당신은 이 낡은 농가를 직접 둘러본다. 약간 손질을 해야 하고 도심에서 멀리 떨어져 있지만, 당신의 계획에 안성맞춤이다. 여기에 잘못될 일이 무엇이 있겠는가?

적어도 이 시점이 되면 모든 것을 중단할 필요가 있다. 다운시프 팅은 직장과 차선을 바꾸는 것만 의미하지는 않는다. 그것은 자신의 생활을 뒤바꾸는 것을 뜻한다. 그리고 또 자동적으로 다른 많은 사람들, 가족, 친구 그리고 배우자의 생활도 바꾸는 것이다. 이 모든 사람들도 다양한 형태로 당신의 계획과 밀접하게 관련되어 있다. 그러므로 다운시프팅은 이들과 함께 결정을 내려야 한다.

비록 당신이 지금까지 살아온 방식으로는 계속 살아갈 수 없다고 확신하고 있고, 이미 여러 가지 계획을 세워두었다 하더라도, 당신과 함께 생활하는 사람들과 상의하지 않고는 어떤 일도 할 수 없다. 그러므로 운행 방향을 바꾸기 전에 새로운 계획을 털어놓고 차에 함께 타고 있는 사람들과 의논해야 한다.


## 가까운 사람들이 출세의 덫에 희생된다면


당신은 사무실에서 매일 10시간에서 12시간씩 일하고, 회사 일이라면 물불 가리지 않고 달려들고, 마음은 벌써 다음 거래, 다음 미팅, 다음 약속에 사로잡혀 있는 사람이다. 그래서 저녁과 주말에는 언제나 피로만 가득 밀려올 것이다. 그 결과 직업이 우리의 생활뿐 아니라, 유감스럽게도 가장 가까운 사람들의 생활도 지배한다.

많은 사람들이 자신의 아이들, 친구들 그리고 부모들과 함께 가야 할 행로를 지극히 허망한 행운과 바꾸는 것은 이 시대의 가장 서글픈 현상 중 하나다. 허망한 행운이란, 마케팅 매니저로서 새로운 토스터 모델이 시장 점유율 9퍼센트를 얻도록 애쓰는 것(이것은 경쟁사의 다음번 마케팅으로 말미암아 다시 5퍼센트로 떨어진다), 신경영 사업 분야 내에 전략 개발부서를 만드는 것(구조조정본부는 이것을 다음 합병 때 가차 없이 해체한다), 혹은 끊임없는 초과 근무로 상사에게 감명을 주는 것(상사는 그 성과를 고맙게 받아들이지만, 그것을 자기 자신의 성과로 꾸민다)을 말한다.

이러한 행동이 미치는 결과를 우리 모두는 잘 알고 있다. 그것은 오랜 친구들과 연락이 서서히 끊어지거나, '시급하게 안부 전화를 해야 할 사람들'이라는 칸에 기입하는 친지들의 목록이 점점 더 길어질 때 느끼는 괴로운 감정에서 드러난다. 급격한 출세의 결과 고독만 남는 경우가 너무나 빈번하다. 그것은 해가 거듭되면서 쌓은 수많은 직무상 관계라는 외투 속에 숨겨진 고독이다. 유감스럽게도 이러한 관계는 순전히 어떤 목적을 이루기 위해 맺은 관계이기 때문에 금세 흐지부지해질 뿐이다.

"선두에 서서 달리는 사람은 고독하다." 우리가 자주 듣는 이 말은 성공을 거둔 사람들이 종종 자신을 적대시하고 시기하는 사람들에게 둘러싸여 있다고 여기는 것을 뜻할 뿐 아니라, 주소록에 수많은 이름이 올라와 있음에도 사회과학자들이 '안정적인 사회적 네트워크'라고 부르는 것을 갖추지 못했다는 의미이기도 하다. 안정적인 사회적 네트워크는 소수의 동료들과 거래처 사람들로 구성되는 것이 아니라, 깊이 있고 진실한 관계를 유지하려고 애쓰는 사람들로 이루어지는 것이다.

가정에서도 사정은 달라 보이지 않는다. 갈등은 대부분 첫 아이가 태어난 직후에 시작된다. 젊은 엄마들은 수년 동안 직장에서 완전히 밀려나야만 하기 때문에 좌절감을 느낀다. 그 후에는 컴퓨터 앞에서 일하는 것과 유치원 앞에서 기다리고 있는 아이 사이의 간극을 극복하지 못해 양심의 가책에 시달린다. 아빠들 역시 사정이 그리 나은 편은 아니다. 사람들이 흔히 속단하는 것과는 달리 아빠들의 부담은 아기가 태어나자마자 엄마의 부담과 똑같이 급격하게 증가한다. 그들은 이제 생계를 혼자 책임져야 하며, 가족들을 위한 시간이 훨씬 줄어든다. 이제 그들은 시간을 아이와 부인에게 '공정하게' 분배해야 하는 것이다. 이로 말미암아 부부 사이에 좌절감, 분노, 비난, 그리고 영원한 양심의 가책이 생겨난다.

2002년도 LBS 가족 연구조사에 따르면, 부부싸움은 아이들이 태어난 직후에 가장 자주 일어난다고 한다. 그 이유는 어렵지 않게 알아낼 수 있다. 부인들은 아이를 키우는 부당한 부담을 혼자 짊어져야 하기 때문에 불만이다. 남편들은 좋은 가장이 되어야 한다는 자신의 욕구를 충족시킬 수 없어 좌절한다. 아주 심한 경우에는 결혼한 지 얼마 되지 않아 아이들이 아직 학교에 입학할 나이도 되기 전에 함께 행복하게 살아보려던 꿈이 끝장난다. 통계적으로 보면 이때가 이혼율이 가장 높다.

## 황금 같은 시절

지금과 같은 비참한 상황이 언제부터 시작됐는지 판단하기는 힘들다. 적어도 가정 생활과 관련해서는 출세와 직업 때문에 생기는 과도한 부담은 1970년대까지만 해도 예외적인 현상에 속했다. '종일반 학교' 는 듣도 보도 못한 것이었으며, 친부모가 아니라 베이비시터들이 양육을 떠맡는 것은 외국에서나 볼 수 있는 풍경이었다. 이것은 물론 가정에 아무런 문제도 없었다는 뜻은 아니다. 다만 하루 12시간 근무하고 주말에도 업무를 처리해야 하는 엄마와 아빠들은 소수에 지나지 않았으며, 대부분 가정에서는 이런 문제들이 나타나지 않았다. 또한 이 시기에는 아내들이 주로 '가정 관리' 의 부담을 떠맡았으며, 남편들은 대부분 전통적으로 이전부터 매달려왔던 문제, 즉 돈벌이에 전력을 기울였다는 사실도 물론 누구나 인정하는 일이다.

그 후에 언제부턴가, 아마 1980년대 초반부터 이들의 역할이 급격히 변하기 시작했으며, 이 시기에 '아이를 잘 키우면서 동시에 출세를 하는 것도 문제없다!' 는 터무니없는 믿음이 생겨났다. 이 현대판 신화의 취지는 이런 것이었다. '가족들과 지내는 시간은 그 양이 중요한 것이 아니라 그 질이 중요하다.' 기본적으로 모든 것이 시간 배분의 문제, 주도면밀하게 짜여진 직장과 가정의 관리 문제라는 것이다. 자상한 아빠나 자애로운 엄마인 동시에 성공적인 세일즈맨과 똑똑한 부서 책임자가 되는 것, 이 모든 것이 시간을 어떻게 관리하느냐에 달려 있다는 것이다.

이러한 생각은 오늘날까지도 아내와 남편들에게 심각한 영향을 미치고 있는 이상에 치우친 환상이다. 이 터무니없는 믿음은 한 가지 중요한 사실을 인식하지 못하도록 만들기 때문이다. 자녀 양육과 출세를 함께 어우르려는 노력 때문에 부모들은 종종 정신적, 육체적 부담을 이겨내지 못하고 한계에 이르게 된다. 보좌관 같은 역할을 하고, 늘 충분히 자고, 직무수행 의지에 위축되지 않고, 퇴근하면 집에서 아이들의 시험 공부를 위해 핸드폰을 꺼놓고, 주말에는 그들과 낚시를 가는 톱매니저. 이런 사람들이 실제로 있을 수도 있다고 치자. 그러나 이런 슈퍼맨은 아마 천 명 중에 한 명도 되지 않을 것이다.

통상적으로 일주일에 50시간 이상 근무하고 힘들게 일하는 사람들은 일을 마친 후에는 기진맥진해져 다른 사람들의 크고 작은 인생 문제에 귀를 기울이거나, 사이좋은 부부관계를 이루려고 열심히 노력하거나, 우정에 힘쓰려는 관심을 쏟을 수 없게 된다. 고위 경영자들은 대부분 직장에서의 책임감과 충실한 가정 생활 사이에 균형을 유지하는 데 성공한 본보기가 되지 못한다.

가령 다임러크라이슬러 사의 최고경영자 위르겐 슈렘프(Jürgen Schrempp)는 기자들에게 다음과 같이 고백했다. "저는 일이냐 결혼이냐를 선택해야 하는 순간에 직면했습니다. 그리고 저는 새로운 과업에 도전하는 것이 이 세상 다른 어떤 것보다도 중요하다는 사실을 깨달았습니다." 이 고백이 씁쓸하게 느껴지는 가장 큰 이유는 현재 대기업 회장들이 운영하는 회사들은 20~30년이 지나면 존재하지 않을 것이라는 점 때문이다. 그때가 되면 모든 것을 바꾸고 근본적으로 완전히 얼빠진 목표에 전력을 다하는 사람들이 주도권을 넘겨받는다. 한편 이 경영 귀재들의 자녀들은 그때 스물다섯이나 서른 살이 되며, 자신의 아버지를 기껏해야 자신에게 성(姓) 외에는 남겨준 것이 없는 사람으로 기억할 것이다.

물론 모든 고위 경영자가 그렇게 되는 것은 아니다. 아버지 역할을 충실히 해내면서 오랫동안 기업컨설팅 회사 아서 리틀을 이끌어 온 톰 좀머라테(Tom Sommerlatte)는 《비르트샤프트보케》(2000년 32호)와의 대담에서 다음과 같이 말했다. "한 가정을 온갖 어려움을 이겨내면서 꾸려가고 유대감을 통해 발전시키는 능력은 우리 컨설팅 회사에서는 동료애, 협동심, 충성심의 형태로 나타나며, 고객들과 훨씬 더 만족스러운 협력 관계를 촉진하는 것으로 나타납니다." 이것은 친분관계에도 해당되며, 따라서 기본적으로 안정적인 사회 네트워크를 구축하고 힘든 시절에도 활기를 불어넣는 능력에도 해당된다는 사실을 강조할 필요는 없을 것이다.

호텔 매니저인 나디네는 자신의 승진이 정신없이 달려온 지난 몇 해 동안 가족 생활과 사회 생활을 희생한 덕분이라는 사실을 늘 의식하고 있었다. 하지만 그녀는 오랫동안 아무런 대안도 찾지 못했다. 두 아이들이 태어난 이후로 그녀는 철저하게 전화에 매달려 일을 계속했으며, 그 후로는 보모들이 아이들 양육을 대부분 떠맡았다. 많은 수입이 처음에는 불편한 점들을 많이 덜어주었다. 그런데 어느 날 그녀가 딸을 유치원에서 데려오는데, 어떤 유치원 선생님이 물었다. "아, 당신이 애 엄마시죠?" 그때 그녀는 자신이 아이들을 마치 귀찮은 일감처럼 다른 사람들에게 떠맡기려 하고 있다는 사실을 깨달았다.

## 지도적 인사들 : 주어진 과제도 주도적으로 처리한다

얼핏 보기에 모든 상황이 다 나쁜 것은 아니라고 주장할 수도 있을 것이다. 직업 세계는 변한다. 그리고 일거리는 점점 더 줄어든다. 연방 통계청에 따르면 독일(당시 서독 지역에서) 전체 취업자의 평균 근무 시간은 1978년 주당 40.6시간에서 1997년에는 주당 37.1시간으로 떨어졌다. 참으로 행복한 상황처럼 보인다. 그러나 좀 더 자세히 들여다보면, 다시 말해 간부 직원들을 살펴보면 사정은 약간 달라진다. 직업연맹인 VAF(고용 경영자 연합)와 VdF(중역진 연합)가 2001년도에 발표한 근무 시간 조사 결과에 따르면, 독일의 전문 인력과 중역진의 평균 근무 시간은 주당 평균 52.5시간으로 '보통보다 훨씬 높은 수준'이다. 그나마 이것은 평균치라는 점에 주의해야 한다. 실제로 매일 9시간만 일하고 주말에는 쉬는 매니저, 기술자, 변호사들이 있는 반면, 매일 12시간씩 뼈 빠지게 일하는 동료들도 있다. 이러한 상황을 반영하듯 이 조사에서는 주당 60시간 이상 근무하는 간부 직원들도 많이 찾아냈다.

"자업자득이지." 많은 사람들이 이렇게 생각할지도 모른다, "그들은 달리 어떻게 해보려 하지 않는 사람들이야." 이에 대해 방금 인용한 조사 담당자들의 말을 다시 한 번 들어보자. "중역진들 역시 이렇게 오래 근무하는 데서 오는 부담에 대한 보상을 받고 싶다는 소망을 명확히 드러냅니다." 이 보상이란 대체 어떤 것일까? 돈을 더 많이 받는 것일까? 더 고급스러운 업무용 차량일까? 전혀 그렇지 않다. "거의 대부분이 노동 시간이 더 줄어들기를 기대한다. 그 외에도 보상으로 주어지는 휴가에 대한 관심도 매우 높다."

미디어에 자주 등장하는, 출세를 위해 모든 것을 포기하는 야심 찬 중역의 모습은 이제 고리타분한 허상에 지나지 않는다. 젊고 전문교육을 받은 사람들은 대부분 성취욕이 높지만, 그러한 성취욕은 오직 일과 관련된 것이 아니며, 바로 사회 생활이나 개인 생활과도 관련되어 있다. 성공은 이제 단순히 금전 상황이 좋아지고 직장에서 인정받는 문제가 아니라, 개인적인 성공, 친구 관계 그리고 가정의 행복에 관한 문제이기도 한 것이다.

따라서 당신이 앞으로 가족들에게 더욱 관심을 보이고, 새로운 친구 관계를 맺거나, 이웃 사람들과의 관계에 신경을 쓰고 싶어 하든 그렇지 않든 전혀 상관없다. 중요한 것은 당신이 혼자가 아니라는 사실이다.

회사에서는 모든 정력을 쏟아 붓는 것이 당연한 것이었고, 안정적인 사회관계란 기껏해야 장식품에 불과했다. 이런 분위기가 팽배했던 한 투자은행에서 근무한 바 있는 마르쿠스는 무조건 회사에 헌신하지 않는 것에 대해서는 어떠한 변명도 통하지 않는다는 사실을 금방 깨달았다. 물론 동료들은 그 대가를 치러야 했다. 흠잡을 데 없는 가족관계와 인간관계를 유지하고 있는 동료들은 없었다. 실제로 그가 알고 있는 모든 사람들은 개인적인 문제(파경, 학교에서 문제를 일으키는 자녀들, 깨져버린 우정 등)로 골머리를 앓고 있었다. 마르쿠스는 해고를 당하고 난 후에야 자신이 직장 밖에서의 삶을 얼마나 등한시해왔는지 깨달았다.

▶ 마르쿠스의 다운시프팅 조언
직장에서 잘못된 모범 직원들에게 현혹되어서는 안 된다. 사무실에서는 어느 누구도 솔직하게 자신이 일 때문에 고독해진다고 인정하지 않을 것이다.


## 새로운 목표 집단에 대비하라

이제 차 속에서 당신 옆자리에 앉아 있는 사람들을 살펴보자. 아마도 당신은 그들에게 당신의 자동차 모델이나 속도 그리고 주행 구간에 이의가 없는지 물어본 적이 한 번도 없을 것이다.

### ▶ 테스트

사회적인 연대 그리고 가족과의 유대와 관련하여 당신은 얼마나 부족한 사람인가? 간단한 테스트가 당신에게 명확한 해답을 제시할 것이다. 다음에 제시한 '시간 항목'에 투자하는 시간을 대략 계산해 보기 바란다.

당신은 일주일에 몇 시간을 다음 항목에 허비하는가?
① 교통체증
② 미팅
③ 상사, 동료, 고객들과의 대화
④ 배우자, 자녀들, 친구들 그리고 친지들과의 대화

### ▶ 진단

아마 결과는 다소 실망스러울 것이다. 최악의 경우에는 첫 세 항목에서는 합계가 몇 시간씩 나오겠지만, 마지막 항목에서는 몇 분, 몇 초를 일일이 합산하느라 힘들 것이다. 물론 종일 근무하는 정식 직원들 가운데 완벽하게 균형 잡힌 결과를 제시할 수 있는 사람은 아무도 없을 것이다. 마찬가지로 모든 사람들에게 통용되는 "매일 적어도 ○○분 동안 만이라도 가족에게 관심을 기울이라"는 식의 결론도 이끌어낼 수 없을 것이다. 그러나 합계가 너무 많은 차이를 보

인다면, 그리고 당신에게 가장 소중한 사람들과 대화를 나누는 시간
이 10분도 넘지 않는다면, 당신은 회의적인 생각이 들 것이다. 그렇
다면 그사이에 당신의 자녀들, 배우자, 그리고 (한때는) 가장 친했
던 친구들은 이미 당신과 남남이 되어버렸을 수도 있다. 그들은 당
신이 밤에 냉장고나 텔레비전 앞에서 마주치는 사람들이며, 당신이
가끔씩 전화를 하는 사람들이며, 그들에게 어떤 문제가 있는지 ―
당신의 상사와 동료들의 문제와는 정반대로 ― 당신은 전혀 모르고
지낸다.

우선 당신의 개인 생활에서 당신에게 중요한 모든 사람들의 이름
을 (왜 중요한지 하는 이유도 포함하여) 기입한 목록을 작성한다. 그
런 다음 이 목록에 칸을 두 개 더 추가하고, 처음에는 그것을 그냥
비워둔다.

당신의 배우자와 가족 구성원들뿐 아니라 형제자매들, 친한 친구
들, 그리고 그들의 판단과 후원이 소중하다고 생각되는 다른 사람들
도 이 목록에 함께 포함시켜야 한다. 상사와 동료들, 그러니까 직장
에서 접촉하는 사람들은 그들과의 관계가 업무를 떠나서도 상당히
중요한 경우에만 기입한다.

이러한 목록을 작성하는 이유는 당신에게 가장 소중한 사람들이
당신의 다운시프팅 계획을 존중해주고 후원하기도 한다는 점을 확
실하게 해두기 위해서다. 이때 한 가지 명심해야 할 점은, 미해결 문
제나 경우에 따라 있을지도 모르는 갈등은 다운시프팅을 실행하기

전에 해결해야 한다는 것이다. 다운시프팅 도중이나 이미 실행한 이후에 갈등을 해결하려 해서는 절대 안 된다.

이때 누가 특별히 중요한가? 이 다음에 당신의 가장 소중한 다운시프팅 파트너들을 열거한 표가 나온다. 당신은 대화를 진행하는 도중에 일어날 수 있는 문제점들에 대한 조언과 그것을 해결하는 실마리를 위한 제안들을 얻게 된다. 이어서 이 사람들에게 당신의 계획을 확신시키기 위해 당신이 그 외에 무엇을 할 수 있는지, 그리고 구체적으로 대화를 어떻게 준비해야 하는지도 알게 된다.

## 배우자, 친구 그리고 가족

### 배우자

배우자는 다운시프팅 계획을 가장 먼저 상의해야 할 사람이다. 배우자는 당신이 계획을 실행하는 데 가장 중요한 사람으로, 당신 자신을 제외한 또 하나의 중심축이다. 따라서 처음부터 제기해야 하는 첫 질문은 '배우자가 당신 편인가?' 하는 것이다. 만약 그렇지 않다면 다운시프팅을 실행할 수 없는 것은 아니지만 상당히 힘들어진다. 물론 배우자의 반응은 '다운시프팅 강도'에 따라 달라진다. 바꾸어 말하자면, 만약 배우자가 아무리 해도 당신이 현재 타고 다니는 차를 포기할 수 없다면, 당신은 배우자에게 조금만 더 느리게 달리고 기어를 한 단 더 내리자고 설득해야 할 것이다. 그러나 일반적으로 배우자는 이러한 계획을 가장 강하게 지지하고 가장 적극적으로 후원한다. 실제로 성공적으로 차선을 바꾼 거의 모든 사람들이 경험한 사실이다. 배우자들 역시 지금까지 직업에서 오는 부담에 가장 심하게 시달려온 사람들이기 때문이다.

하지만 당신이 다운시프팅 계획을 처음으로 털어놓을 때는, 배우자가 당신의 어려움이나 갈등, 진정한 소망을 전혀 모르고 있다는 사실이 드러날 수도 있다. 말하자면 당신이 수년 동안 혼자서 묵묵히 일하고, 또 혼자서 참아내고, 온갖 대안들을 말없이 짜내왔다면 말이다. 이러한 상황에서 배우자들의 전형적인 반응은 "원, 이런. 왜 한 번도 그런 말을 하지 않았나요?" 하는 것이다. 정반대 경우도 생각해볼 수 있을 것이다. 어쩌면 당신의 배우자도 너무나 힘이 들고 긴장해 있어서, 자신의 직업상의 출세 외에는 어떤 것에도 관심을 기울이지 못했을지도 모른다.

어떤 상황이든 상관없이, 이러한 대화를 나눌 때는 일단 일의 분망함이나 동료들에 대한 분노의 인상이 남아 있지 않은 순간을 선택하라. 그때는 또한 사실을 숨김없이 알려야만 한다. 그 외에도 당신이 준비해두어야 할 것은 대략적으로 눈앞에 떠오르는 방책들 그리고 또한 가능한 대안과 타협안이다. 어떠한 경우에도 반론과 비판적인 질문을 기꺼이 받아들여야 한다. 어떤 다운시프팅 계획을 꾸미고 실행할 수 있는 수단들은 대체로 무한하게 많으며, 이 대화에서 당신의 계획을 풍성하게 해주는 요인들도 찾아내고 발전시킬 가능성도 충분히 있다.

배우자가 당신의 의도를 적극적으로 지원해주지 않으면 성공적인
다운시프팅이 거의 불가능하다는 점을 명심하라.

## 자녀들

만약 당신이 앞으로 (어쩌면 물질적으로도) 단순해진 생활양식을
추구하려고 한다는 사실을 아이들에게 알린다면, 아이들은 어떤 말
을 할까? 아이들은 앞으로 매년 세 번씩 휴가여행을 가고, 애완동물
을 키우고, 돈이 많이 드는 놀이공원으로 나들이 가는 것을 포기해
야만 하는가? 당신은 아이들에게 당신의 다운시프팅 계획의 장점을
납득시킬 수 있는가? 만약 당신이 벌써부터 이사를 갈 생각을 하고
있다면, 당신의 아이들 역시 자신들의 친숙한 환경, 그리고 또한 친
한 친구들을 떠나야만 하는가? 그럴 경우에 당신은 아이들에게 이
번 이사에는 장점도 있다는 사실을 납득시킬 수 있을 것인가?

자녀들도 다운시프팅 계획의 장점을 힘들지 않게 수긍할 수 있을
것이다. 물론 이것은 당신의 의도가 얼마나 진척되어 있는지에 달
려 있다. 아이들에게는 거의 언제나 단 하나의 논거가 중요시된다.
그것은 당신이 전에는 없었지만, 이제는 그들에게 베풀 수 있는 시
간이다. 만약 당신 자신이 행복하다면, 주변 사람들도 역시 행복할
가능성이 높다. 특히 아이들은 부모들에게 어떤 일이 벌어지고 있
는지 매우 정확하게 인식한다. 당신 자신의 어린 시절을 한번 돌이
켜보라.

## 당신의 가족들(부모들, 형제자매들, 가까운 친척들)

당신의 부모들, 형제자매들, 혹은 특별히 당신과 가까운 친척들은 당신의 계획에 관해 무슨 말을 하게 될까? 당신의 출세를 지금까지 어쩌면 약간 자랑스럽고 기분 좋게 지켜보아온 사람들이 말이다. 특히 부모들에게는 자녀들의 직업상의 성공이 곧 자신들의 행복이 되는 것이 되는 경우가 자주 있다. 그리고 자녀들에게는 이러한 기대에 부응하는 것이 엄청나게 중요할 때가 너무나 잦다. 어쩌면 당신 부모들은 아직도 옛날의 전통적인 사고방식에 아주 강하게 얽매여 있는지도 모른다. 이전에는 열성적으로 일하는 사람만이 행복한 사람이 될 수 있었던 것이다. 그러나 어쩌면 당신은 의외의 놀라운 일도 겪을지도 모르며, 당신 부모들이 "애야, 나 역시도 30년 전에 바로 그렇게 했어야 하는 건데 말이다" 하고 사려 깊고 이해심 많은 반응을 보일지도 모른다.

형제자매들도 이와 비슷한 태도를 보일 것이다. 다툼이나 적어도 격한 언쟁이 일어날 가능성도 있다. 만약 당신이 미리부터 이 사람들이 당신을 지금까지 어떻게 보아왔으며, 이제 당신이 그들에게 어떤 새로운 기대를 가져다줄지를 명확히 알고 있지 못하다면 말이다.

옛 가족들과 대화를 나눌 때 무엇보다 이들이 이 모든 일의 경제적인 측면을 매우 중요시할 가능성이 아주 높다는 것도 감안해야 한라. 다음과 같은 식의 질문이 제기될 것이다. 지금까지의 생활양식을 유지할 수 있을 만큼 충분한 돈을 벌 수 있을 것인가? 당신 가족들이 지금까지 누려온 그 모든 이점들을 제공할 수 있을 만큼 말이다. 특히 부모들과 대화를 할 때는 갑자기 봉양이 소홀하다는 것과 같은 전혀 예기치 못했던 견해들이 튀어나올 수 있다. 다운시프팅 계획을 성공적으로 실행한 후에 부모들에게 신경을 쓸 충분한 시간이 있을까? (단연코 그렇다.) 부모들을 봉양하는 데 투자할 수 있을 만큼 충분한 돈을 남겨둘 수 있을까? (그렇지 않은 편이다. 이러한 측면은 당신의 금전 계획에 포함된다.)

결국 당신은 무엇으로 당신의 가까운 친척들을 설득할 것인가? 지금까지 당신이 그들에게 당신의 속사정이 어떤지 명확하게 깨우쳐 주지 못했다면, 상황은 어려워진다. 그럴 경우 그들은 아직도 당신이 열심히 일해서 성공적으로 승진했고, 이제 품위 있는 자리를 차지한 행복한 사람이라고 여길 것이다. 그렇다면 먼저 모든 사실을 솔직하게 털어놓아야 한다. 그 다음에 장점들과 혹시 있을지도 모르는 단점들을 철저하게 서로 대비해서 검토해야 한다.


## 친한 친구들

친구들이 당신이 계획하고 있는 차선 변경에 어떤 반응을 보일지 예상하기란 쉽지 않다. 친구들이 당신을 신경쇠약자라고 놀려댈 수도 있다. 이때 도움이 되는 것은 단 한 가지밖에 없다. 당신 자신을 유행을 선도하는 사람으로 여기고, 처음에는 친구들과 되도록 접촉하지 않도록 노력하라. 그러나 당신이 친구들에게서 격려와 인정을 받는 반대의 경우도 생각해볼 수 있다. 그때는 당신은 확실히 올바른 사람들과 우정을 나누고 있는 것이다. 만약 친구들이 당신의 계획을 진정으로 받아들인다면, 그들의 충고는 엄청나게 소중한 것이 될 것이다.

지금까지 우선 당신의 다운시프팅 계획을 설득할 필요가 있는 가장 중요한 네 부류의 사람들을 다루었다. 이러한 사람들이 당신과 함께 차에 앉아 있다. 그리고 그들은 아마 앞으로도 계속 당신과 함께 타고 갈 것이다. 이 대화의 결과를 일단 미리 예상해보자. 함께 차에 타고 있는 사람들 중 첫 두 부류(배우자와 자녀들)의 반대를 무릅쓰고서는 어떤 것도 불가능하거나, 혹은 아주 조금만 가능하다. 세 번째와 네 번째 부류(당신의 옛 가족들과 정말로 친한 친구들)의 반론들은 최악의 경우 상당 부분 무시할 수 있다. 하지만 그렇게 되면 당신의 다운시프팅 계획의 출발은 별로 이상적이지는 않을 것이다. 여기서 내릴 수 있는 결론은 오로지 혹시 일어날지도 모르는 갈등을 미리 해소하라는 것뿐이다. 그리고 더 이상 어떤 것도 불가능할 경우에만 접촉을 줄이도록 하라. 예를 들어 당신의 할머니가 완고하게 다음과 같이 고집한다면 말이다. "애야, 나를 위해서라도 계속 성공적인 변호사로 남아 있도록 해!"

## 이웃과 동료들

이제 당신 인생에 중요한 역할을 하는 두 부류의 사람들을 더 살펴보자. 가끔씩 당신의 차를 타는 사람들이 있을 것이다. 예를 들어 당신이 아침에 카풀을 하면서 가끔 함께 직장으로 데려다 주는 사람들 말이다.

## 이웃들

이들이 이웃 사람들이든, 테니스 클럽에서 만나는 친구들이든, 혹은 한 달에 한 번씩 볼링을 함께 치러 가는 그런 지인들이든 상관없이, 덜 가까운 사람들에게 미리부터 당신의 다운시프팅 계획을 털어놓는 것이 유리하다는 정황은 거의 없다. 어쩌면 그들은 어느 날 갑자기 당신에게 이전보다 더 많은 여유가 생겼다는 사실을 확인하고 깜짝 놀랄(혹은 질투심에 사로잡힐) 것이다. 그러나 결코 다운시프팅 계획이 그들의 의견에 따라 흔들려서는 안 된다. 그것은 그야말로 너무 지나친 일이다.

그리고 마지막으로 현재 당신 옆에서 고속도로를 질주하는 사람들도 있을 것이다.

## 동료들

사무실에서의 반응은 비교적 쉽게 예상할 수 있다. 그곳 사람들이 당신에게 아주 열렬한 박수갈채를 보내주리라고는 기대하지 않는 편이 낫다. 어떤 동료들은 어쩌면 남몰래 당신에게 경탄을 보낼지도 모르며, 나머지 동료들은 당신이 좌절하고 몇 주 혹은 몇 달 후에 막심한 후회를 하면서 돌아오기를 고대할 것이다. 당신이 준비를 하는 동안 중요한 모든 사람들과 의논을 한다 하더라도, 당신의 동료들,

더더욱 당신의 상사는 그 일에서 (적어도 초기에는) 제외시켜야 한다. 왜냐고? 이들은 너무나 심하게 판에 박힌 단조로운 일상에 사로잡혀 있고, 따라서 당신의 계획에 그렇게 많은 이해심을 보이지 않을 것이기 때문이다. 대부분 사람들은 자신의 스트레스와 출세욕에 사로잡힌 가련한 상황에서 벗어나기에는 너무나 허약하고, 따라서 남들이 그렇게 하는 것을 견디기 힘들어 할 것이다. 그것에 대해 화를 낼 필요는 없다.

따라서 이웃들이나 동료들의 반대나 후원을 고려해도 좋은지 하는 것은 근본적으로 중요하지 않다. 당신의 다운시프팅 계획에 대한 그들의 반응은 기껏해야 당신의 현재의 인간관계를 따져보는 데 활용하면 될 것이다.


## 다운시프팅 대화

이제부터 당신에게 가장 중요한 사람들과의 대화를 다룰 것이다. 당신은 먼저 다음 두 가지 충고를 명심해야 한다.

① 진정한 의도를 숨기지 않는 것이 중요하다. 그러나 내키는 대로 말하지 않는 것도 마찬가지로 중요하다. 만약 당신이 수년 간 사무실에 틀어박혀 있거나 출장에 매달려왔다면, 배우자, 아이들, 친구들에게 갑자기 당신의 계획을 알려주면 그들은 대체로 매우 놀

랄 것이다. 비록 이 사람들이 긍정적인 반응을 보일 가능성이 높다 하더라도 말이다. 그것은 구체적으로 무엇을 의미하는가? 이 장의 처음에 나왔던 비유를 돌이켜 생각해보라. 당신이 예상보다 빨리 이사를 갈 계획을 세운다면, 그것은 급제동을 걸어 함께 차에 타고 있는 사람들이 앞 유리창에 코를 들이박게 만드는 것이나 마찬가지다. 다운시프팅 계획을 단계적으로 실행하면서 함께 타고 있는 사람들에게도 꼭 필요한 변화를 설명하고 하나하나씩 설득해야만 한다.

②다른 이들의 기대치를 끌어내려라. 많은 사람들이 거의 전적으로 외부에서 오는 기대의 압박감 때문에 직장에서 출세를 하려고 한다. 이제 문제는 이것이 당신 개인에게 중요한가, 혹은 얼마나 중요한가 하는 것이다. 다시 말해서, 당신은 다른 사람들이 당신의 현재의 딜레마에 대래 (공동) 책임이 있다는 어리석은 생각을 하고 있는가? 당신은 부모들이 당신에게 출세를 요구했기 때문에 출세를 한 것인가? 당신은 단지 부인이 너무나 자랑스럽게 여기기 때문에 크고 비싼 차를 타고 다니는가? 당신의 수입의 상당 부분이 자녀들이 호화롭게 생활하는 데 지출되고, 그 때문에 당신은 화가 나는가? 이러한 경우에도 책임은 대부분 당신에게 있다. 당신에게 중요한 사람들에게 부당한 기대를 품게 했던 것이다. 따라서 당신의 최우선 과제는 이미 완전히 다듬어진 계획을 제시하는 것이 아닐 것이다. 오히려 먼저 이러한 기대를 당신의 개인적인 욕구에 일치할 정도로 끌어내리는 것이 될 것이다.

개인적인 친분이 있는 사람들과 상의하는 모든 것은 세부적인 면에서는 항상 당신 자신이 다운시프팅을 어느 정도로 추구하고 싶은지에 달려 있다. 주중에 반나절 동안 낚시를 가기 위해 일시적으로 일을 중단할 궁리만 하는가? 아니면 이미 시골에 있는 낡은 농가의 구매 계약서를 서류 가방에 넣어두고 있는가? 처음부터 당신의 다운시프팅 계획이 가져올 긍정적인 결과와 동시에 부정적인 결과도 명확히 깨닫도록 노력하라. 이때 중요한 것은 너무나 복잡한 변화("나는 이사를 해서 유기농 농사를 짓고 싶다")를 꾀하지 않는 것이다. 오히려 가장 간단하고 가장 쉽게 떠오르는 것("나는 일을 줄이고 싶다")으로 시작하라.

이러한 각 항목들을 정한 다음에는 '중단'하고 귀 기울여야 하며, 혹시 있을지도 모르는 반론을 수용하고 근거를 제시해야 한다. 이렇게 해서 단계적으로 당신의 장기적인 목표에 접근한다. 만약 그 목표의 핵심이 정말로 당신이 바이에른 주의 숲속에서 친환경 농사를 짓는 것이라면, 결국 그것을 비밀에 붙여서는 안 된다. 앞에서 이미 언급했듯이, 사실을 숨김없이 알려야만 한다.

그리고 이와 함께 이미 이 장의 앞부분에서 만들어놓았던 목록으로 다시 한 번 돌아가보자. 지금까지 비워져 있던 두 칸을 아래에 나와 있는 보기에 따라 이제 제목 칸에 '단점/있을지도 모르는 반론' 그리고 '장점/……에 대한 근거'로 채워 넣어라.

'단점/있을지도 모르는 반론'이라는 칸을 채울 각각의 인물들이 당신의 계획에 어떤 의구심을 보일 것인지를 미리 알아내도록 해야 한다. 이때 우선 이러한 의구심이 정당한 것인지 아닌지, 객관적인지 아닌지는 결정적으로 중요하지 않다. 대화 상대방의 입장으로 돌아가서 정직하게 이 사람이 당신의 다운시프팅 계획에 어떤 부정적인 결론을 내세울 것인지 알아내도록 노력하라.

'장점/……에 대한 근거'라는 칸에는 머릿속에 떠오르는 '다운시프팅에 유리한' 모든 논거들을 모으도록 하라. 다운시프팅 목표를 향해 가는 도중에 주변 사람들에게 생길 수 있는 각각의 긍정적인 결과들을 말이다. 그 목표가 가령 당신이 앞으로 한마디로 말해서 친구들과 가족들에게 더 많은 시간을 내는 것인가? 그것을 적어두도록 하라. 당신이 관심을 기울이려 하는 것이 정원을 돌보는 일과 같은 아주 간단한 일인가? 그것도 목록에 들어가야 한다. 아니면 그것이 아주 거창한 장기적인 목표인가? 가령 이미 당신과 친구들이 십 년 이상이나 계획을 세워놓고도, 지금까지 누구도 여가가 없어서 결국 세부적인 사항에 손댈 수조차 없었던 미국 여행과 같은 것 말이다. 이것도 함께 기록하라.


마케팅 매니저인 시몬은 부인과 가족들에게 처음에는 힘들여서 겨우 자신의 계획을 납득시킬 수 있었다. 아무도 근심하지 않도록 자신에게 부담을 주는 일의 중압감을 항상 숨겨오느라 스스로 떠맡은 강인함과 잘못된 자제심 때문이었다. 그래서 대화를 나누면서 그의 계획을 알게 된 사람들은 모두 엄청나게 놀랐다. 그는 공교롭게도 이전의 한 동료에게서 가장 열렬한 지원을 받았다. 그 동료는 이미 일의 부담을 줄였고, 이제 그에게 조언을 해주었다. 시몬의 다운시프팅 계획은 매우 신중하게 진행되었다. 너무 지나치게 금전적인 손실을 입지 않고, 따라서 너무 급격하고 단호한 변화를 불러오지도 않고 단계적으로 일의 부담을 줄인 것이다.

▶ 시몬의 다운시프팅 조언

관련 있는 모든 사람들의 의견을 받아들여라! 주변 사람들의 생활에 일단 관심을 보이기 시작했다면, 당신이 이들을 어떻게 하면 가장 효과적으로 당신의 계획에 포함시킬 수 있는지도 명확히 드러난다.

진지하게 받아들여야 할 대화 상대방의 의구심을 충분한 논거를 들어 설득력 있게 반박하는 것이 이상적일 것이다. 물론 어떤 경우에나 다 성공을 거두지는 못할 것이다. 그렇다면 당신은 협상을 할 마음의 준비를 갖추어야만 한다. 그리고 여기서는 나중에 마음대로 교체할 수 있는 부품 공급업자나 새로운 직원들과 협상을 진행하는 것이 아니라는 사실도 명심해야만 한다. 따라서 상대방이 어쩌면 모르고 지나쳐버릴지도 모르는 부정적인 결과에도 관심을 가지도록 해주어야 한다.

마찬가지로 함께 고려해야 할 사항은 당신이 새로 얻어낸 활동의 여지가 예기치 않은 희망과 때로는 긴장상황도 불러올 수 있다는 사실이다. 많은 사람들이 당신이 이제 그들에게 더 많은 시간을 할애해주기를 기대할 것이다. 극장에 연극을 보러 가는 것뿐 아니라 가정 살림에서도 말이다. 가족들의 이러한 기대를 어떻게 충족시킬 것인가?

대화의 결론에 관해서는 다음과 같은 사항들을 언급할 수 있다. 당신에게 가장 소중한 다운시프팅 파트너들이 당신과 똑같이 다운시프팅 계획과 그 실현 가능성을 확신할 때만, 다운시프팅을 성공적으로 실행할 수 있다. 그리고 어느 날 저녁에 갑자기 최종 결론을 이끌어낼 수는 없을 것이다. 가족들이나 당신의 생활에 중요한 영향을 미치는 다른 사람들에게 생각의 관점과 생활을 바꿀 적당한 시점이 되었다고 설득하는 데는 수주일이 걸릴 수도 있다. 그리고 사람들이 당신을 회의적으로 대하는 순간도 있을 것이다. 그러한 반응에 현혹되지 말기 바란다.

이어지는 중대한 도전은 이제 회사의 프로젝트가 아니라, 지금까지 당신의 생활에서 소홀히 다루던 것을 실현하는 것이다. 거기에는 안정적이고 만족스런 인간관계를 발전시키는 것도 포함된다. 이 임무를 절대 과소평가해서는 안 된다. 가족과 친구에게 신경을 쓰는 것, 연대감과 협동심을 키우는 것, 이 모든 일은 열성적인 노력과 개인의 자질을 필요로 한다. 이것은 직장에서는 동료애, 팀 정신, 충성심이라 불리는 능력들이다. 그리고 정말이지 극기심도 필요로 한다. 이러한 점에서 직장에서 당신에게 요구하는 것과 다르기는 하지만 결코 그보다 적지 않은 요구사항들이 당신에게 제기되는 것이다. 따라서 당신의 새로운 계획은 경우에 따라서는 새 회사 프로젝트만큼이나 전략적으로 착수해야 하는 계획이다.

# 돈과 행복

## 이전처럼 풍요롭지는 않지만
## 더 많은 것을 이루기

물질적, 정신적으로 지나치게 풍요로운 상태에서 벗어나라.

물질적인 것을 늘려서 자신의 존재 가치를 높이려는 노력을 그만둬라.

정신적 가치와 물질적 가치 사이의 올바른 균형을 찾아내고,

소비를 합리적으로 줄이고,

그 대신 더 많은 시간 여유를 얻기 위해 그 균형을 회복하라.

# 제 4 장

# 이제 충분해

　우리가 오늘날 다운시프팅이라고 부르는 것은 결코 현대의 분망한 시대에 와서 생겨난 현상은 아니다. 의미 깊고 또한 일과 즐거움이 균형을 이루는 삶을 바라는 소망은 인간이 탄생한 이래로 존재해온 것이다. 그래서 이미 소크라테스, 플라톤, 아리스토텔레스 같은 위대한 그리스 철학자들은 균형 잡힌 삶의 가치를 널리 주창했다. 균형 잡힌 삶에서는 즐거움을 적절한 '양' 만큼 누리는 것이 대단히 중요한 역할을 했다.

　이미 소크라테스는 우리가 소비 스트레스라고 부르는 것을 멀리한 것이 분명하다. 그는 아테네 시장에 나와 있는 엄청난 양의 상품들을 보고 이렇게 말했다고 한다. "내가 필요로 하지 않는 물건들이 얼마나 많단 말인가!" 원래 로마의 시인 호라츠에게서 나왔고 바로크 시대에 다시 부흥된 격언 '카르페 디엠(Carpe diem, 오늘을 즐겨라)' 도 마찬가지로 잘 갖추어진 생활을 강조한다. 이전 세대 사람들은 이 말로 오늘날보다 훨씬 다양한 예측 불가능성에 의해 위협받던 삶을 철저하게 활용하려는 강한 욕구를 표시했다.

숨 막힐 듯 느껴지는 일의 부담에서 벗어난 생활을 바랐던 인류의 오랜 꿈은 오늘날까지 크게 변하지 않았다. 우리는 심지어 많은 사람들에게 직업과 금전 상태가 모든 것을 압도하는 불변의 기준점이 되어버린 최근 몇십 년간의 발전 양상이 역사적 불행의 결과일 뿐이라고 주장할 수 있을 정도다. 오늘날 인생에서 일이 모든 것이 아니며, 소비가 결코 인생의 진정한 행복이 될 수 없다는 인식이 다시 점차로 확산되고 있다. 이 시대의 다운시프팅은 대부분 시간, 현대의 직업관, 선전과 소비의 유혹에 저항하는 노력이라는 측면이 있다. 카르페 디엠의 현대판 버전은 이전처럼 신전과 경작지 사이에서 해결해야 할 과제가 아니다. 이 시대의 문제아들은 핸드폰, 신용카드, 그리고 이메일 보조 프로그램이다.

일과 소비욕에 덜 시달리는 삶을 바라는 소망이 이 시대의 보편적인 현상이 되어버렸다는 사실은 그나마 다행스러운 일이다. 다시 말해 행복한 여건을 갖추는 데 필요한 전제 조건들이 이토록 유리했던 적은 한 번도 없었기 때문에, 이러한 소망은 대부분 사람들이 실현할 수 있는 것이 되었다. 오늘날에는 누구나 일의 중압감에서 벗어나고 더 많은 삶의 의미를 찾으려는 개인의 결정을 행동으로 옮길 수 있다. 다운시프팅은 충분히 융통성이 있으며 당신의 개인적인 계획에 완벽하게 부합하기 때문이다. 그것이 '시간제 다운시프팅'이든, 아니면 수입이 엄청나게 줄어들지만 일에서 완전히 물러나는 것이든 전혀 상관없다.

그래서 지금부터 나오는 단원들에서 다룰 내용은 이런 것이다. 어떻게 하면 직업상으로뿐 아니라 물질적으로 그리고 정신적으로도 지나친 풍요로움에서 벗어날 수 있을 것인가. 어떻게 하면 물질적인 것을 늘림으로써 자신의 존재 가치를 높이려는 부단한 노력을 그만두고, 그 대신 삶의 질과 자제력을 되찾을 수 있을 것인가.


## 소비의 중요성과 불합리성


자동차, 집, 호화로운 휴가 여행 — 직장에서 많은 일을 하는 사람들은 대체로 개인 생활에서도 많은 것을 구입할 능력이 있다. 돈을 잘 벌면서도 금욕적인 생활을 하고 자신의 수입을 불운한 시절이나 편안한 노후를 대비해서 떼어놓는 매니저의 사례는 아마 드라마에서나 볼 수 있을 것이다. 실제로 명망이 높은 직업은 거의 대부분 명망이 높은 생활양식과 결부되어 있다.

대부분 사람들은 흔히 그들의 무절제한 소비가 힘들고 지치게 만드는 직장 생활에 대한 일종의 정당한 보상이라고 믿는다. 이것만으로도 이미 대단히 좋지 못한 일이다. 그러나 진짜 사정은 대부분 훨씬 더 고통스럽다. 사치 생활은 독자적으로 침착하게 선택한 보상이 아니라, 오히려 몇 배로 더 스트레스와 과로를 불러오는 원인에 불과하다. 왜냐하면 파워쇼핑과 지속적인 소비가 우리를 빠져나올 수 없는 늪으로 몰아넣기 때문이다. 직장에서 받는 스트레스는 점차 늘어나고, 우리는 일에 대한 부담을 일시적으로 보상받는 느낌을 얻기 위해 더 많은 소비를 한다. 그리고 이제 이러한 사치 생활에 필요한 비용을 조달하기 위해 우리는 더 많이 일해야만 하고, 이것은 다시금 더 많은 스트레스를 받게 한다.

우리가 신용카드를 사용하는 방식은, 우리 자신에 대해 우리가 인정하고 싶은 것보다 훨씬 더 많은 사실을 알려준다. 분망함과 지속적인 업무상의 부담은 우리가 돈을 사용할 때 이성이 아니라 본능에 매달리도록 만든다. 다시 말해 우리는 실제로는 직장에서 흔히 방패처럼 앞세우고 다니는 자유롭고 비판적인 우리의 의지를 따르는 것이 아니라, 즉흥적인 탈진 상태와 흥분 상태를 따른다.

이것이 무슨 뜻인지는 점심 시간에 황급히 여행사에 들러서 여행 팸플릿을 뒤져본 경험이 있는 사람들이라면 누구나 다 알고 있다. 오후에 힘든 고객 설명회나 악명 높은 부서 책임자와의 미팅이 기다리고 있든 말든, 언젠가는 자기 자신을 어느 정도 정당화하고 변명하면서 다음과 같이 말하는 순간이 온다. "상관없어, 이것을 지금 당장 해치워버려야지. 사실 말(馬)처럼 열심히 일하고서 휴가 때에도 절약한다면 더 좋을 텐데 말이야." 그러고는 몇천 유로가 어쩌면 짧은 순간 동안 그 목적을 채울지도 모르는 여행을 위해 순식간에 날아가버린다.

그러나 더 꼼꼼히 따져보면 더 가까운 지역에 있는 덜 호화로운 민박집에서 일주일을 보내거나, 오랫동안 만나지 못한 친한 친구를 방문할 수도 있었을 것이다. 그러나 유감스럽게도…… 시간이 없다. 그리고 또 지치게 만드는 일거리가 아직 남아 있고……

다운시프팅은 일을 덜 하는 것만 의미하는 것은 아니다. 다운시프팅은 또한 인생을 간단한 수단을 이용해서 즐기고, 실제로 당신이 필요로 하지 않고 당신을 행복하게 해주지도 않는 잡다한 물질에서 벗어나게 해주는 요령과도 관련되어 있다. 여가도 스트레스를 유발하는 요인, 무엇보다 비용이 많이 드는 요인이 될 수 있다. 그러므로 당신의 다운시프팅 계획에서 이제는 정신적 가치와 물질적 가치 사이의 올바른 균형을 찾아내고, 소비를 합리적으로 줄이고 그 대신 더 많은 시간 여유를 얻기 위해 그 균형을 다시 회복하는 것이 중요하다.

그러나 미리 언급해야 할 것이다. 일과 생활 사이의 균형 문제를 다루는 다른 많은 안내책자들처럼, 여기서도 시골에서 보내는 단순하고 평온한 생활을 옹호하려는 것은 아니다. 쇼핑몰이나 양품점을 찾아봐도 소용없고, 그 대신 단순하게 살아가는 행복한 사람들이 집에서 자신의 스웨터를 뜨고, 야채를 직접 기르는 그런 시골 생활 말이다. 그 이유는 간단하다. 고성능 소비생활에서 금욕생활로 너무나 급격하게 넘어가는 것은 오직 극소수 사람들에게만 실질적이고 효과적인 대안일지도 모르기 때문이다. 그리고 당신의 배우자와 자녀들도 만약 당신이 앞으로 크리스마스 때 호주머니 사정이 좋지 않아서 다음과 같이 말한다면 아마 당황할 것이다. "너희들도 내가 마구잡이식 소비를 그만두기로 맹세한 것을 잘 알 거야. 자, 우리 시나

암송하도록 하자!"

만약 당신이 이제 잘 알고 있다는 듯이 미소를 지으며 원래 이 길을 택하기로 이미 결심했다면, 아무런 문제가 없다. 안심하고 계속해서 다음에 나오는 "금전 상황 분석"편까지 책장을 넘겨보도록 하라. 거기서 네 단계로 나누어 당신의 수입과 지출을 꼼꼼하게 점검하고, 당신이 포기할 수 있는 것의 범위를 정하면 된다.

만약 당신이 자신이 이따금 분에 넘치는 소비를 한다는 사실을 잘 알고 있으면서도 다른 한편으로 좋은 것과 나쁜 것, 지나친 것과 부족한 것의 경계가 정확히 어디인지 확신하지 못하는 사람이라면, 안심해도 좋다. 소비는 미덕이다. 그리고 만약 의식적으로, 다시 말해 적당한 수준을 유지하며 소비를 한다면, 그것은 아름다운 소비가 될 것이다.

다운시프팅은 당신이 전화를 해지하고 자동차를 팔아치우고 이제부터 수도승처럼 금욕적으로 살아가는 것을 의미하는 것이 아니다. 다운시프팅은 아주 간단히 말해서 비용이 많이 들 뿐 아니라 메모장을 꽉 채우고 있고 당신의 평온과 휴식, 그리고 무엇보다 당신의 시간을 뺏어가는 그런 물건들에서 초연해지는 것을 의미한다.

그러므로 이 단원에서는 당신이 지금 타고.다니는 자동차에 대해 생각해볼 것이다. 당신이 타고 다니는 차가 정말로 최고 성능의 가장 빠른 최신형 모델이어야만 하는가? 만약 그렇다면 물질적으로 가장 효과가 낮은 해결책이지만, 적어도 휘발유 소비를 줄이고 유지비를 과감하게 낮추기 위해 당신은 속도를 줄여야 한다. 그러나 당신은 어쩌면 또 더 경제성 있는 자동차를 구입하기로 결심을 할지도 모른다. 예를 들어 지금의 최고급 승용차와 다름없이 앞으로 만족스럽게 타고 다닐 것이 분명한 그런 멋진 중고차를 말이다. 가장 유별난 해결책은 지금 당장 자동차를 완전히 포기하는 것이다. 여기서도 다시 길은 여러 갈래로 나 있으며, 오직 당신만이 어떤 길이 당신의 욕구에 어울리는지 결정할 수 있다.

이렇게 해서 우리는 이미 돈이라는 테마의 중심에 들어선 셈이다. 다운시프팅 때문에 당신이 반드시 더 가난해지는 것은 아니다. 비록 모순적으로 들리기는 하겠지만, 몇몇 사람들은 자신의 숨겨져 있던 재능을 찾아내고, 마침내 정작부터 하고 싶었던 일을 함으로써 실제로 더 부유해지기도 한다.

하지만 당신은 처음에는 이 말을 믿고 따라서는 안 된다. 다운시프팅은 대부분의 경우 이전보다 더 적은 돈으로 꾸려나가는 생활을 뜻한다. 단순하고 정말로 중요한 일에 집중하는 생활양식을 선택하는 사람들은 대부분 물질적인 면에서 보자면 이 과정에서 더 가난해지지만, 그 대신 내면적인 만족감은 당연히 더 풍요로워진다. 따라서 다운시프팅 계획을 이제 겨우 실행에 옮겼다면, 수입이 줄어들 개연성이 높다. 또 이 책에서 이미 이력을 소개한 사람들도 사정은 이와 비슷했다. 비록 그들이 자신들의 소망과 계획을 아주 다양한 방식으로 실현했지만, 한 가지 공통점은 직업에 대한 기대, 또한 수입도 어느 정도 상당히 낮출 각오를 했다는 점이다.

물론 당신이 현재 벌어들이는 수입이 높고 준비자금이 많을수록, 절약하여 모으려고 결심하고 소비에 덜 매달리는 새로운 길로 접어드는 것은 더욱 쉽다. 하지만 이것은 곧 깨닫게 되겠지만 적은 돈으로는 다운시프팅이 불가능하다는 것을 의미하지는 않는다.


## 소비 페티시즘이냐, 금욕 생활이냐?


당신의 다운시프팅 계획이 지금까지 어떤 상태에 있든, 그것을 다음 주에 아니면 어쩌면 1년 후에나 실행하려고 하든, 일을 완전히 그만두는 것을 꿈꾸든 아니면 단지 근무 시간을 조금 줄이기만 원하든, 이 모든 것과 상관없이 당신은 당신의 일 외에도 또 한 가지 사항을 꼼꼼히 살피고, 경우에 따라서는 또한 변경해야만 할 것이다. 그것은 돈에 대한 당신의 태도다. 그러니까 돈을 어떻게 벌어들일 것이며, 그리고 그것을 어떻게 지출할 것인지 생각해봐야 한다.

당신이 벌써부터 금전적으로 어느 정도 절제된 태도를 보인다면 더욱 좋겠지만, 그렇지 않다면 당신은 그런 태도를 고칠 수 있다고 확신하도록 하라. 돈을 벌어들이는 것에 관한 것이든 아니면 그것을 지출하는 것에 관한 것이든 상관없이, 중요한 것은 당신의 의지다. 만약 당신이 정말로 직업에서 오는 분망함과 스트레스를 덜 받는 생활을 할 의지가있고, 그 대신 다른 소질과 생활 영역을 발전시키고 싶다면, 이미 절반은 된 셈이다. 이러한 일들을 하기 위해 당신의 금전 상황을 새로 조정해야 할 때도 마찬가지다. 이때 당신에게 필요한 것은 다음과 같은 사항들을 포함하는 세부적인 계획이 전부다.

- 현재의 금전 상황을 점검하라. 채권과 채무, 수입과 지출 항목에 있는 모든 것을.
- 개선의 여지를 점검하고 나쁜 소비습관에서 벗어나라.
- 더욱 철저하게 따져보고 신중하게 돈을 지출함으로써 금전적으로 더욱 자립하도록 하라.

걱정할 필요는 없다. 재정 상태를 분석하면서 순서도를 따르거나 심지어 비법에 해당하는 온갖 종류의 복잡한 조언들을 따를 필요는 없다. 중요한 것은 오로지 당신의 현재 상황을 명확히 파악하고, 개선의 여지를 찾아내고, 이것을 마침내 실행하는 것이다. 간단히 말해서, 감사를 실시하는 것이다.

매니저인 시몬은 일주일에 서너 번씩 외식을 하고, 휴가는 대체로 세상에서 가장 외진 곳만 골라서 다녔다. 결국 일을 하는 동안 정신을 집중하기가 매우 힘들었으며, 일을 끝마치면 그저 멀리 떠나고만 싶어했다. 최고로 즐기는 것만이 마음에 들었다. 그 때문에 남아프리카와 오스트레일리아에서 보낸 휴가에 적어도 4000유로씩은 들어갔다. 이것이 사실은 도피였다는 사실을 그는 처음에는 시인하지 않았다. 결국 모두들 다 그렇게 하며, 충분한 논거도 있었기 때문이다.

'쉬지 않고 10시간, 12시간 일하기 때문에 나도 한번쯤 즐겨야만 해!'

▶ 시몬의 다운시프팅 조언

개인적인 소비지출을 분석할 때 용기를 내서 스스로 정직하게 따져보아야 한다. 돈을 지출하는 진정한 이유는 어디에 있는가?

## 소비 나침반과 재정 나침반을 설정하라!

이제 머릿속에서 손익 계산을 하고 자신이 가진 것을 포기하는 일에 착수하기 전에, 앞 단원에서와 마찬가지로 우선 대략적인 방향을 정해야 한다. 구체적으로 '얼마나?' 드는지를 추정하기에 앞서 대체 당신이 기대할 수 있는 것이 무엇인지 따져보라.

도움을 주는 몇 가지 진술문들이 다음에 나온다. 여기서 당신은 지금까지의 생활 여건과 생활양식에 얼마나 매달리고 있으며, 지금까지의 수입에 대체 얼마나 의존하고 있는지 검증할 수 있다. 이제 당신은 "왜 당장 각 항목들을 삭제하고 삭감하는 일에 착수하지 않는가?" 하고 반문할지도 모른다. "나는 이제 자동차를 팔아버리고, 몇몇 클럽에서 탈퇴해도 좋다는 것을 알고 있는데도 말이다……"

여기서 착각을 해서는 안 된다. 당신이 사실은 소비 중독자라는 사실이 판명되면, 나중에 추정하게 될 총액은 훨씬 더 줄어든다. 이전과는 달라진 생활양식을 바라는 당신의 갈망이 아무리 강하다 하더라도 어쩌면 너무나 중요하게 여겨질 것들을 삭감하는 것도 마찬가지다. 따라서 구체적인 절약 계획을 세우는 것이 아니라, 당신의 개인적인 소비 양식과 자금 운용 양식을 평가하는 것으로 시작해보도록 하자.

▶ 테스트
평가 방식은 앞 단원에서와 같다

● 당신이 양심적으로 '그렇다'고 인정할 수 있는 각 내용에 대해서는 2점,
● '일부는 그렇고 일부는 아니다'고 생각하면 1점,
● 명확히 '아니'라면 0점.

① 소비 태도 : 당신은 일반적으로 친구들이나 친지들보다 돈을 적게 지출한다. 비용이 많이 드는 휴가 여행이나 레스토랑에서 식사를 하는 것도 충분히 포기할 수 있다. 그 대신 돈이 적게 들거나 혹은 전혀 들지 않는 활동으로 직장에서 받는 스트레스를 푼다. 한마디로 말해서, 당신은 자신을 과시하는 물건들을 가지는 것을 별로 중요시하지 않는다.

② 현재의 수입 : 만약 스스로 봉급액을 정할 수 있다면, 당신은 수입이 줄어드는 것을 감수할 수 있다.

③ 앞으로의 수입 : 앞으로 어떻게 그리고 무엇으로 돈을 벌 수 있고, 벌고 싶은지 생각해놓은 것이 있다.

④ 준비금과 저축 : 빚이 없고, 위급한 때 사용할 수 있는 준비금이 있다.


▶ 진단

이 진술문에 대한 대답에서 당신 개인의 '절약의 여지' 그리고 다음 단원에서 다룰 구체적인 액수에 대한 가장 중요한 근거가 생겨난다.

만약 다 합해서 3점 이하를 얻었다면, 당신의 재정 수단은 얼마 되지 않는 것이 명확하다. 당신은 다운시프팅 자금 조달 계획을 세울 때 주의를 기울여야 하며, 처음에는 삭감액을 의식적으로 낮추어 잡아야 한다. 물론 이것이 영구적인 계획이 될 필요는 없다. 반년 후에 다운시프팅에 대한 당신의 생각이 금전적인 면에서도 처음 계획했던 것보다 훨씬 더 원대한 결론에 이르렀다는 사실이 드러나면, 당신은 힘들이지 않고 더욱 많은 것을 삭감할 수 있다.

4점과 6점 사이에 있다면, 당신은 예산 계획을 세우는 것과 관련하여 규모가 가장 큰 그룹, 무난한 중간 집단에 포함된다. 당신이 삭감을 하는 데 필요한 전제 조건은, 당신에게 모든 면에서 많은 융통성을 허용하는 점진적인 다운시프팅을 위한 충분한 토대를 마련하는 것이다.

적어도 세 가지 내용에 대해 양심적으로 그렇다고 인정할 수 있었고, 거기서 전체 점수가 7점과 8점 사이에 있는 사람들은 금전적 개선 가능성 면에서 선두 그룹에 속한다. 소비 지출을 더 많이 삭감하더라도 이런 사람들에게는 문제가 되지 않을 것이다.

호텔 매니저 나디네에게는 나아질 전망이 없는 빠듯한 여가 속에서 돈을 마음껏 지출하는 것이 무엇보다 엔진을 계속 돌아가게 하는 일종의 추진력이었다. 그 대가는 몇몇 헬스클럽, 골프 회원권, 컨트리클럽에 들어가는 막대한 회비와 가정교사에서 정원사에 이르기까지 갖가지 보조 인력에 지급하는 비용이었다. 더 많이 벌수록 그녀는 다시 더 많은 비용을 지불했다. 그 결과 언제부턴가 그녀는 돈이 어디에 얼마나 나가는지 파악할 수 없게 되었다.

▶ 나디네의 다운시프팅 조언
'대리 만족'을 위해 지출하는 돈이 얼마나 되는지 자세히 검사하라.

## 새로운 생활에 드는 비용

당신은 먹고 살아야만 한다. 지금 현재나 앞으로도. 당신이 일에서 받는 부담을 줄인 평범한 직장인이든, 큰 재산을 가지고 있는 '호화 생활자' 든, 혹은 농가에서 야채를 직접 재배하는 완전한 은퇴자든 상관없이 말이다. 이면의 금전적인 뒷받침이 있으면 다운시프팅을 더 쉽게 실행할 수 있겠지만, 당신은 다운시프팅이 원칙상 모든 사람들에게 현실적인 대안이라는 사실을 확신할 수 있을 것이다. 이미 앞에서 언급했듯이 다운시프팅은 큰 돈이 없이도 할 수 있다. 하지만 이 시점에서 당신의 새로운 수입에 대해 터무니없는 기대를 하는 것은 너무 성급한 일이 될 것이다. 새로운 수입은 완전히 서로 다른 수많은 요인들에 의해 좌우될 것이다 — 당신이 앞으로 어떤 일을 할 것인지, 그리고 어디서 어떻게 살아가고 싶은지에 따라. 이 모든 것들은 차후 단계에서 비로소 결정된다.

그렇다 하더라도 당신은 지금부터 간단한 몇 가지 질문을 제기해야 할 것이다. 당신이 가진 물질적인 재산 가운데 어떤 부분을 포기할 수 있는가? 앞으로의 생활수준은 어떨 것이라고 전망되는가? 달리 말해서, 당신은 현재 얼마의 돈을 무엇을 위해 지출하는가 — 그리고 이 소비 대조표에서 어떤 항목을 별도의 조처 없이 삭제할 것인가? 지금 현재 당신은 빠르게 달리는 고급 차 속에 앉아 있다. 이 차를 타고서는 당신은 스트레스와 출세의 압박감이 없는 생활로 돌아가기 힘들 것이다. 이제 문제는 당신이 앞으로 얼마짜리 차를 타고 다녀야 할지에 관한 것이다. 소비를 포기하는 것과 줄어든 수입을 당신이 얼마나 쉽게 (혹은 어렵게) 받아들일 수 있는지 알고 있는 지금, 당신은 이 액수를 더 정확하게 산정하는 데 착수해야 한다. 여기서는 당신이 앞으로 계획을 세울 때 머릿속에 간직하고 있는 숫자, 간단하고 명확한 액수를 책정해야 한다. 이 액수는 당신에게 앞으로의 금전적인 나침반이 될 것이다.

비록 지금까지 재정을 무관심하게 운용해왔다 하더라도, 다음에 나오는 네 단계로 된 분석을 통해 이 액수를 결정하는 것이 그리 힘들지는 않을 것이다. 여기서는 다름 아닌 바로 채권과 채무를 상세하게 대조하는 일을 한다.

### 1단계 : 지출

첫 단계에서 다음 두 분야의 모든 지출을 합산함으로써 당신의 금전적인 다운시프팅 가능성을 산정한다.

- 매월 혹은 정기적인 지출
- 비정기적으로 지불하는 비용과 요금

매월, 즉 정기적인 지출에는 집세, 경우에 따라 융자 이자, 생활비, 보험료, 자동차 유지비, 헬스클럽이나 골프클럽 회비 혹은 핸드폰 요금이나 극장 정기 관람권 구입 비용 같은 것들이 속한다. 여기서는 전체적인 개관을 위해 최근 30일 동안의 계좌 인출금을 간단히 살펴보기만 하면 된다. 장황하게 따질 필요는 없다. 여기서는 세무 신고를 위해 마지막 한 푼까지 꼼꼼하게 계산하려는 것이 아니라, 가능한 한 정확하게 산정하려는 것이기 때문이다. 엄격하게 구분할 수 없는 모든 항목들은 당신의 경험에 따라 평가하면 된다. 그리고 각 개별 항목의 액수를 정할 때 너무 불확실하고 매우 중요한 영수증을 찾아낼 수 없다면, 그냥 개략적으로 산정하라.

일반적으로 자동차는 가장 많은 비용이 들어가는 항목들 가운데 하나다. 그 비용을 개인적으로 지불하든, 회사가 당신에게 제공한 것이든 상관없다. 따라서 평범한 메르세데스 벤츠 C클래스 리무진은 감가상각비용, 정비요금, 기름값을 포함해서 매월 평균 550유로가 든다(자료 : ADAC). 약간 단순화한 계산으로 이 차의 주인이 매월 수령액 기준으로 3000유로를 받고, 그것을 위해 주당 50시간, 즉 한 달에 약 200시간을 사무실에서 근무한다고 가정해보자. 매일 10시간 근무를 한다고 가정하면, 이 사람은 결론적으로 오직 자동차 비용을 조달하기 위해서만 한 달에 자그마치 4일을 근무하는 셈이다.

7기통 BMW를 타고 다니며 거액의 대표이사 임금을 받는 사람들도 사정은 그리 나아 보이지 않는다. 매월 수령액 기준으로 1만 유로를 받고 일주일에 60시간씩 일한다면, 한 달에 꼭 30시간의 근무시간이 이 호화로운 자동차 비용으로 흘러들어 간다. 이 차는 ADAC에 의하면 매월 평균 1200유로의 비용이 지출된다. 최종적으로 근무일 중 매년 30일에서 40일이 자동차 비용으로 들어가는 것으로 계산된다. 이것은 아마 대부분의 톱매니저들이 자신의 아이들과 보내는 시간보다 더 많을 것이다.

이 계산은 단순하며, 자동차뿐 아니라 다른 모든 소비재에도 적용할 수 있다. 당신은 이 모든 것을 단순히 돈으로만 지급하는 것이 아니라, 당신의 수명으로 지급하는 것이다. 당신은 이제 어쩌면 "하지만 난 내 자동차 비용을 세금으로 돌려받을 수 있어!" 하고 이의를 제기할지도 모른다. 옳은 말이다. 이것은 얼핏 보기에 반박할 여지가 없는 논거다. 그렇지만 세무서가 어떤 세액 공제분이든 그에 앞서서 납부액도 미리 정해놓는다는 철칙에 유의해야 한다. 당신은 일단 세금을 지불한다. 그리고 결국 우리들 중에 그 누구도 세금으로 생명을 돌려받을 수는 없다.

이제 비정기적인 비용을 살펴보자. 여기에는 휴가비, 외식비 혹은 옷값이 해당된다. 그리고 또한 당연히 집과 설비에 들어가는 투자도 포함된다. 이러한 항목을 작성하기 위해서는 지난 12개월 동안을 면밀히 살펴보는 것이 가장 좋다. 당신의 계좌 인출금이나 모아둔 영수증을 이용하거나 혹은 (이 모든 것이 남아 있지 않다면) 한가한 시간에 책상에 앉아서 해도 좋다. 당신이 명확히 정리해야 할 문제는 다음과 같은 것이다. 어떤 예측할 수 있는 혹은 예측하지 못한 비용의 부담이 있었는가? 그리고 앞으로 현실적으로 어떤 비용이 더 들어갈 것이라고 예측되는가? 물론 경우에 따라서는 기존의 채무, 미지급금, 대출금도 마찬가지로 여기에 포함된다. 이것은 당신의 대차대조표의 차변에 기입되는 모든 항목들이다.

항목을 작성할 때 가능하면 어떤 식으로든 당신의 일과 관련이 있는 모든 항목들을 따로 구분해놓도록 노력하라. 그리고 당신이 일단 생활양식과 근무양식을 바꾸기만 해도 결과적으로 줄어들 개연성이 높은 항목들도 마찬가지로 따로 구분하라.

### 2단계 : 수입과 대변 항목

두 번째 단계에서는 앞으로 당신에게 어떤 금전상의 변동이 예상되든 관계없이 당신의 재정 상황과 생활 상황을 마음속으로 새겨본다. 그것을 위해 먼저 현재의 모든 수입을 합산하라. 여기에는 당연히 일차적으로 모든 세금을 공제한 당신의 봉급 그리고 그 밖의 다른 곳에서 벌어들일 수입이 포함된다. 또 이자 수입, 임대 수익, 당신이 세무신고를 할 때 알게 된 모든 공제액이 포함된다.

다음으로 집, 모든 저축과 준비금, 자동차 그리고 그 밖에 모든 내구성 있는 소비재와 사치품들이 대변 항목에 들어간다. 반면에 '어쩌면' 혹은 '언젠가는' 이 들어가는 모든 자산들은 여기에 속하지 않는다. 이것은 예를 들면 유산이나 기대되는 가치의 상승 같은 것들이다.

### 3단계 : 현재의 재정 상태를 산정하라

이제 대차대조표를 결산할 차례다. 먼저 당신의 현재 수입과 지출의 차액을 계산하라. 이 수치를 기록해두라. 이것으로 첫 번째 간단한 진상이 드러난다. 지출보다 수입이 지속적으로 더 많다면, 당신은 순액으로 남는 상태다. 이것은 우선 좋은 일이다. 하지만 그 반대라면 문제가 있다. 당신이 벌어들이는 것보다 더 많이 지출한다면, 이것은 다운시프팅 계획에 불리한 출발점이 된다. 이때는 이 계획을 실행하기 힘들어지겠지만, 불가능한 것은 아니다.

이제 당신의 재산과 채무를 가지고도 이와 똑같이 해보라. 이것으로 두 번째 간단한 진상이 드러난다. 당신이 순액으로 채무보다 재산이 더 많다면 (그 규모와 상관없이), 그것은 순조로운 조짐이다. 대변보다 차변의 액수가 더 많다면 여기서도 출발의 전제 조건은 적어도 개선할 필요가 있다.

이 첫 계산으로 당신은 간단하게 현재 상황에서 수입의 감소를 극복할 수 있을지 확인할 수 있다. 그리고 만약 그렇다면, 그 액수가 얼마가 될 것인지도 확인할 수 있다. 여기서 나오는 결론은 이렇다.

- 순액으로 흑자를 보고 있다면 기본적으로 살림살이 예산을 삭감하지 않아도 당장 당신의 업무와 봉급을 줄이는 데 착수할 수 있다. 물론 이것은 수입과 지출의 차이가 얼마가 되느냐에 따라 달라진다.
- 순액으로 적자 상태라면, 생활양식뿐 아니라 금전 운용 양식도 바꾸어야 한다.
- 채무보다 재산이 더 많다면, 이 예금액의 일부를 당신의 다운시프팅 계획을 추진하고 실행하는 데 사용할 수 있다.
- 빚이 있다면, 가장 시급하고 중요한 조처는 이 빚을 갚는 것

이다.

꼭 언급해야 할 사항이 있다. 이렇게 재정 상태를 검토하면서 당신이 상당한 빚더미에 올라 있다는 사실을 확인하게 될 수도 있다. 그러한 상황이라면 얼핏 가망이 없다고 생각할 수도 있다. 그러나 좌절감에 빠져서 어떤 외적인 상황에 책임을 돌리는 실수를 범해서는 안 된다. 그러한 태도가 옳지 않다는 사실을 당신은 그동안에 깨달았을 것이다. 비록 당신이 상당한 빚에 시달리고 있다 하더라도 명확하고 조직적인 새 출발을 할 수 있다. 이 경우에 당신은 먼저 전문적인 채무자 상담소를 찾아가서 외부의 도움으로 채무를 줄이기 위한 확고하고 당신 개인의 상황에 꼭 맞는 계획을 세우고 실행해야 한다. 이와 관련하여 먼저 결론을 내리자면, 부채를 해결하는 데는 일반적으로 다음 세 가지 수단이 있다.

- 지출을 줄여라!
- 수입을 높여라!
- 대변 항목을 현금으로 만들어라!

이 수단들 중 하나만 선택하는 것이 아니라, 세 가지 모두를 서로 결합하는 것이 슬기로운 일이다. 그런데 빚의 부담에서 벗어나는 것보다 더 중요한 것은 앞으로 빚을 지지 않겠다는 결심과 적절한 계획을 세우는 일이다.

지금까지 정확한 다운시프팅 대조표를 작성하는 첫 세 단계를 다루었다. 당신이 위에서 설명한 계산 연습을 우스운 것으로 여기고 해당 수치들을 외워서 알고 있기 때문에 여기까지 읽으면서 하품을 했거나 피곤해서 웃었을 뿐이라면, 당신에게 행운이 있기를 빌 뿐이다. 꼼꼼한 사람이라면 자신의 자금 운용을 모든 기업들이 하는 것과 같이 체계화해놓았을 것이다. 즉 모든 수입과 지출을 전체적으로 살피고 있으며, 재산 상태를 잘 알고 있을 것이다. 그러나 실제로는 거의 대부분의 사람들에게는 자금 운용 계획과 예산안을 작성할 때 명확한 수치가 아니라, 수많은 물음표가 가장 많이 나타난다.

따라서 이와 관련하여 가장 중요한 조언은 다음과 같은 것이다. 지금까지 돈을 어떻게 취급해왔든지 간에, 위에서 설명한 분석을 결코 대충 처리하고 넘어가서는 안 된다. 사전에 금전 상황과 그 속에 포함된 개선의 여지를 명확히 살피지 않고서는 당신의 생활을 결정적이고 지속적으로 변화시키지 못할 것이다. 이어지는 마지막 항목에서는 더 많은 통제를 하고 재정 상태를 간소화하는 데 착수할 것이다.

### 4단계 : 포기할 수 있는 범위를 확정하라

이제 당신은 자신이 어디에 얼마나 지출하는지 알게 되었다. 이 액수는 당신이 현재 생활을 위해 지불하는 비용이다. 이 생활은 일에 대한 압박감으로 가득하고, 교통체증에 심하게 시달리고, 자동차나 지하철에서 많은 시간을 보내고, 당신이 원래 하고 싶었던 일에는 거의 시간을 낼 수 없는 그런 생활일 가능성이 매우 높다.

이제 당신의 물질적인 욕구를 줄이기 위해서는, 자신이 대체 왜 그리고 무엇을 위해 돈을 지출하는지 더 정확히 알아내야 한다. 간단히 말해서, 당신이 금전적인 행위를 하는 이유들은 어떤 것인가? 당신은 정말로 무엇을 바라는가? 그리고 직장에서 받는 스트레스를 해소하는 배출구는 무엇인가? 여기서는 일차적으로 어떤 것을 포기하는 게 중요한 것이 아니다. 오히려 가혹할 정도로 정직하게 자기 평가를 하고, 생활하는 방법과 자금을 조달하는 방법을 더 잘 관리하는 것이 중요하다. 앞으로는 돈을 벌고 지출하는 일이 직장에서 겪는 어떤 좌절감에 대한 보상이 되어서는 안 되며, 목적을 이루기 위한 도구이자 수단이 되어야 한다. 그리고 이 목적이란 당신의 다운시프팅 계획이다. 최종적으로는 돈에 대한 감정적인 태도는 줄이고 그 대신 합리적인 태도를 발전시켜야 한다.

그리고 이것으로, 통제하고, 숨아내고, 또 삭제하는 것과 관련된 문제들을 다루는 마지막 단계에 도달했다. 첫 번째 단계에서 작성한 대조표에 나오는 모든 지출과 차변 항목들을 침착하게 다시 한 번 읽어 보기 바란다.

읽어 보는 도중에 이것들 중 어떤 것이 필요한 것이고, 어떤 것이 소용이 없거나 어쩌면 심지어 무거운 짐이 될 것인지 떠오르는가? 이때 항상 다음과 같은 사실을 유념하라. 힘들게 일하는 사람들은

직장에서 받는 부담에서 적어도 일시적으로나마 벗어나기 위해 때
로는 아주 유별난 생각에 사로잡힌다. 한마디로 말해서 이것은 도피
하기 위한 것이다. 그 유형은 항상 동일하다. 당신은 할 일이 많고
고객, 동료, 상사 같은 많은 사람들이 당신에게 많은 것을 요구한다.
그리고 당신은 '현실 도피주의'라 불리는 행동방식 때문에 (일시적
으로) 긴장을 해소해주는 어떤 일을 하거나 만들어낸다. 예를 들어
밀라노로 가는 주말 여행을 예약하거나, 한 무더기의 음악 CD나
DVD를 주문하거나, 옷을 사거나, 비싼 음식을 먹으러 간다. 실제로
는 밀라노에 가보아도 지루함을 느낄 뿐이고, CD 보관함과 옷장과
냉장고는 넘치도록 꽉 차 있는데 말이다.

첫 단계부터 당신이 앞으로 전혀 필요하지 않거나, 혹은 그 정도
로 많이 필요하지는 않다는 느낌이 드는 모든 것들을 표시해두도록
하라. 이것은 대부분 당신이 신용카드나 체크카드를 긁는 순간에 이
미 지나치게 비싸거나 불필요한 것이라는 사실을 알게 되는 그런 지
출 내역들이다. 이것은 너무 서두른 나머지 곰곰이 생각해보지 않거
나 시간이 없어서 가격을 비교해보지 않고 물건을 사거나 막힌 배수
관을 간단히 수리할 수 있는데도 오직 시간이 없어서 외부에 내맡기
는 것과 같은 서비스를 말한다. 이와 마찬가지로 심각한 지출 내역
은 사회적인 동류의식을 만들어내거나 유지하기 위해 지출하는 돈
이다. 집안 설비, 자동차와 휴가를 위해 지출하는 비용들이 여기에
속한다. 물론 이 모든 지출을 당장 그만둘 필요는 없다. 그러나 다음
두 가지 질문을 제기해볼 필요는 있다.

● 그 지출이 반드시 필요한 것인가? 반대 질문을 하자면, 그 지
출을 하지 않으면 어떻게 될까?

● 그 지출이 혹시 스트레스에 대한 보상인가? 아니면 다른 사람
들에게서 부러움을 사는 데 사용되는가?

이 첫 단계를 거친 후에 당신은 (표시한 것뿐 아니라) 모든 항목
들이 포함된 간단한 손익계산서를 만들어야 한다. 여기에는 금전적
인 부담 외에도 시간의 허비, 긍정적인 효과 그리고 경우에 따라서
는 분노도 포함된다. 다음 도표를 참조하라.

| 지출 / 비용 | 시간의 허비,<br>부정적인 효과 | 긍정적인 효과 | 가능한 절감액 |
| --- | --- | --- | --- |
|  |  |  |  |
|  |  |  |  |
|  |  |  |  |
| 전체 비용의<br>총액 : |  |  | 가능한 절감액의<br>총액 : |

이 시점에서는 아직 당신이 앞으로 얼마의 돈으로 살아갈지를 마
지막 한 푼까지 정확하게 나타내는 상세한 예산안을 작성할 필요는
없다. 단지 가능한 절감액을 전체적으로 살펴보는 것이 중요하다.
따라서 여기서는 제시된 모든 항목들을 기입해야 한다. 예산 대조표

는 심도 있게 다룰수록 좋다. 긍정적인 효과를 부정적인 효과와 시간의 허비와 대조해보고, '내가 여기서 예상된 지출액을 절약할 수 있을까?' 생각해보라.

하지만 처음에는 과도하게 삭제하고 삭감하지 않도록 주의하라. 새 출발을 할 때 처음에는 아주 열성적이고 낙관적으로 시작하는 것이 인간의 본성이다. 당신의 생활을 (벌써 지금부터) 풍부하게 해주는 것, 그리고 스트레스 때문에 통제되지 못한 소비 행태의 결과가 아닌 모든 것은 삭제 목록에 들어가지 않는다. 왜냐하면 너무 열성적으로 삭감하면 당신이 나중에 무엇을 살 수 있고 없는지를 끊임없이 걱정해서 이전과 똑같이 심한 스트레스에 시달릴 수 있기 때문이다.

이 '포기 계산서'의 결과를 기록으로 남겨두어야 하며, 몇 주 후에 다시 검산해보아야 한다. 어떤 변동이 생겼는가? 새 대조표가 이전의 대조표와 심한 차이를 보이는가? 당신이 앞으로 얼마나 풍요로운 수준으로 살아갈 수 있으며, 살아가고 싶은지 확신이 든다면 당신은 절감의 여지를 만들고, 또한 앞으로 다운시프팅을 진행하는 동안 늘 주시해야 할 금전적인 다운시프팅 대조표도 작성해야 한다.

## 금전 운용 계획을 짜라!

　근무 시간이 줄어들면 그 결과로 수입도 대체로 감소한다. 만약 고정적인 일자리에서 시간제 일자리로 옮기면, 누진 과세의 원칙 덕분에 세금 부담이 약간 줄어드는 혜택을 받게 된다. 왜냐하면 일반적으로 (순액) 봉급은 줄어든 작업시간만큼 심하게 줄지는 않기 때문이다. 그리고 당신이 주당 근무 시간을 얼마나 많이 줄이고 싶은지에 따라 당신의 고용주와 추가 협정도 이루어낼 수 있다. 예를 들면 명절 보너스나 휴가비를 앞으로는 매달 수입이 줄어든 부담을 줄이기 위해 봉급에 합산할 수도 있다.

　이 모든 것은 수입이 줄어드는 것을 완화하고 그 충격을 줄이는 방법들이다. 그리고 항상 개인적인 자금 계획을 세우는 데 시간을 투자하고, 다른 사람들의 충고보다는 자기 자신을 믿는다는 기본원칙을 명심해야 한다. 자금 계획을 세우는 일을 부수적으로 행하거나 단순히 다른 사람들에게 내맡겨서는 안 된다. 자금 계획을 세우는 데는 시간이 걸린다. 그러나 이것은 다운시프팅을 하는 사람이라면 당연히 투자해야 하는 그런 시간이다. 그러므로 새로 짜여진 생활의 일정 부분을 당신의 재정을 편성하기 위해 미리 남겨두어야 한다. 당신이 어떻게 하면 이것을 가장 잘할 수 있고, 이 부분이 얼마나 될 것인지는 14장에서 알아볼 것이다.

　금전적인 장래를 살펴볼 때 또 하나 중요하게 언급해야 할 사항은 노후대책과 연금이다. 일을 줄이면 당연히 연금 수령액도 줄어든다.

이 액수로 앞으로 살아갈 수 있는지, 아니면 추후로 보완해야만 하는지, 그리고 다운시프팅을 하는 사람으로서 어떻게 자신의 노후대책을 강구할 것인지 숙고해보아야 한다.


## 금전적인 나침판과 현실성 테스트


이미 첫머리에 언급했듯이, 당신이 지금 산정을 마친 대조표는 새로운 직업과 관련하여 당신이 앞으로 나아갈 길을 가리켜주는 나침반이다. 왜냐하면 당신이 앞으로 어느 정도의 수입으로 살 수 있으며, 또 살고 싶은지 알고 있어야만 당신의 직업 목표도 정확하게 규정할 수 있기 때문이다. 다운시프팅과 돈 문제와 관련하여 언급하자면, 직업과는 상관없는 것들로 자신의 생활을 풍부하게 만들고 싶어 하는 사람의 재정 수요를 계산해주는 보편적으로 통용되는 공식은 없다는 점을 알아야 한다. 이 사항은 오직 당신만이 결정할 수 있다.

어떤 사람에게는 다운시프팅이 일주일에 5일 대신 3일만 초과 근무를 하고 주말에는 가족들에게 관심을 기울이기 위해 핸드폰을 꺼놓는 것이 될 수 있다. 또 어떤 사람에게는 일 외에도 이미 수년 전부터 열광해왔던 취미 생활을 만끽하기 위해 자동차를 두 대 대신 한 대만 운행하고 방 다섯 칸이 딸린 집에서 방 세 칸이 딸린 집으로 이사하는 것이 될 수 있다. 그리고 또 다른 사람에게는 소비 스트레스와 현재 직장에서 받는 부담에서 벗어나기 위해 직업을 완전히 바꾸는 것이 될 수도 있다 — 매니저 직업을 중도에 포기하고 사진작가나 여행 기자로서 세상을 새롭게 살아가는 것이다……

카렌에게는 새로운 생활로 접어드는 것이 초반의 우려와는 달리 금전적으로 보자면 거의 아무런 문제도 되지 않았다. 그녀와 그녀의 남편은 비용이 덜 드는 집으로 이사를 하고 소비지출을 절감함으로써 줄어든 수입을 힘들지 않게 보충할 수 있었다. 그 외에도 이 광고 담당자는 옛 대행사에서 시간제로 계속해서 일할 수 있는 기회를 얻었다. 이렇게 해서 이 가족은 경제적으로 안정된 상태에서 새로운 생활을 꾸밀 시간을 충분히 확보할 수 있었다.

▶ 카렌의 다운시프팅 조언
봉급의 대안이 될 만한 것들을 철저히 계산하라!

당신은 다음 장들에서 계획을 실행에 옮기는 데 착수할 것이다. 하지만 계획을 실행하기 전에 아주 중요한 한 가지 질문에 대답해야 한다. 그 질문은 '당신의 자금 계획이 현실성 테스트에 합격했는가?' 하는 것이다.

만약 당신이 "이제 나는 무엇을 포기할 수 있는지 이미 명확히 알고 있어!"라고 말한다면, 나중에 크게 후회할 수도 있다. 당신이 직장을 그만두고 난 뒤에 갑자기 모든 것이 약간 지나쳤으며, 열의와 정열이 넘쳐나서 당신에게 사실은 중요했던 그런 물질적인 것들을 너무 많이 포기했다는 사실을 확인하게 된다면 말이다. 따라서 가능 하기만 하다면 몇 개월 동안 지금처럼 계속해서 일을 하면서 당신의 다운시프팅 대조표에서 산정했던 것만큼만 돈을 지출해야 한다. 그렇게 하면서 당신이 원래 포기하고 싶어 했던 것을 얼마나 아쉬워하는지 확인하는 것이 좋다.

# 제 5 장

# 이사를 가서 새로 시작하기

다른 곳에 가서 다시 한 번 완전히 새롭게 시작하려는 계획은 황홀한 감정을 불러일으킨다. 그리고 스트레스를 받을 일이라고는 없을 것 같은 즐거운 전원생활에 대한 꿈도 일깨울 것이다. 그러나 착각해서는 안 된다. 당신이 탐내며 바라보고 있는 낡고 초라한 농가는 7월에는 매혹적이고 낭만적으로 보일지 모르지만, 2월에는 금세 감옥으로 변하고 만다.

벌써 당신은 다운시프팅 계획에서 가장 중요한 단계에 와 있다. 당신이 여기서 명확히 해결해야 할 문제는 당신의 소망과 당신이 지금 살고 있는 곳에서 이룰 수 있는지, 아니면 이사를 가는 것이 합리적인지 하는 것이다. 다운시프팅을 하는 사람들 중에는 실제로 먼저 어디서 어떻게 살고 싶은지 결정하고, 이 소망에 따라 결국 나머지 모든 변화들을 맞춘 사람들도 있다.

이것은 당연히 일관성 있는 일이다. 왜냐하면 우리들 중 상당수에게는 집이 생활의 중심이기 때문이다. 힘든 일과를 마치고 자신의 집으로 돌아와 외부세계와 완전히 단절되었을 때 느끼는 안정감, 아늑하고 자유로운 느낌을 누가 인정하지 않겠는가. 다운시프팅을 하는 사람이든 아니든 상관없다. 거주는 생활과 직결되는 문제며, 가족, 친구들, 흠잡을 데 없는 사회적 여건 외에도 마음에 드는 자기 집을 가지려는 소망은 대부분 사람들이 다운시프팅 계획을 실행하는 데 가장 중요한 추진력이 된다.

## 이사와 일어날 수 있는 결과들

만약 당신이 다운시프팅 계획을 세우고 실행한다면, 당신이 어디에서 살고 또 일하고 싶은지, 그리고 그 때문에 집이나 거주지를 옮겨야 하는지를 살펴보아야 한다. 따라서 이 단원에서는 당신이 앞으로 새로운 혹은 낡은 자동차를 타고 오가게 될 지역에 관해 다룰 것이다. 당신은 단지 더 여유 있는 차선으로 바꾸기만 할 것인지, 아니면 다음 인터체인지에서 빠져나가 미지의 지역을 찾아갈 것인지 결정을 내려야만 하는 것이다.

이사를 가고 새로운 집을 얻는 것은 절대적으로 중요한 일일 수 있으며, 당신의 새로운 생활에 멋지게 어울릴 수 있다. 비용을 절감할 수 있다는 것만으로도 말이다. 또 자신이 자진해서 선택하지 않은 곳에서 사는 것은 집세나 융자금 때문에 받는 과도한 경제적 부담만큼이나 괴로운 일이다. 이러한 것들이 이사를 심각하게 고려하게 만드는 이유들이다. 여기에다 여러 가지 기술 발전의 혜택으로 오늘날 많은 근무자들에게 거주지는 부차적인 역할만 할 뿐이라는 고무적인 사실도 추가된다. 이와 관련해서는 세 번째 이정표에서 더 자세히 알아볼 '재택근무(Telework)'라는 주제를 참조하면 도움이 될 것이다.

이제 세부적인 계획 수립으로 들어가기에 앞서, 당신은 다시 일련의 비판적인 질문들을 제기해야만 한다. 이사가 당신에게 얼핏 전혀 문제가 되지 않을 것 같다거나, 혹은 당신이 이미 일간신문의 부동산 코너를 뒤져가며 읽고 있다 해도 말이다. 지금부터는 금전적이고 직업적인 측면, 혹시 고려될 수도 있는 새로운 환경, 그리고 가족들과 친구들을 비롯해 모든 측면들을 다룰 것이다. 먼저 당신은 다시 나침반 바늘을 돌려놓고 나서 모든 선택 사항들을 머릿속에서 남김없이 살펴보아야 한다.

▶ 테스트

당신이 스스로 제기해야만 하고, 대부분 사람들에게도 가장 중요한 첫 번째 질문은 다음과 같다.

① 당신은 순전히 직업상의 이유 때문에 현재의 거주지에 우연히 살게 되었는가, 그리고 그 때문에 이미 오래전부터 거주지를 옮길 기회를 엿보고 있는가?

② 아니면 당신이 살고 있는 곳이 마음에 드는가, 그리고 당신이
지금 살고 있는 지역이나 집에서 따나고 싶지 않은가?

▶ 진단

이 질문들에 어떻게 대답하느냐에 따라 당신이 이사를 갈 생각에
계속 매달려야 할지가 결정된다. 만약 첫 번째 질문에 명확히 '아니'
라고 대답했고, 두 번째 질문에 긍정적으로 대답했다면, 당신은 나
머지 단원들을 그저 시험 삼아 읽어 보기만 하면 된다.

반면에 당신이 첫 번째 질문에 명확히 '그렇다' 고 대답했고, 두 번
째 질문에 '아니다' 라고 부정했다면, 앞으로 살펴볼 모든 내용들이
당신에게 진정한 대안이 될 수 있을 것이다.


## 이사에 대한 찬성과 반대 : 두 가지 시나리오

이사를 하는 목적은 명확하다. 모든 것이 다음 두 가지 시나리오
로 되어 있다.

### 시나리오 1

당신이 원하는 것은 단 한 가지, 여기서 벗어나서 떠나고 사라지
고 싶어한다. 비록 다른 지역으로 가고 싶어 하는 열망이 아직 확고
하지 않다 하더라도, 거주지를 옮기려는 결심은 명확한 것처럼 보

인다.

## 시나리오 2

왜 멀리 벗어나려고 하는가? 거주지를 옮기는 것은 당신에게 중요한 알이 아니다. 당신은 현재 장소에 익숙해졌으며, 생활 중심지를 바꾸고 싶지 않은 충분한 이유가 있다.

물론 당신이 아직 이 두 시나리오의 중간 입장에 있고, 일이 어떻게 되어갈지 확신하지 못할 수 있다. 이사를 해야 할 이유가 있는지, 그리고 그것이 어떤 것인지 찾아내기 위해 이제 다음에 나오는 테스트를 마쳐야 한다.

### ▶ 테스트

이 테스트에서 점수는 다음과 같이 부여한다.

● 명확히 '그렇다'고 생각하는 모든 질문들에 대해서는 2점을 기록하라.
● 불확실하고 (아직) 명확한 결론에 이르지 못한 질문들에 대해서는 1점을 부여하라.
● 명확하게 '아니다'고 생각하면 0점을 부여한다.

① (새로운 혹은 이전의) 거주지 : 당신은 이미 어디서 살고 싶은

지 알고 있는가? 구체적인 주소지가 있어야 하는 것은 아니며, 대략적인 목표지가 설정되어 있는가 묻는 것이다.

② (새로운 혹은 기존의) 직업 : 거주지를 옮기는 것이 직업상의 계획과 조화롭게 들어맞는가? 현재 혹은 앞으로 갖게 될 직업을 다른 곳에서도 문제없이 수행할 수 있는가?

③ (현재 그리고 앞으로의) 재정 상태 : 당신은 모든 금전 문제를 — 말하자면 절감 또는 초과 지출을 — 면밀하게 검토했는가? 이사를 하면 혹시 비용이 눈에 띄게 절감되는가?

④ 가족과 친구들 : 가족과 친구들은 이사에 어떤 견해를 보이는가? 당신에게 소중한 사람들이 당신 자신과 똑같이 확신하고 있는가?

⑤ 새로운 생활 : 거주지를 옮기는 것이 당신의 직업 외에 어렴풋이 계획하고 있는 일들과 의미 깊게 연결될 수 있는가?

▶ 진단

당신이 대부분의 질문에 '그렇다' 고 대답했고, 전체 점수가 8에서 10점 사이라면, 이것은 절대적으로 순조로운 조짐이다. 이삿짐 차를 부르기만 하면 된다. 이 경우에 이사를 해서 얻는 장점이 아마 단점보다 실제로 더 많을 것이다.

전체 점수가 4에서 7점 사이에 있고, 한 질문 혹은 여러 질문에 '아니다' 고 대답했다면, 일단 주의해야 한다. '아니다' 나 '반반' 이라고 대답했던 모든 항목을 당신은 이사하기 전에 반드시 해결해야만 한다.

전체 점수가 4점 이하라면, 이사가 당신에게 전혀 무의미할 가능성이 높다. 그럼에도 이 테스트를 하는 동안 이사를 하는 것이 좋다는 몇 가지 근거(예를 들어 더 많은 일거리가 필요하다거나 더 적은 돈을 지출하기를 원한다)가 생겨났다면, 무작정 계속 읽어 내려가도록 하라.


이사와 관련하여 혹시 생겨날지 모르는 문제들은 어떻게 다룰 것인가? 가령 당신이 새로 이사 갈 곳을 살펴보는 동안 뜻하지 않았던 장애 요인과 문제점이 생겨난다면? 우선 '집단적 압력' 혹은 '미지의 것에 대한 불안'에 포함되는 모든 반론들은 무시해도 좋다. 이것이 무엇을 뜻하는지 예를 들어보자.

당신이 갑자기 고급 아파트에서 촌구석으로 옮겨 가면 동료들이 당신을 깔볼 것이라고 생각한다. 혹은 당신이 옮겨 가고 싶어 하는 곳에서 적당한 집을 찾게 될지도 전혀 알 수 없다. 그렇지만 이 모든 것은 올바른 신념과 약간의 계획만 있으면 쉽게 해소할 수 있는 의구심이다.

반면에 좀 전에 비용, 새로운 직장, 당신의 가족과 친구들과 관련하여 제기한 질문들에서 직접적으로 생겨나는 문제점들은 사정이 약간 달라 보인다. 그 장애 요인들을 기록해두어야 한다. 문제가 얼마나 심각한가? 가능하고 현실적인 해결책은 무엇인가? 가령 금전적인 상황이 이사를 하는 데 불리해 보인다면, 당신은 먼저 아무런 근심 없이 이사할 수 있도록 자금 조달 계획을 세워야 한다. 당신이 앞으로 어떤 일을 어떻게 하고 싶은지 충분히 생각하지 않았다면 어떤 해결책도 불가능하다. 어쩌면 당신은 곧장 당신의 (새로운 혹은 기존의) 직장을 다룰 세 번째 이정표로 가야 할지도 모른다. 배우자나 가족들이 이사 계획에 놀라 말문이 막힌다면, 이때도 사정은 마찬가지로 어려워 보인다. 그럴 때는 3장을 다시 한 번 잘 읽어 보기 바란다.

## 이삿짐 차가 도착하기 전에 : 검증의 대상이 되는 논거들

선택의 수고를 덜어주기 위해, 거주지를 옮기는 것과 관련해서 생길 수 있는 모든 가능성들을 아래에 다시 한 번 열거한다. 엄격히 따지자면 당신이 받아들일 수 있는 길은 세 가지가 있다.

당신과 배우자 혹은 아이들이 현재의 소재지에 확고한 기반을 잡고 있다면 지금까지 살던 곳에서 떠나지 않는 것이 아마 가장 나은 선택이 될 것이다. 당신 자신이나 당신의 다운시프팅 계획에 포함된 사람들이 기존의 친숙한 사회적 여건을 떠나게 되면 어쩌면 고통을 받게 될지도 모른다는 생각이 든다면 말이다. 아니면 거리상으로 어느 정도 가까이 있는 것이 (잠재적인) 고용주에게 유익하고 꼭 필요한 경우에도 마찬가지다. 이러한 경우에 거주지를 옮기는 것을 포기해야 하는 이유는 명백하다. 더 균형 있고 더 행복한 생활을 하는 것이 당신의 소망이라면, 이사는 사태를 더욱 악화시키기만 할 뿐인지도 모른다. 이런 경우에는 당신의 다운시프팅 계획을 자신이 현재 살고 있는 곳과 연계시켜야 한다. 비록 몇 가지 사항들이 얼핏 불리해 보일지도 모르지만 말이다.

그렇다면 당신은 어쩌면 두 번째 길로 접어들어야 할지도 모른다. 이 해결책은 이사를 하기는 하지만 당신의 친숙한 환경을 떠나지 않는 것이 핵심이다. 가령 줄어들 것으로 예상되는 수입에 비해 집세나 융자금 때문에 생기는 금전적인 부담이 너무 많다면 이러한 해결책이 합리적인 선택이 될 수 있다. 바로 주변 지역으로 이사를 가는 방법도 있고, 당신이 이전에 다른 이들에게 맡겼던 일들을 이제 스스로 떠맡을 수도 있다.

유감스럽게도, 많은 사람들이 그 액수가 얼마나 될지 전혀 파악하지 못하면서도, 이러한 아이디어를 너무 성급하게 쓸모없는 것으로 매도하는 경향이 있다. 만약 당신이 부동산을 소유하고 있다면, 이러한 비용을 스스로 떠맡기 위해 최근 1, 2년 간의 모든 유지비와 수리비용을 남김없이 계산해보라. 마당의 잔디를 깎아주는 인부에게 지불하는 비용에서부터 청소부에게 지불하는 비용에 이르기까지 말이다.

마지막으로 세 번째 길은 이사를 가는 것이다. 이 경우에 당신의 다운시프팅 계획은 당신이 앞으로 어떤 일을 할 것이며, 어떻게 살고 싶은가 하는 결정 외에도 계획을 수립하는 데 또 다른 중요한 요인들도 포함하게 될 것이다. 당신은 그 계획에서 어디서 그리고 어떻게 살고

싶은지도 고려해야만 한다. 다시 말해서,


- 어떤 곳에서 살고 싶은가?
- 그리고 당신의 새집은 어떤 것(크기, 위치, 형태)이어야 하는 가?


이렇게 검토한 결과가 확정되면, 당신은 다음과 같은 문제들을 명확히 파악해야 한다.


- 지금까지 생활해온 공간에서 얼마나 멀리 떨어지게 되는가? 가족들이 이 결론을 어떻게 생각할 것인가?
- 이러한 조처에 대한 금전상의 대책은 있는가?
- 새로운 집을 선택할 때 당신의 새로운 생활계획을 — 예를 들어 앞으로 부분적으로 홈오피스에서 작업하려는 의도 같은 것을 — 적절히 고려했는가?


다운시프팅 계획 전체에 통용되는 사실, 즉 정확한 계획을 세우지 않고서는 어떤 것도 불가능하다는 사실은 이사 계획에도 통용된다. 따라서 당신과 다른 사람들이 앞으로 겪게 될 새로운 상황의 최대한 많은 부분들을 미리 알아내도록 노력하라.

이것이 무엇을 뜻하게 될지는 한 가지 사례를 들어 구체적으로 설명할 수 있다. 다운시프팅을 하는 적지 않은 사람들이 전원생활을 꿈꾼다. 당신이 그렇게 하기로 작정했다면, 시골 생활이란 그 생활에 적극적으로 참여하지 않으면 아무것도 아니라는 사실을 명확히 깨달아야 한다.

이것이 무슨 의미인지 알아보자. 대도시에서 한적한 시골 마을의 공동체로 옮긴 사람들은 시골 생활에 적극적으로 참여한다는 것이 무엇을 말하는지 알고 있다. 그것은 시골 마을 축구팀이나 합창단의 회원으로 활동하고, 초등학교 축제에 참석하고, 이웃 사람들과 친하게 지내는 것이다. 만약 사람들이 당신을 받아들이고 함께 어울려준다면, 당신은 이러한 생활에 참여할 결심을 해야 한다. 이것은 시간이 드는 참여다. 당신이 다른 소중한 곳에도 사용할 수 있는 그런 시간 말이다.

그 장점은 물론 시골 생활이 더 조용하고, 돈이 적게 들면서도 더 소중하며, 또한 훨씬 더 안전하다는 것이다. 특히 아이들이 있다면, 이것은 설득력 있는 이유가 될 것이다.

신경제 매니저였던 외르크는 단호한 결심을 하고 부인과 아이들을 데리고 대도시에서 시골로 이사했다 — 그러나 철저한 조사를 한 후에 비로소 실행에 옮겼다. 그는 위치를 답사하고 여러 가지 부동산 매물을 돌아보는 것으로 여러 달을 보냈다. 그리고 새로운 터전이 될 곳에 살고 있는 친지에게 여러 가지 사항을 물어보았다. 결과적으로 그는 모든 장점과 단점을 아주 꼼꼼하게 알아내는 데 많은 시간을 보냈다.

▶ 외르크의 다운시프팅 조언

사람들은 순전히 직장 때문에 옮겨야 하는 이사는 반드시
필요하기 때문에 순순히 받아들인다. 그렇지만 이와는 달리
다운시프팅을 목적으로 하는 이사는 되도록 현지 사람들과
많은 대화를 하며 준비해야 한다.

그러나 전원생활의 장점들이 보기에 따라서는 쉽게 단점으로 바
뀔 수도 있다. 고요함이 고독으로 변하며, 비용이 적게 드는 유리한
조건은 여가를 선용할 기회가 부족하기 때문에 빛을 보지 못한다.
이와 관련하여 중요한 두 가지 조언이 있다. 당신이 지금 아무도 없
는 외딴 곳으로 이사를 갈 계획을 하든, 단지 도심 주변으로 이사를
갈 계획을 세우든 상관없이 말이다.

- 당신이 이사하고 싶어 하는 곳을 가을이나 겨울, 혹은 악천후
  때 둘러보기 바란다.
- 이미 오래전부터 그곳에서 터전을 잡고 살아온 많은 사람들과
  대화를 하라.

특히 두 번째 충고는 당신이 심각하게 잘못된 결정을 내리지 않도
록 해준다. 그러므로 현지에 정착하고 있는 사람들, 혹은 적어도 그

와 비슷한 환경에 살고 있는 친지들이나 친구들과도 의견을 충분히
교환하도록 하라. 그 목적은 주거지를 옮기는 것의 장점과 단점들이
정확하게 어떤 것들인지 명확하게 알아내는 것이다.

# 제 6 장

# 발을 브레이크 위에 올려라

이제 사전 준비의 상당 부분을 성공적으로 마쳤다. 당신은 자신이 차선을 변경하고 싶어 한다는 사실뿐 아니라, 실제로 기어를 몇 단 내리고 싶은지, 그리고 이때 누구의 지원을 얻을 수 있다고 생각하는지도 알게 되었다. 지금까지의 업무가 당신의 생활에 얼마나 심한 부담을 주었으며, 당신이 얼마나 일에서 벗어나기를 원하는지도 어느 정도 깨달았을 것이다. 그리고 당신이 물질적인 면에서 앞으로 어떤 것을 포기해야 하는지 명확히 인식했을 것이다.

이렇게 윤곽을 정함으로써 차선을 성공적으로 변경할 수 있는 가능성이 손에 잡힐 듯이 가까이 다가와 있다. 하지만 아직까지 당신이 앞으로 하고 싶어 하는 것, 당신의 생활을 가득 채우고 싶어 하는 긍정적인 것들은 다루지 않았다. 오히려 반대로 지금까지는 거의 전적으로 포기해야 할 것들을 다루었다.

그러므로 이어서 우리는 또 하나의 문제를 다루려고 한다. 그것은 다운시프팅을 하는 많은 사람들이 지금의 당신과 같은 상황에 놓여 있을 때 제기하는 그런 질문이다. "좋아, 나는 속도를 줄이고 싶어. 하지만 내가 그것을 끝까지 해낼 수 있을까? 도중에 갑자기 엄청난 망설임이 나에게 찾아오는 것은 아닐까?" 이 질문에 대한 해결책을 제시하고 당신이 다운시프팅을 해야 할지 말아야 할지 결정하는 데 도움을 줄 두 가지 중요한 점검 항목이 나온다.

▶ 테스트

먼저 당신이 어쩌면 급격한 다운시프팅에 별로 적합하지 않을지도 모른다는 사실을 보여주는 다섯 가지 특성들이 열거된다. 당신은 다음 진술문에 공감하는가?

① 경솔한 행동으로 당신의 출세를 모험에 거는 것이 아닐까 하고 불안해한다.

② 당신은 가정적인 사람과는 거리가 멀다. 당신은 주로 밖에서 활동하며, 출장을 다녀야 하고, 일 때문에 완전히 지친 상태다.

③ 직장은 당신에게 안정감을 줄 뿐 아니라, 비중 있는 사회적 신분과 거기에 결부된 물질적인 편리함(고급 자동차, 비용이 많이 드는 휴가, 외식과 같은 것)도 함께 준다. 이것들은 당신이 — 종종 아무리 많은 스트레스를 받더라도 — 결코 포기하고 싶지 않은 것들이다.

④ 당신은 수입이 줄어드는 데 대한 불안, 그리고 그때 어쩌면 겪

게 될지도 모르는 불확실한 상황에 대한 불안을 느끼고 있다.

⑤ 당신은 앞으로 생겨날 여가를 어떻게 그리고 무엇으로 채워야 할지 전혀 떠올리지 못하고 있다. 누군가가 당신에게 다운시프팅을 어떻게 하는지 성공적으로 보여주기를 기대한다.


▶ 해설

이 진술문에 '그렇다'는 대답이 나올 때마다 당신은 다운시프팅을 다시 한 번 심각하게 생각해보아야 한다. 경우에 따라서는 단호한 결심을 약화시켜야 한다는 심각한 지적이 될 수도 있다.

일종의 대응책으로서 이제 자신의 생활을 성공적으로 완전히 뒤바꾼 사람들이 대부분 가지고 있는 다섯 가지 중요한 특성이 들어 있는 점검 항목을 살펴보자.


성공적으로 다운시프팅을 한 사람들은……

① 아이디어가 풍부하고 결단을 잘 내린다 : 시간을 두고 기다리는 것이 아니라, 자신이 알아낸 문제점을 해결하는 일에 곧장 착수한다. 미지의 새로운 상황에 쉽게 대처한다.

② 자신감이 넘치고 낙관적이다 : 다른 사람들의 조언에 휘둘리거나 쉽게 좌절하지 않는다.

③ 검소하다 : 돈을 신중하게 지출하며, 오래가지 않는 물건들을 중요하게 여기지 않는다.

④ 판단력이 있으며 정직하다 : 자기 자신뿐 아니라 다른 사람들

에게도. 자기 자신의 장단점을 잘 알고 있다.

⑤ 모험심이 강하며 자립적이다 : 자기 자신과 현 상태의 문제가 무엇인지 살핀다. 어떤 것을 오직 '모두들 다 그렇게 한다' 는 이유로 따라하지 않는다.


▶ 진단

자신의 다운시프팅 계획을 어려움 없이 실행하기 위해 모든 항목에 힘차게 "예!"라고 외쳐야 할 필요는 없다. 이미 언급했듯이 여기서 선택의 폭은 '속도를 약간 줄인다' 에서부터 '자동차를 팔아버리고 자전거로 갈아탄다' 에 이르기까지 넓다.

당신은 이것으로 처음의 두 이정표를 지났다. 당신은 거리를 유지했으며, 운행 속도를 얼마나 많이 줄일 것인지, 아니면 아예 다른 차로 갈아타고 싶어 하는지 알고 있다. 당신이 지금까지 타고 다니던 차량으로는 달릴 수 없었던 새로운 길로 들어서게 해주는 그런 것으로 말이다. 그리고 당신은 재정 상태를 새로 정리했다. 새로운 유지비와 정비 요금 문제도 해결되었을 것이다. 다음 이정표에서는 당신이 어떻게 이 돈을 벌어들일 것인지를 다룰 것이다. 다시 말해서 앞으로 어떻게 일을 줄이고, 또 어떻게 하면 더욱 느긋하게 일할 것인지를 다룰 것이다.

# 당신의 새로운 직업
## 무한한 가능성을 찾아서

일을 합리적인 규모로 줄이고

직업상의 앞날을 위해 꼭 필요한 변화를 불러올 계획을 세워라.

안간힘을 다해 계속 일을 하거나

구직 담당자를 일일이 바쁘게 찾아다니는 대신,

당신의 장점을 어떻게 활용할 것이며

당신의 다운시프팅 계획을 어떻게 성공적으로 실행할 수 있을지

곰곰이 따져보아라.

# 제 7 장

# 성공적인 기업과 기업가의 비밀

　최근에 직장에서 해고를 당했든, 아니면 비교적 안정된 직장을 다니면서 어떤 다운시프팅 전략이 당신에게 적당한 것인지 숙고하고 있든, 임금, 즉 당신의 생계비가 처음에는 가장 많은 의문이 생기는 영역일 가능성이 높다. 이미 4장에서 계산한 정도의 경제수준이 되지 않는다면 다운시프팅 목표를 이루어내기 힘들다. 솔직히 말하자면 일을 줄이려거나 다른 일을 하려는 계획 — 직업상으로 새 출발을 하고 많은 사람들이 매달리는 출세의 길에서 벗어난 생활을 하려는 이 모든 대담한 계획 — 들은 필요한 자금을 마련하는 방법을 모르면 헛된 꿈에 지나지 않는다. 그리고 우리는 이 점에서도 터무니없는 환상을 가져서는 안 된다.

　만약 당신이 벌이가 되지만 힘이 드는 일을 그만두고 벌이가 적지만 덜 힘든 일을 얻어서, 나중에는 정말이지 돈이 너무 모자라 이전과 똑같이 스트레스를 받는다면, 이것은 제 도끼에 발등 찍히는 셈이다. 그러나 걱정할 필요는 없다. 그러한 최악의 상황은 피할 수 있다. 극심한 불황기에 시장의 사정이 아무리 어려워 보인다 하더라도, 직업의 관점에서는 아주 많은 해결책들이 있다. 당신은 깜짝 놀라게 될 것이다.

## 회원 가입을 환영합니다

당신이 해고를 당했거나 (피할 수 없는) 심각한 위기에 직면해 있지 않다면, 당신이 현재 직장에서 아마도 이런 상황에 처해 있을 것이다. 지금은 힘든 시절이라는 사실은 누구나 알고 있고, 그 때문에 당신은 지쳐 쓰러질 정도로 일을 한다. 어쩌면 당신은 바로 그 때문에 이미 오래전부터 직장 생활에서 오는 부담을 상당히 덜어버리려고 심각하게 생각해왔는지도 모른다. 하지만 그것은 당신이 일단 접어두지 않을 수 없다고 받아들이는 그런 계획이다. 결국 이처럼 힘든 시절에는 일을 줄이려고 깊이 생각을 한다는 것 자체가 불가능하기 때문이다.

대체 왜 그럴까? 무엇 때문에 당신은 그런 생각을 하지 않을 수 없었는가? 양심의 가책 때문인가? 이러한 위기감에 사로잡혀 있고 과중한 부담을 끊임없이 받기 때문에 당신이 이런 사람들과 같은 생각을 하는 것이 당연하다. "우리는 경영진들에게 과중한 부담을 준다. 나는 경영진들을 불쌍하게 여긴다. 지난 30년 동안 요구사항들이 밑을 수 없을 만큼 복잡해졌기 때문에, 오늘날에는 슈퍼맨들만 겨우 성공을 거둘 수 있다." 이 말은 노동조합 임원이 한 말이 아니라, 경영학의 거장 피터 드러커(Peter Drucker)가 한 말이다.(《나는 경영진들을 불쌍하게 여긴다》는 기고문은 2002년 4월 《매니저 매거진*Manager Magazine*》 웹 사이트에 발표되었다.)

이러한 딜레마가 생기는 결정적인 이유는 일상적인 업무가 더욱 가속화되고, 대기업들에게 끊임없이 경쟁과 변화의 압박이 주어지기 때문이다. 합병, 개편, 구조조정. 대기업들이 어떤 부문을 폐쇄하고 새로운 사업을 일부 매입하거나 매각하지 않고 지나가는 날은 단 하루도 없다. 그리고 특히 인수를 할 때 새로운 소유주에게는 종종 누가 그 회사를 위해 정말로 중요하며 누가 그렇지 않은지, 누가 일을 잘하고 누가 불필요한 존재인지 평가할 시간이 없다. 그 결과 기업들은 점점 더 신속하고 과감하게 직원들을 해고하지 않을 수 없다. 이 때문에 어쩔 수 없이 종종 엉뚱한 사람들까지 해고를 당하는 것이다. 회사에서 근무하는 직원들에게 이것은 두 가지 중 하나를 의미한다. 그들은 모든 것이 될 수 있고 모든 것을 하도록 노력하다가 결국은 종종 비참하게 좌절하는 것이다. 그렇지 않으면 그들은 이러한 추세를 인정하고 그들의 개인적인 목표에 맞게 수행하는 법을 익히는 것이다.


소프트웨어 개발자 프레드는 미국의 어떤 IT 기업의 자회사에서 수석 담당자로 근무했으며, 그 회사의 실적은 뛰어났다. 어느 누구도 불황기가 오리라고는 생각하지 않았다. 갑자기 주문이 끊어지고 수요가 본격적으로 줄어단 2001년 봄까지는 말이다. 미국에 있는 본사 수뇌부는 오래 망설이지 않았다. 아주 단기간 내에 회사 종업원의 4분의 1이 해고 통보를 받았다. 프레드도 같은 일을 당했다. 어느 날 오후 그는 상사에게 불려갔는데, 상사는 그가 해고되었다는 사실을 냉랭하게 알려주었다. 그 이유는 '드러나게 나쁜 주문 상태' 때문이라는 것이었다. 프레드가 자신의 일자리로 되돌아왔을 때, 그의 컴퓨터의 패스워드는 이미 차단되어 있었다. 저녁 때까지 그는 자신의 책상을 비워주어야만 했다. 프레드는 어찌해야 좋을지 몰랐다. 그 이후에 그는 몇 달 동안이나 이전 회사에서 정당한 보상을 얻어내기 위한 소송을 제기하는 데 시간을 보냈다. 귀중한 시간과 정력이 낭비되었다.

▶ 프레드의 다운시프팅 조언

사전에 준비하라. 늦기 전에 대안 시나리오를 만들어서 모든 가능성과 결과를 미리 머릿속에 그려보라!

따라서 첫 조언은 이런 것이다. 안간힘을 다해 150퍼센트의 노력을 기울여 계속 일을 하거나, 아니면 본의 아니게 해고를 당하고 근심에 휩싸여 앞날을 바라보며 구직 담당자를 일일이 바쁘게 찾아다니는 대신, 한번쯤 당신의 장점을 어떻게 활용할 것이며, 힘든 시절에도 다운시프팅 계획을 어떻게 성공적으로 실행할 수 있을지 곰곰이 따져보아야만 한다. 이와 관련하여 당신은 다음 두 가지 사항을 항상 유의해야 한다.

- 너무나 힘들여 일하고서도 해고당하는 사람들은 거의 없다. 일부러 부지런하다는 분위기를 풍기는 것은 일반적으로 큰 도움이 되지 않는다.
- 가장 흥미로운 직업상의 기회와 발전 가능성은 당신이 머릿속에서 진로를 바꾸기 시작한 이후에야 비로소 생겨날 때가 많다.

이 말이 냉소적으로 들려서는 안 되겠지만, 힘든 시절은 거의 언제나 다운시프팅을 시작하기에 가장 적합한 시기이기도 하다. 왜냐하면 힘든 시절에는 많은 사람들이 자기 자신과 앞으로의 인생 행로와 직업 행로를 심사숙고하기 때문이다. 그리고 변혁과 구조조정의 시기는 대개 앞으로 다가올 변화에 대비할 마음의 준비가 되어 있고 그런 능력이 갖춰져 있는 사람들에게는 최상의 기회도 제공하기 때문이다.

일, 앞으로의 직장, 그리고 그것과 연관된 재정 상황은 당신의 다운시프팅 계획의 아주 기본적이고 또 방대한 부분이기 때문에, 이 세 번째 이정표에 도달하는 과정은 전체 여섯 장으로 나누어져 있다. 이 장들은 모두 앞으로 일을 줄이려 한다는 목표에 맞추어져 있다. 당신은 일을 더 적게 그리고 이전과는 다르게, 즉 더욱 균형 있고, 더욱 자율적이고, 더욱 느긋하게 하려는 것이다. 이때 추월선에서 얼마나 신속하고 과감하게 차가 덜 다니는 차선으로 변경할 것인지는 전적으로 당신 자신에게 달려 있다.

이 장에서는 우선 당신이 앞으로 어떻게 일하게 될 것이며, 당신이 일하게 될 새로운 직업 세계의 전망은 어떠한지를 다룰 것이다. 그 다음에 8장에서는 당신이 지금까지 고용주와 맺어온 관계, 그리고 그를 당신의 다운시프팅 계획에 슬기롭게 포함시킬 수 있는 방법에 대한 조언, 제안 그리고 전략들이 이어진다.

9장에서는 당신이 진정으로 좋아하는 것과 싫어하는 것이 무엇이며, 당신이 어쩌면 직장뿐 아니라 직업도 바꾸라고 충고해야 할 그런 사람들에 속하는지를 알아볼 것이다.

10장에서는 필요한 경우에 당신이 어디서 어떻게 새로운 직장을 찾아야 할지 더 상세히 알아본다. 여기서는 임의의 어떤 직장이 아니라, 당신의 장기적인 목표에 잘 들어맞고 '다운시프팅에 도움이 되는' 직장을 알아보는 것이다.

11장에서는 다운시프팅을 하는 많은 사람들이 소망하는 꿈을 다룰 것이다. 의존하지 않고 독립적인 생활을 하려는 꿈 — 이 꿈은 올바로 그리고 구체적인 계획을 세워서 노력하면 이룰 수 있다.

마지막으로 12장에서는 유감스럽게도 많은 사람들에게서 현실로 변해버린 일자리 감소와 해고에 대해 이야기할 것이다. 어려운 경제 상황이 (어쩌면) 당신의 계획을 망쳐놓았다 하더라도, 어떻게 하면 다운시프팅 계획을 실행할 수 있는지 알아볼 것이다. 순서대로 하나씩 알아보기로 하자.


## 위기 상황에서 성공을 거둔 기업들


우리는 먼저 다시 한 번 경영학 분야로 옮겨 가서, 경영학의 대가 드러커가 한 말을 또다시 인용하고자 한다. "기업들이 어려운 시절에도 어떻게 하면 살아남을 수 있을 것인가?" 하는 질문에 그는 이렇게 대답했다.

"기업에서 모든 업무들을 처리하는 데 필요한 전문 인력을 갖추는 것은 〔……〕 점점 더 어려워지고 비용은 더욱 많이 들어간다. 따라서 가장 생산적이고 가장 이윤이 많이 남는 수단은 분산이다." 그리고 그는 이렇게 덧붙였다. "중요한 것은 기업들이 업무를 아웃소싱하는 것이다." 다시 말해, 위기상황에서도 살아남고 싶은 성공적인 기업은 어떻게 하는가? 아주 간단하다. 그들은 특정한 분야를 아웃소싱하고 자신들의 핵심 역량에 집중한다.

다운시프팅과 관련된 당신의 개인적인 행로가 어떻게 보이든 상관없이, 당신에게 재정적인 면에서 성공의 열쇠가 되는 두 가지 사항이 있다.


● 핵심 역량에 집중하기 : 말하자면 당신이 특별히 잘할 수 있고 무엇보다 하고 싶어 하는 일을 촉진하고 육성하는 것이다.

- 유연성과 바꾸려는 각오 : 당신이 다운시프팅을 하는 사람이든 '전통적인' 출세 계획을 가진 직장인이든 상관없다. 모든 가능성을 활용하려는 사람은 자신의 직장과 인생 계획을 계속해서 새로운 상황에 맞추어 나갈 각오가 되어 있어야 한다.

그리고 이제 당신이 책상 앞에 앉아서 보낸 지난 몇 주를 잠깐 차례차례 떠올려보라. 어떤 것을 완전히 바꾸면 어떨까 하고 공상하는 데 얼마나 많은 시간을 보냈는가? 그리고 그때 무엇을 생각했는가? 직업상의 관점에서 바라보았을 때 어떤 형태의 다운시프팅이 당신에게 적절하고 자연스러우며 또한 자금 확보에도 용이한가? 이것을 알아내기 위해서는 이 장에서 현재의 직업, 그리고 어쩌면 또한 앞으로의 직업과도 관련된 일련의 질문을 해보아야 한다.

그것을 위해 우리가 세부적으로 살펴보고 점검 항목을 다루기 전에, 일단 다음과 같은 질문들을 제기해보라. 이것을 메모하거나 어떤 기록으로 남겨둘 필요는 없다. 당신의 다운시프팅 나침반의 바늘을 약간 돌려보기만 하면 된다.

- 어떤 종류의 돈벌이가 눈앞에 떠오르는가? 당신이 지금 하고 있는 바로 그 일인가, 아니면 완전히 새로운 어떤 일을 꿈꾸고 있는가?
- 현재 고용주의 도움과 지원을 일시적이라 할지라도 기대할 수 있는가? 비록 그것이 프로젝트 일거리나 시간제 일자리라 하

더라도 상관없다.

- 지금까지와는 다른 어떤 일을 하고 싶다면 : 다른 직업으로 바꿀 때까지 무엇으로 생계비를 충당할 수 있는가? 당신이 획득해야 하는 추가의 자격 요건이 있는가?
- 일을 집에서 할 수 있으며, 그렇게 하기를 원하는가? 스스로 독립하려는 생각을 가지고 있는가?

우리가 조목조목 해결해야 하는 수많은 의문점들이 틀림없이 있을 것이다. 당신이 처음의 여섯 장에서 얼마나 속도를 줄이고 싶어하며, 혹시 앞으로 어떤 자동차 모델로 갈아타고 싶은지 확실하게 파악했다면, 이제는 당신의 자동차를 유지, 관리, 정비, 수리하는 것과 같은 결정적으로 중요한 문제들을 해결해야 한다. 무엇보다 당신이 이 비용을 어떻게 그리고 무엇으로 지불할 것인지 따져봐야 한다.

## 새로운 직업 세계와 최선의 노력

당신이 앞으로 어떤 일을 하든, 당신의 목적은 본질적으로 중요한 일에 집중하는 것이다. 순전히 당신에게 주어진 일거리의 양뿐 아니라 질과 관련해서도 마찬가지다. 당신은 자신이 하는 일을 또한 특별히 잘해야만 하며, 다른 모든 것들은 제쳐두어야 한다.

이 기본원칙은 아주 간단해 보이지만, 유감스럽게도 너무나 자주 무시되고 있으며, 특히 가장 작은 경제단위인 사람에게서조차 그렇다. 당신 자신을 어떤 기업과 직접 비교해보라. 특히 불황기에는 때때로 단 하나의 요소가 성패를 좌우한다. 그것은 이 기업이 특별히 잘할 수 있는 것, 다른 기업들보다 더 잘할 수 있는 것에 집중하는 것이다. 간단히 말해서 핵심 역량에 집중하는 것이다. 다른 기업들이 더 잘 혹은 더 싸게 생산할 수 있는 제품들은 그 기업에 넘겨주어야 한다. 예를 들어보자. 어떤 자동차 제조회사는 구내식당을 외부 업체에 위탁하여 운영하도록 한다. 왜 그럴까? 그 이유는 아주 간단하다. 일거리는 아웃소싱으로 내주고 '머리'는 정말로 중요한 일을 위해 비어두는 것이다. 그리고 고정비용이 변동비용으로 변한다. 왜냐하면 하청업자, 프리랜서, 상담자는 정식 사원들과는 반대로 수요에 따라 운용되기 때문이다.

이것은 앞으로 직업 세계의 '메가 트렌드(거대한 물결)'가 될 것이다. 기업들은 앞으로 구내식당의 운영뿐 아니라, 점점 더 까다로워지는 업무들도 외부에 맡길 것이다. 상담자들뿐 아니라 전문가들로 조직된 팀이 회사 일을 도와줄 것이다. 그것이 연구든, 생산이나 마케팅이든 관계없이 말이다. 당신은 이러한 경향를 유감스럽게 여길 수도 있고 환영할 수도 있겠지만, 부정할 수 없는 것은 그렇게 되리라는 사실이다. 당신은 그러한 흐름을 인정해야만 하며, 흐름에 따라야 한다. 곁들여 말하자면, 이러한 발전 양상이 비로소 많은 사람들에게 다운시프팅을 가능하게 해준다. 왜냐하면 이것은 양질의 일자리가 아웃소싱으로 변하고, 근무 시간이 유동적으로 조직되는 결과를 가져오기 때문이다.

지금까지는 현대 기업들이 처한 상황을 설명하였다. 이것이 당신에게는 어떤 의미가 있는가? 그것은 아주 명확하다. 당신은 앞으로 직장에서 직접적으로 당신의 핵심 역량에 속하는 일만 수행해야 할 것이다. 다른 모든 일은 다른 사람들에게 넘겨야 한다. 당신은 어쩌면 "나는 진작부터 그렇게 하고 있어!"라고 생각할지도 모른다. 착각이다. 간단한 테스트가 도움이 될 것이다. 보통 때의 평범한 근무일을 상상해보라. 어떤 생각도 떠오르지 않는가? 당신의 모든 근무일은 너무나 비정상적이고 너무나 평범하지 못한가? 그렇다면 바로 어제의 근무일을 생각해보라.

당신이 본업으로 기업 컨설팅을 맡고 있다고 가정해보자. 당신은 어제나 혹은 지난 목요일에 몇 시간을 실제로 당신의 핵심 역량에 속하는 일, 즉 기업에 컨설팅을 해주는 데 보냈는가? 그 반대되는 질문을 해보자. 당신은 비생산적인 미팅을 하는 데 몇 시간을 허비했는가? 교통정체 속에서는? 비생산적인 미팅을 사전에 준비하고 추후에 평가하는 데는? 사장, 동료, 다른 종업원들에게 화를 내는 데는 얼마의 시간을 보냈는가? 쓸데없는 이메일을 읽고 답장을 보내는 일에는? 바로 그렇다. 다운시프팅의 목적은 이런 방해 요인들을 최대한 제거하는 것이다.

## 당신의 핵심 역량을 부각시켜라

당신의 숨겨진 능력과 재능을 찾아나서기 전에 현 상태를 파악하는 것이 중요하다. 4장에서 당신의 재정 상태를 최초로 검토해보았던 것과 똑같이 당신은 이제 자신이 현재 무엇을 특별히 잘할 수 있는지 확인해야만 한다. 그리고 당신이 앞으로 (그것이 일정한 과도기 동안만이라 할지라도) 무엇으로 자금을 조달할 것인지도 확인해야 한다.

실상은 간단하다. 다른 사람들이 할 수 없는 것을 할 능력이 있는 사람은 기업에 특별히 소중하다. 이 점을 조금도 의심해서는 안 된다. 먼저 그만두는 사람들은 대부분 일반직 직원들이다. 당신이 회사에 없어서는 안 될 전문가라면, 정식 직원이든 아니면 외부 상담자든 상관없이 무한한 가능성이 있다. 따라서 직업상의 관점에서도 당신이 포기할 수 있는 것, 당신에게 불필요하게 보이는 것, 당신의 핵심 역량을 발휘하는 데 방해가 되는 것, 이 모든 것을 버리도록 하라. 대다수 사람들에게 이것은 처음에 생각했던 것보다 더 쉬운 일이다.

이 모든 것을 버릴 때는 직업상의 핵심 역량이 무엇인지 확인하는 것보다, 이 핵심 역량을 핵심 역량에 속하지 않는 것과 구분하는 것이 더 중요하다. 그럼에도 당신이 "내가 대체 무엇을 가장 잘하기를 원하고, 무엇을 가장 잘할 수 있는가?" 하는 질문에 답하기 힘들다면, 이번 장에 나오는 내용이 그러한 어려움을 극복하는 데 도움을 줄 것이다.

그러나 다시 불필요한 것들로 되돌아가보자. 먼저 앞으로 교통정체와 미팅에 시간을 덜 허비하겠다는 당신의 목표는 아마 명확해졌을 것이다. 하지만 엄청난 성과를 요구하는 직업 세계에 뿌리내린 '과도한 충성(Over-Serving)'이라는 문화 때문에 엄청난 시간이 허비되고 있다. 여기에는 '아무튼 중요하게' 보이거나 '이 다음에 언젠가는 유용해질' 수도 있기 때문에 '사람들이 행하는' 모든 것이 포함된다. 이것은 말하자면 당신이 진짜 만나고 싶어 하는 사람들을 한 번도 만나보지 못했던 어떤 특정 클럽의 회원이 되는 것, 그리고 당신이 사무실에서 상사에게 환대를 받기를 바라면서(하지만 그렇게 될지는 결코 확실히 알지 못한다) 수행하는 추가 업무, 또한 엄청나게 빨리 쓸모없어지거나 실제로는 한 번도 사용되지 않는, 따라서 불필요한 자격 요건들을 갖추는 것이다. 이 자격은 가령 "일본어를 배우지 못할 이유가 어디 있어. 그 나라도 중요한 나라인데 말이야, 그렇지 않아?" 하는 생각에서 따게 되는 것이다.

이런 것들 중 어떤 것이 당신의 직장, 앞으로의 경력에 정말로 중요하며, 어떤 것이 불필요한지는 오직 당신만이 판단할 수 있다. 이러한 것들을 위해 당신이 하루 일과 그리고 한 달의 일과 중에 취급하는 모든 업무들을 담은 목록을 작성하라. 그런 다음 이 항목들 하나하나를 보며 다음과 같이 따져보아야 할 것이다. "이것이 내 핵심 역량을 양성하고 발전시키는 데 도움이 되는가? 간단히 말해서, 내가 이것으로 조만간에 돈을 벌게 될 것인가?" 만약 그렇지 않다면 삭제해버리면 된다. 이것들은 사실상 다음과 같은 것들을 말한다.

- 이전에 "이것도 내가 맡아두도록 하지. 언젠가는 중요한 것이 될 수도 있으니까"라고 언급했던 모든 일.
- 이전에 사장, 중역진, 파트너 혹은 그 외 누군가에게 깊은 감명을 주기 위해 떠맡았지만, 그것을 승낙할 때 이미 번거로운 일이 되리라는 것을 알아챘던 모든 일.
- 이미 이전에 당신의 이력에 쓸모가 있을 것인지 따져본 적이 있는 모든 세미나와 연수.

이어서 당신이 제기해야만 하는 중요한 질문은 이런 것이다. 이렇게 가려내는 데 포함되지 않는 것은 어떤 것인가?

그것은 당신이 역량을 갖춘 분야에서 추가 교육을 받는 데 도움을 주는 모든 것들이다. 왜냐하면 당신은 당연히 앞으로도 전문지식과 전공지식이 시대에 뒤떨어지지 않도록 신경을 써야만 하기 때문이다. 그것은 당신의 자산이며, 앞으로도 계속 자산으로 남는다. 그것은 당신이 다운시프팅 계획에서 세운 목표에 도달하기 위해 당신이 타고 가는 자동차의 휘발유다. 다른 한편으로 당신은 지금까지의 핵심 역량(이것을 어쩌면 당신은 영원히 수행하고 싶지는 않을지도 모른다) 외에도 또 다른 분야의 역량을 계발하고 싶어 할 수도 있을 것이다. 그것은 당신의 앞으로의 직업 행로에 아주 중요한 또 다른 분야가 될 수도 있을 것이다.

당신이 앞으로 타고 다닐 새로운 자동차의 모습을 늘 염두에 두고 있으면 아주 간단하다. 비록 자동차 대금을 융자받고, 비용을 아끼고, 기존의 수단을 되도록 유용하게 사용하는 것이 중요하다 하더라도, 반드시 피해야 할 일이 한 가지 있다. 그것은 차 내 전기배선이 어떻게 되어 있는지, 혹은 실린더 헤드 밀폐장치를 어떻게 수리하는지 배우는 것이다. 물론 타이어나 엔진오일 정도는 손수 교환하는 것이 좋다. 그러나 일정 수준을 넘어서는 모든 일은 전문 교육을 받은 기술자들에게 맡겨야 한다.

이러한 맥락에서 볼 때 당신이 직업상의 목표들을 중도에 포기해야 할 가능성도 매우 높다. 보통 사무실에서나 말하는 이른바 '전문가 집단'에게 좋은 평판을 받게 해주는 추가 임무는 이제 더 이상 해낼 수 없다. 그것을 아쉬워해서는 안 된다. 바로 그것이 이전에 당신에게 더 중요한 일을 하지 못하게 만들었던 것들이기 때문이다. 그리고 당신은 비판적인 목소리에 적응해야 한다. 가령 이런 질문 말이다. "어떤 소프트웨어 개발자, 상담자, 변호사가 주당 근무 시간을 줄이고서도 질적으로 완벽한 성과를 제시할 수 있을까?" 이러한 질문에는 다음과 같은 반문으로 대처하면 된다. "그러면 구내식당 운영을 외부 업체에 맡긴 자동차 제조사가 멋진 자동차를 만들 수 있을까?"

## 당신의 새로운 직장 : 다양성을 보증한다

어쩌면 당신은 벌써부터 앞으로 돈을 벌고 싶어 하는 일자리가 어떤 것인지 구체적으로 생각해놓았는지도 모른다. 경우에 따라서는 지금 현재의 일이 줄어든 형태가 될 것이고, 어쩌면 또 완전히 다른 일이 될 수도 있다. 이러한 생각을 더 구체화하기 위해 다음 단원들에서는 이 주제에 관한 여러 가지 질문과 테스트가 나올 것이다. 하지만 당신이 앞으로의 직업에 대해 숙고하기 전에 먼저 '짜임새 있게 꾸리는 법'을 명확하게 이해해야 할 것이다. 이것은 당신이 무엇을 하는지가 아니라, 그 일을 어디서 어떻게 하는지를 말한다. 여기에는 여러 가지 다양한 수단들이 있다. 앞으로 깨닫게 되겠지만 경계가 명확하게 정해져 있지는 않다. 여기에 당신이 예상할 수 있는 것들을 열거해본다.

### 융통성 있는 근무 시간 조정

이것은 아마 줄어든 일거리 혹은 각 개인의 필요에 맞춰진 일거리로서 가장 간단하고 가장 잘 알려진, 가장 널리 퍼져 있는 근무형태일 것이다. 당신의 목적이 완전히 새로운 직장을 얻는 것이 아니라, 단순히 언제 어떻게 일할 것인지를 더 자유롭게 결정할 수 있기를 바라는 것이라면, 근무 시간에 더 많은 융통성을 얻는 것이 이상적인 수단이 될 것이다. 많은 고용주들은 유능한 사람들을 붙들어두기 위해 이러한 해결책을 이미 내놓고 있다. 일과 다른 생활들을 더 조화롭게 일치시키기를 원하는 직원들을 위해서. 근무 시간을 조정하는 방법은 매우 다양하다. 당신의 근무 시간을 아주 간단히 줄일 수도 있고, 재택근무를 약정할 수도 있다. 만약 이러한 규정이 아직 없다면 당신의 고용주에게 그 장점을 설득해야 한다. 어떻게 설득할지는 8장에서 알아볼 것이다.

## 시간제 혹은 일자리 나누기(Job-Sharing)

오늘날에는 시간제 근무자의 수가 상당히 늘어났으며, 수많은 근로자들이 자신의 근무 시간을 줄일 수 있었고, 이것은 또한 신규 채용을 불러왔다. 그리고 결론적으로 기업들은 더욱 의욕적인 종업원들을 기대할 수 있다. 시간제 노동은 일에서 오는 부담을 눈에 띄게 줄일 수 있는 이상적인 수단이기 때문이다. 어느 정도 수입이 줄어드는 것을 감수할 수 있다면 말이다. 결국 이전에는 단 한 사람에게 배당되던 일자리를 더 많은 동료들과 나누게 된 것이다.

만약 당신이 현재 직장을 계속 다니고 싶다면, 사장에게 당신의 근무 여건을 시간제 일자리나 일자리 나누기로 바꿔주도록 제안하는 것이 완벽한 해결책이 될 수 있을 것이다. 이런 종류의 협정을 할 때는 근로자로서 당신의 권리나 사회복지 보조금이 줄어들지 않도록 유의해야 한다. 그러므로 융통성 있는 근무 시간 협약이나 시간제 협약을 하기 전에 당신의 권리가 완전히 지켜지고 있는지 검증하는 것이 바람직하다. 그러지 않으면 당신은 곧장 임시직이나 계약직으로 고용될 수도 있다. 또한 시간제 일자리에 대한 협약에 서명하고서 나중에 돈은 적게 받으면서도 이전만큼 일을 하지 않도록 유의해야 한다. 또 나중에 전일제 일자리로 돌아갈 수 있는 선택권을 유보해두고 싶다면, 이것을 시간제 협약에 명확하게, 다시 말해 서면으로 기록해두어야 한다. 필요한 경우 당신은 계약 연장 선택권도 타결을 볼 수 있으며, 추후에 다시 한 번 새로 협상을 할 수도 있다.

## 프로젝트 일거리

이것은 종종 경력의 중간휴식(Karriere-Breaks), 즉 경력을 의도적으로 중단하는 것과 연결되어 사용되며, 한 고용주에게 고정적으로 매이거나, 혹은 여러 위임자들을 상대하는 프리랜서로 전환될 수도 있다. 프로젝트 일거리는 당신이 일정 기간 동안 하루 여덟 시간의 일자리를 원하고, 그것에 이어 전면적인 중단 — 가령 방학 기간 동안 — 도 원하는 경우에 이상적인 수단이다.

프로젝트 일거리도 극히 다양하게 이용될 수 있으며, 결국 당신이 시간적으로 그리고 내용상으로 명확히 한계가 설정된 프로젝트에 종사하는 것에 지나지 않는다. 실무에서 자주 응용되는 것은 지금까지의 직원 신분이 상담자(Adviser) 관계로 바뀌는 것이다. 지금까지는 직원으로 일했지만 앞으로는 동일한 고용주를 위해 자유로운 상담자로서 시간이나 프로젝트를 기반으로 삼아 일하는 것이다.

이러한 상담자 고용계약을 맺을 때는, 이전의 고용계약 시절에 적용되었을지도 모르는 경쟁업체에 근무하지 못하도록 하는 조건을 반드시 삭제해야 한다. 직원이라면 당연히 고용주와 경쟁관계에 있는 회사를 위해 일해서는 안 될 것이다. 반면에 자유 상담자라면 이 선택 사항에 반드시 구속되지 않도록 해야 한다. 경쟁 금지 조건이 문서로 면제되지 않으면 당신은 풍요로운 경제적 기반을 구축할 수 없다.

기업 측에서 보면 프로젝트 일거리는 이전에 근무하던 근로자가 모든 지식을 가진 채 계속 근무한다는 장점이 있다. 또 근로자에게는 능력과 노동력을 훨씬 더 잘 발휘할 수 있다는 장점이 있다. 물론 근로자에게 불리한 점도 있다. 직원 신분과 그것과 결부된 모든 장점들이 사라지는 것이다. 다시 말해서 휴가나 질병 보조금을 청구할 수 없고, 사회보험과 의료보험에 자동적으로 가입되지 않는 것들이다. 자영업자 혹은 자유직으로 고용된 상담자로서 당신은 직접 보험에 가입해야 한다.

시간제 고용계약을 맺을 때와 유사하게 여기서도 당신은 개인의 권리들을 스스로 알아보아야 하며, 그것을 사장과 명확히 정해두어야 한다. 이에 대한 조언은 옛 고용주와 벌이는 협상에 대해 다루는 8장에 나와 있다.

## 휴직

휴직(Sabbatical)은 대부분 6개월에서 12개월까지의 기간을 정해 완전히 일에서 물러나는 것이다. 여기서는 고용계약과 경우에 따라 달라지는 월급이 모든 사회복지 보조금과 함께 계속 이어진다. 휴직의 가장 큰 장점은 금전적으로 안정된 생활을 하면서 동시에 독립적인 생활을 한다는 데 있다.

휴직 협약은 되도록 일찍 채용계약서에 명시하는 것이 좋다. 왜냐하면 근로자는 휴직 기간을 가령 초과 근무를 하거나 월급의 일부를 포기함으로써 '모아두는 것'이기 때문이다. 오늘날에는 많은 대기업에서는 휴직 프로그램 혹은 타임아웃 프로그램을 제공하고 있다. 이 프로그램은 종업원이 아이를 양육하기 위해 더 많은 시간이 필요해서 이용하든, 광범위하게 세계여행을 하려는 목적을 위해 이용하든 상관없다.

일에서 오랫동안 손을 떼는 문제를 심각하게 고려하고 있고, 이 기간에 전혀 일을 하지 않거나 완전히 다른 일을 하려는 사람에게 휴직은 최상의 방책이 될 것이다. 하지만 직장에 다시 복귀할 때는 주의가 필요하다. 당신의 다운시프팅 계획이 잠시 쉬는 것뿐 아니라 장기간의 변화를 고려하고 있다면, 단번에 0에서 100으로 올라가는 것은 힘들어질 수도 있다. 그렇게 되면 이전의 모든 문제점들이 다시 코앞에 닥치게 될 것이다.

## 독립

어떤 아이디어와 어떤 사업계획을 가지고 독립하는 것, 그리고 완전히 새로운 어떤 것을 가지고 시작하는 것은 가장 과격한 수단이 틀림없다. 어쩌면 당신은 현재의 직장에서 계속되는 초과 근무 때문이 아니라, 자신이 아닌 다른 누군가를 위해 일한다는 단순한 사실 때문에 심기가 불편해졌는지도 모른다. 올바르게 착수하고 실행한다면, 자기 자신의 생업을 위한 회사를 세우는 것은 대단히 조화로운 생활양식으로 이어질 것이다. 당신은 명확히 정해진 업무 영역에서 다른 회사가 아니라 전적으로 자기 자신의 관심사에만 신경을 쓸 수 있다. 그리고 상담 업무나 프로젝트 업무에서 자기 자신의 사업체를 설립하는 것으로 넘어가는 것은 어차피 그 경계가 유동적이다.

하지만 '독립'이라는 프로젝트를 다운시프팅 계획과 효과적으로 연결시키는 것은 매우 힘든 일이다. 다른 방법보다 위험 부담이 많기 때문에, 우리는 이것을 11장에서 독립적인 한 단원을 편성해서 다룰 것이다.

지금까지 다운시프팅을 하는 사람들이 선택할 수 있는 일자리의 다양한 형태에 관해 다루었다. 당신이 어떤 것을 선택하느냐는 영향을 미치는 수많은 변수들에 달려 있다. 다음의 테스트가 당신의 선택을 약간 쉽게 해줄 것이다.


▶ 테스트

위에서 열거한 일을 줄이는 방법들을 침착하게 다시 한 번 끝까지 살펴보고, 소개된 각 모델에 대해 결정을 하라.

① "그렇다. 나는 최종적으로 그렇게 일할 수 있다!"
② "경우에 따라서 그렇게 일할 수도 있다. 상황에 따라 다르다."

③ "아니다. 그러한 일자리는 나에게 고려 대상이 되지 않는다."

▶ 해설

당신이 선호하는 방법을 기록해두기 바란다. 당신은 이것을 특히 이 다음의 모든 계획을 세울 때나 또한 당신의 고용주나 위임자와 협상을 벌일 때도 명심해야 할 것이다. 이 테스트의 결과는 물론 당신의 융통성에 관해서도 몇 가지를 밝혀준다. 모든 모델들에 대해 '그렇다'나 적어도 '경우에 따라 다르다'는 답변이 나오면 더욱 좋다. 그러면 선택의 여지가 넓어진다. 만약 그렇지 않다면, 다운시프팅에 적합한 직장을 찾을 때 범위를 더욱 좁혀야 할 것이다.

## 앞으로 당신의 책상이 놓일 곳

당신이 앞으로 어떻게 일할 것인지가 하나의 문제라면, '어디서 일할 것인가?'는 또 다른 문제다. 그리고 이것은 아주 구체적으로 말해서 어떤 곳에서 일할 것인지를 의미한다. 이 문제는 그리 복잡하지 않다. 당신이 앞으로 할 일에 강한 영향을 미칠 수 있는 두 가지 근무 형태가 있다.

재택근무 혹은 텔레커뮤팅(Telecommuting), 이 개념들은 모두 많은 사람들에게 다운시프팅을 본격적으로 가능하게 해주는 매력적인 가능성을 나타내는 것이다. 컴퓨터와 팩스의 도움으로 당신의 사무실은 앞으로 자기 집에 자리 잡게 된다. 재택근무자들은 전화나 이메일을 통해 그들의 사장, 동료 그리고 주문자들과 접촉을 한다.

기업체 입장에서는 당신이 더욱 융통성 있고 또 그 때문에 더욱 경쟁력 있게 일할 수 있다는 장점이 있고, 당신은 사무실에 들어가는 경비를 절감할 수 있다는 장점이 있다. 또 이러한 근무 형태는 시간적으로나 공간적으로 융통성이 있으며, 이상적인 경우에는 다운시프팅 계획에 완벽하게 들어맞는다 장점이 있다. 따라서 적절한 전제 조건이 충족된다면 이것은 꿈같이 멋진 일이다. 그리고 앞으로 점점 더 많은 사람들에게 현실로 다가올 일과 생활의 형태다.

당신이 앞으로 더욱 융통성 있게 그리고 더욱 적게 일하고 싶다면, 많은 점들에서 재택근무가 유리해 보인다. 그러나 엄격히 지켜야만 하는 일정한 기본원칙들이 그 전제가 된다. 모든 기술적 수단을 갖춘 명확히 구분된 작업 공간(홈오피스)이 필요하며, 근무 시간에는 어떤 것에도 방해를 받아서는 안 된다. 정신을 집중해서 컴퓨터 작업을 하면서 동시에 아이들의 숙제를 지도해주는 것은 불가능하다. 성공적인 재택근무 일자리에 결정적으로 중요한 것은 공간적, 시간적 경계를 구분 짓는 것이다. 가정 생활과 여가 활동은 전통적인 사무실 일자리에서와 마찬가지로 업무와 명확하게 구분되어야만 한다. 자제력도 마찬가지로 중요하다. 많은 재택근무자들은 홈오피스 근무를 위해서도 일부러 옷을 갈아입고, '사무실'로 들어가기 전에 정신적으로도 '여가'에서 '일'로 전환하기 위해 집 주변을 한 바퀴 돈다. 사회적으로 고립되는 것을 피하고 사무실과 직접적인 접촉을 유지할 수단과 방법도 강구해야만 한다. 가령 일주일에 한 번은 동료들과 어울려 지내야 한다. 그리고 마지막으로 고용주가 설비들, 즉 홈오피스의 기술 장비들을 책임지고, 또한 일거리와 연관해서 부수적으로 발생하는 모든 비용(전화, 팩스, 인터넷 요금)을 떠맡는 것이 당연한 것으로 받아들여져야만 한다.

때때로 고용주들은 근무자들이 집에서는 그렇게 빨리 혹은 훌륭하게 일을 끝낼 수 없을 것이라는 우려를 표시한다. 하지만 결과는 거의 언제나 정반대로 나타난다. 집에서 자신의 책상 앞에 앉아 일하는 사람은 대부분 더 편하고, 더 집중적으로 그리고 그 결과 훨씬 더 생산적으로 일한다. 그 이유는 일하는 데 방해를 덜 받고 정신을 엉뚱한 곳에 빼앗기는 일도 더 적기 때문이다.

당신이 앞으로도 동료들과 계속 접촉하고 싶다면 사무실에 정해진 책상이 있거나 '데스크 쉐어링(Desk-Sharing)'을 하는 것이 좋다. 데스크 쉐어링이라는 해결책은 당신이 일정 기간 동안은 집에서 일하고 또 근무 시간의 일부만 회사의 정해진 일자리에서 — 책상이나 혹은 여러 동료들과 나누어 사용하는 자리에서 — 일하는 것이다.

## 이론에서 실무로

당신의 핵심 역량이 어떤 것이고, 앞으로 어떤 형태의 일자리를 차지할 것인지 명확히 파악했으니, 이제 미래의 일자리라는 본격적인 주제로 들어가자. 당신은 다운시프팅을 하면서 정확히 무슨 일을 하고 싶은가? 당신은 돈을 어떻게 벌어들일 것인가? 실무에서는 서로 겹치기도 하는 일련의 가능성들이 있다.

① 지금의 회사에서 지금까지 해온 업무를 계속해서 한다. 하지만 일이 줄어든 것을 기반으로 한다.
② 새로운 회사에서 지금까지 해온 업무를 한다. 혹은 프리랜서로서 새로 구한 여러 회사를 위해 일한다.
③ 완전히 새로운 직업을 선택하고 또한 여러 명의 새로운 고용주를 위해 일한다.

두 번째와 세 번째 시나리오는 경제적으로 보자면 얼핏 더 많은 위험이 따르는 것으로 보인다. 하지만 그렇다고 해서 이 방법들을 모두 거부해서는 안 된다. 이미 설명했듯이 그것들이 우리 직업 세계의 거대한 흐름에서 비롯된 결과이기 때문이다. 기업들은 직원을 줄여서 그들의 핵심 사업에 집중하고 상당한 업무 영역을 외부에 내맡기는 것이다.

소프트웨어 엔지니어인 프레드는 안전한 길을 선택해서 처음에는 다시 어떤 대기업에서 시간제를 기반으로 하는 정규직 일을 했다. 그는 전문지식을 잘 갖추고 있었기 때문에 그곳에서 인기 인물이 되었고, 줄어든 근무 시간을 활용해서 한꺼번에 여러 가지 성과를 올렸다. 그는 자신과 가족의 생활을 금세 다시 안정시켰으며, 그 외에도 이제 지금까지 등한시했던 생활 영역에 관심을 기울일 시간도 얻었다. 가족끼리 야유회를 가고 대학 시절 친구들을 다시 만날 뿐 아니라 자신의 상담회사도 설립하였다.

▶ 프레드의 다운시프팅 조언

용기를 내라. 그리고 관습에 위축될 필요가 없다. 시간제 일자리나 휴직과 같은 규정들은 남자들에게도 해당된다. 더구나 고위직들에게도 말이다.


새로운 근무 여건들을 효과적으로 결합하는 것을 보여주는 하나의 사례는 이른바 시간제 맞벌이 부부다. 이는 부부가 함께 직장 생활을 하며 일상의 업무도 나누어 맡는 것이다. 당신에게 배우자와 돌봐야 할 가족이 있다고 가정하자. 옛날의 규범으로 돌아가는 것은 분명 잘못된 방향으로 발을 들여놓는 것이다. 그것은 한쪽이 혼자서 생계비를 책임지고, 다른 한쪽이 아이들의 양육을 떠맡는 것이다. 이제는 이전처럼 부양자의 역할을 맡는 것이 남편이든 부인이든 상관없다. 이 모델에서는 두 배우자 모두 '시간제 경력'을 추구한다. 불시에 일어나는 양육 임무의 일부를 그들이 공동으로 처리하고, 나머지 부분은 공평하게 나누어 맡는다. 그렇게 되면 엄마와 아빠는 정력을 오로지 직장과 출세에만 쏟는 것이 아니라, 결혼 생활과 가족들에게도 상당한 정도로 쏟는, 모두 제 역할을 하는 부모가 될 수 있다. 그리고 이들 두 사람 모두 직장을 포기할 필요가 없다.

이미 살펴보았듯이 당신에게는 다양한 방식으로 쉽게 혹은 힘들게 실행할 수 있는 많은 선택의 여지가 있다. 다음 장에서는 다운시프팅을 하는 사람들이 가장 간단하게 그리고 가장 흔히 내리는 선택이 무엇인지 알아보자.

# 제 8 장

# 가장 안전한 은행은 당신의 고용주다

지금부터 길이 갈라진다. 그리고 당신은 적지 않은 파급효과를 불러올 첫 결정을 내려야만 한다. 아무튼 당신은 계속해서 출세의 고속도로를 질주하고 있고 한 방향으로밖에 갈 수 없는 모든 사람들과는 대조적으로 현재 전도유망한 첫 교차로에 서 있다. 이 교차로는 다운시프팅 계획이 계속 진행되는 데 상당한 영향을 미치게 될 것이다.

다운시프팅을 하면서도 돈을 벌 수 있는 가능성은 수없이 많다. 포도주 안내책자를 쓰는 기업 컨설턴트들도 있고, 여행 사진작가로 자금을 조달하는 변호사들도 있고, 보트 제작에 착수한 증권 브로커들도 있다. 이 모든 것이 가능하고 분명 흥미롭기도 한 길들이다. 하지만 때로는 상당한 모험심과 위험도 따른다. 그러므로 이 단원에서는 먼저 당신이 성공적으로 다운시프팅을 하기 위해 기존의 근무 여건을 활용할 때 생길 수 있는 일들을 알아볼 것이다.

미리 아주 중요한 조언을 하나 하자면, 가장 간단하고 재치 있는 해결책은 비록 일시적이라 하더라도 당신이 현재 다니고 있는 직장에서 일하는 것이다. 우선 옛 고용주 아래서 고정적으로 일하거나 프로젝트 일거리로 계속 일자리를 유지하면서, 그동안에 침착하게 다운시프팅을 계획하고 실행하라. 이것이 성공적으로 다운시프팅을 하는 수많은 사람들의 아주 전형적인 전략이다. 이들은 간단히 말해서 직장에서 자신들을 필요로 하고 그리 쉽게 다른 사람들로 대체될 수 없다는 사실을 이용한다. 그리고 이러한 사실을 자신들의 새로운 인생 행로의 기반으로 삼는다.

## 어쩌면 가장 중요할지도 모르는 협력자

일단 쓰라린 심정이나 엉뚱한 죄책감을 버리고 당신의 현재 혹은 최근의 일자리를 돌이켜보라. 틀림없이 당신은 일을 멋지게 해냈으며 사장과 고객들을 만족시켰을 것이다. 당신은 항상 품위 있게 다른 사람들과 어울려서 질주했을 것이다. 번쩍이는 자동차를 타고 쉴 새 없이 달리며, 중간에 휴식도 거의 하지 않았을 것이다. 먹고, 마시고, 약속을 정하고 하는 것들은 물론 운전을 하면서도 할 수 있다. 이것이 당신의 옛 직장 생활이다. 그리고 이것이 당신의 능력, 당신이 지금 던져놓은 미끼다. 왜냐하면 현재의 직장에서 정식 고용관계에서 시간제 일자리나 프로젝트 일자리로 옮기는 것이 이상적인 해결책이 될 수 있기 때문이다. 때로는 가장 시급한 문제, 즉 당신의 다운시프팅 계획의 자금을 조달하는 것도 이것으로 해결할 수 있다. 이와 관련하여 가장 중요한 두 가지 질문은 다음과 같은 것이다.

① 앞으로 업무 양을 줄이면서 지금의 고용주 밑에서 계속 일하는 것을 고려해볼 수 있는가?
② 그리고 고용주도 협력해줄 것인가?

1번 질문에는 오로지 당신 혼자만이 대답할 수 있다. 이 질문에 어떻게 대답하느냐는 사실상 지금 현재의 직장이 당신에게 얼마나 많은 부담을 주느냐에 달렸다. 이 경우에 "나는 아니야!"라고 대답하는 것은 분명 깊이 생각한 것이어야 하며, 당신이 명확히 밝힌 이유들이 근본적으로 이러한 선택에 불리할 때만 수긍할 수 있다. 말하자면 직장 생활을 바꾸려는 당신의 의도와 다운시프팅 계획이 현재의 직장과 아주 직접적으로 결부되어 있을 때, 즉 당신의 불만의 원인이 바로 그 직장에 있을 때 말이다.

한 가지 예를 들어보자. 당신은 무선 이동통신 회사에서 전자부품 구매를 담당하고 있다. 그런데 당신은 이 일을 지독히 싫어한다. 당신은 어떻게 이러한 상황이 되었는지, 어떻게 이토록 참담하게 잘못된 직업을 가지게 되었는지 알지 못한다. 하지만 분명한 사실은 당신이 10년 혹은 그 전부터 이 직장에서 일하고 있으며, 이 일을 지독히 싫어한다는 점이다. 당신은 구매, 전자제품, 휴대폰과 관련된 모든 것을 미워한다. 그렇다면 사실상 단 한 가지 방법밖에 없다. 당신은 고용주뿐 아니라 가능한 한 빨리 직업도 바꾸어야 한다.

또 다른 예를 들어보자. 당신은 전문교육을 받고 대학을 나온 그래픽 디자이너며 광고 대행사에서 일한다. 그곳에서 당신은 하루 종일 싸구려 카탈로그를 제작한다. 수입이 좋은 직장도 아니고 만족스러운 직장도 아니다. 당신이 사장에게 앞으로의 전망이나 발전 가능성이 어떤지 의견을 물어볼 때…… 더 이상 언급하지 않는 편이 나을 것 같다. 여기서도 유일한 대안은 새로운 직장을 찾는 것이 될 것이다.

하지만 당신이 1번과 2번 질문에 즉각 "물론이죠! 전혀 문제없어요!"라고 대답한다면, 수많은 미해결 문제들이 벌써 단번에 연기처럼 사라졌을 것이다.

그러나 유감스럽게도 고용주의 용의가 문제가 되는 2번 항목에서는 대부분 사정이 약간 더 복잡하다. 다운시프팅을 하는 사람 자신은 자주 이런 반론을 한다. "제가 일을 더 적게 할 궁리를 하고 있다면, 옛 회사가 저를 붙들어두고 싶어 할 이유가 어디 있겠어요?" 여기에 대한 대답은 간단하며 얼핏 모순되게 들린다. 가장 먼저 그만둘 각오가 되어 있는 사람들은 또한 대부분 회사가 가장 붙들어두고 싶어 하는 사람들이다. 항상 반드시 그런 것은 아니지만, 근로자가 제시하는 조건이 현실적이고 그 회사의 목적에 합치하면 받아들여지는 일이 자주 있다. 그들은 대부분 회사가 불황기에도 특히 원하는 그런 자질을 갖춘 직원들이기 때문이다. 그 자질이란 자신에 대한 책임감, 독자적 창의력, 융통성, 변화하려는 의지다.

상대방이 조금이라도 호의를 갖고 있다면, 당신의 다운시프팅 계획을 옛 고용주의 도움을 받아 실현할 수 있는 수단과 방책은 대단히 많다. 어쩌면 당신은 운이 좋아서, 융통성 있는 근무 시간이라는 해결책이 이미 오래전에 일상화된 업종에서 근무하고 있는지도 모른다. 일을 더 적게 하거나 이전과는 다르게 하고 싶어 하는 종업원들의 소원을 매우 건설적으로 들어주는 기업들이 이미 수없이 많이 있다. 그것이 이른바 타임아웃 프로그램이든, 단순히 일의 일부를 재택근무를 통해 집에서 처리하도록 하는 것이든 상관없다. 이러한 기업들은 유능한 직원들을 붙들어두려면 종업원들의 직업 외의 관심들도 받아들이고 지원해야만 한다는 사실을 깨달은 것이다. 그리고 일을 많이 시키면 동시에 생산성도 올라간다는 이전의 계산법이 틀렸다는 사실도 알고 있다. 적게 그리고 무엇보다 융통성 있게 일할 기회를 부여받은 사람들은 거의 대부분 더욱 만족스럽고 더욱 생산적으로 일한다. 따라서 다운시프팅은 직원들뿐 아니라, 기업들에게도 긍정적인 효과를 가져다준다.

만약 당신이 이제 "나는 운이 나빠, 나는 그런 혜택 받은 업종에서 근무하지 않으니까"라고 말한다면, 당신의 목표와 소망에 맞는 기업을 찾아나서는 방법을 살펴볼 10장에서 도움을 얻으면 된다.

## 고용주를 상대하는 전략

이제 세부 사항으로 들어가보자. 당신은 근무 시간을 더 융통성 있게 운영하거나 다른 식으로 일할 수 있도록 현재의 고용주와 합의를 이루었는가? 사장이나 회사에 이러한 융통성의 장점을 설득할 수 있는 어떤 방책이나 수단들이 있는가? 당신의 회사에 아직 다운시프팅에 도움이 되는 근무 시간 프로그램이 없다고 가정한다면, 당신은 안전을 기하기 위해 이 모든 사항들에 대한 회의적인 반응 혹은 적어도 비판적인 질문에 대비해야 할 것이다. 당신의 고용주가 의외로 승낙을 해준다면 물론 더욱 좋은 일이다. 그렇게 되면 다음 사항들은 그저 생각의 유희에 지나지 않을 것이다.

당신은 사장 내지 회사에 다음 두 가지 사항을 납득시켜야 한다.

① 당신이 맡은 업무는 일의 양이 줄어들거나 형태가 바뀐다 하더라도 앞으로 회사에 엄청나게 소중할 수 있다.
② 당신의 생각에 맞는 근무 여건이나 작업 할당량을 얻을 가능성이 없다면 그만둘 각오가 되어 있다.

어떠한 경우에도 전혀 준비가 되지 않았거나 준비가 부족한 상태로 이 협상에 임해서는 안 된다. 이것은 당신이 앞으로 나아갈 인생행로에 처음으로 등장한 심각한 장애물이다. 사전에 미리 머릿속에서 새로운 근무 여건을 집중적으로 생각해보고, 당신의 직장이 앞으로 어떻게 될지 그 가능성과 결과를 남김없이 고려해야 한다. 반면에 "저는 일의 부담을 줄여야만 합니다. 우리는 어디서부터 이 문제를 논의해야 좋을까요?"라는 식으로 협상을 벌이는 것은 헛수고가 될 것이며 기껏해야 해고를 당할 뿐이다.

이와 관련하여 당신이 따져보아야 할 첫 질문은 다음과 같은 것이다.


- 당신의 분야나 부서에
- 당신의 회사에, 즉 동료들 사이에
- 혹은 이 세상 어딘가에

당신의 일 혹은 그것과 어느 정도 비교될 수 있는 일을 하면서, 고용주와 융통성 있는 해결책을 이끌어낸 사람이 있는가?


그렇다고 대답할 확률이 99퍼센트다. 이 사람이 어떻게 협상을 했는지, 사장을 어떻게 설득했는지 알아보도록 하라. 당신이 만약 대기업에 근무하고 그 동료가 옆자리에 앉아 있다면, 이것은 그리 큰 어려움이 되지는 않을 것이다. 다른 모든 경우에도 여기저기 물어보도록 하라. 그리고 어떤 식으로든 정보를 알려줄 가능성이 있어 보이는 주변의 모든 사람들과 상의를 하라. 직접 만나거나 전화나 이메일을 통해서 말이다. 엉뚱한 생각으로 주저할 필요는 없다. 특히 일, 직장에 관한 것, 우리 모두의 생활에 결정적인 영향을 미치는 것에 관련된 사항들은 대부분의 사람들이 알려주는 것을 좋아한다. 아마 당신은 이 대화에서 얼마나 많은 새롭고 고무적인 실마리를 얻게 되는지를 보고 깜짝 놀라게 될 것이다. 만약 유익한 사례를 들려줄 수 있는 사람을 찾지 못한다 하더라도 두려워할 필요는 없다. 다운시프팅을 하려는 당신의 꿈은 여기서 끝난 것이 아니다. 그것은 이제 바로 당신의 경험과 상상력에 달려 있다.

이 결정적으로 중요한 사장과의 대화에서는 가능한 한 면밀하게 작성된 계획을 제시하는 것이 가장 중요하다. 그리고 당신은 대비책을 강구해야 한다. 가장 자주 제시되는 반론은 아마 이런 것이 될 것이다.


- "그런 제안을 고객들, 동료들, 회사 수뇌부들이 받아들이지 않을 것이네."
- "작업성과가 떨어질 거야."


이런 말들을 듣고 낙담할 필요는 없다. 당신이 지금까지 노동 생산성에 관해 읽었던 모든 지식을 동원하면 이러한 유보적인 입장을 쉽게 극복할 수 있을 것이다. 특히 당신이 말하는 모든 내용과 방법에는 다음 두 가지 기본원칙이 지켜져야 한다.


- 당신의 제안은 회사를 건실하게 하고 번영시키는 데 기여하기 위한 것이다.
- 이전과 다르게 일을 하려는 당신의 계획은 일할 의욕이 부족해

서 생겨난 것이 아니다.

당신이 앞으로 어떤 식으로 업무를 수행할 것인지 상세하게 설명하라. 구체적으로 당신의 논거는 다음 사항들을 포함하고 있어야 한다.

- 어떤 프로젝트에 종사하고 싶은가?
- 어떤 시간대와 어떤 역할을 맡고 싶은가?
- 그 부서와 회사에 어떤 구체적인 이득이 있는가? 그것은 이런 것들이 될 수 있다. 시간 절약 혹은 비용 절약, 특별히 원활한 작업 진행, 혹은 당신이 당연히 별도의 조처 없이 특별히 효과적으로 투입할 수 있는 자신의 노하우.

다시 한 번 정리해보자. 이 대화에 적극적으로 임하도록 하라. 해결의 실마리와 당신이 제시하는 모델이 잘 들어맞을 뿐 아니라, 더 많은 성과를 올릴 수 있다는 점을 입증하는 논거들을 갖추도록 하라. 특히 경제적으로 힘든 시기에는 그러한 논거들이 사장의 마음에 드는 것이 중요하다. 이때 당신은 자신에게 적합한 다양한 근무 형태에 대해 미리 정리된 견해들을 항상 기억하고 있어야 한다.

## 계약과 정서에 관한 세부 사항

당신이 앞으로는 근무 시간을 줄이고, 이전과 다르게 일하거나, 집에 홈오피스를 차리기로 고용주를 설득하는 데 성공했다고 가정해 보자. 이때는 다음과 같은 사항들을 유의해야 한다.

### 계약상의 그리고 법률상의 협약

많은 경우에 근무 여건이 바뀌면 고용계약도 변경해야만 한다. 만약 시간제 혹은 융통성 있는 근무 시간을 기반으로 옛 직장에서 계속 근무하기로 했다면, 일차적으로 합의한 새로운 업무 범위가 새로 받게 될 봉급에 합당하도록 만드는 것이 중요하다. 또 다른 가능성도 있다. 만약 당신이 옛 고용주와 외주 계약을 맺는다면, 다시 말해 '프리랜서'로서 그를 위해 일한다면, 당신은 최대한 시간을 마음대로 편성하는 자유와 함께 안정된 생계를 보장받게 된다.

이와 관련하여 경쟁업체의 일을 맡지 못하게 하는 조항은 재고해 볼 필요가 있다. 만약 당신이 상담자로서 경쟁업체의 일을 맡는다면, 그것을 용인할 기업들은 그리 많지 않을 것이다. 그러나 주의해야 할 점이 있다. 이것은 당신의 또 다른 소득원을 가로막는 것이기 때문에, 이러한 계약을 협상할 때 기간의 제한을 두거나 그에 상응하는 적절한 보수를 받는 것을 고려해야만 한다. 당신은 고용계약을 경우에 따라 개정하거나 신규 체결을 하기 전에 반드시 함께 일하는 동료나 해당 직능대표 위탁자와 협의해야 할 것이다. 이 모든 문제들과 관련하여 당신은 정부기관에도 도움을 구할 수 있다. 가령 하나의 혹은 여러 건의 상담자 계약을 기반으로 자영업을 차리고 싶다면, 해당 업종 연합회나 노동조합의 법률 상담 부서에서 도움을 얻을 수 있다.

### 재정 운용과 보수

당신이 재정 계획을 세울 때는 정식 직원이 아니면 사회보장 기금(국민연금과 의료보험) 전부를 개인적으로 납부해야 하며, 경비를 산정할 때, 즉 새로운 '봉급'에 함께 포함시켜야만 한다는 사실을 잊어서는 안 된다. 이때 당신은 이전보다 일을 적게 하겠지만 보수는 지금의 고정 수입보다 더 높을 수도 있다. 왜냐하면 당신이 종업원이 아니라 프리랜서로서 일한다면, 수많은 비효율적인 부대업무 때문에 방해받았던 이전의 직장에서와는 달리 앞으로는 실제로 일하는 시간만 제공하면 되기 때문이다.

### 미래의 노동 시장

추가로 얻게 된 작업 시간의 일정 부분을 당신은 시장을 분석하고 대안이 되는 고용 기회와 취직 기회를 샅샅이 찾아내는 데 사용해야 할 것이다. 이 시장분석이 얼마나 큰 비중을 차지하는지는 '시간 포트폴리오' 책정을 다룰 다음 단원에서 알게 된다. 이 점에 관해 미리 밝혀두고 싶은 것이 있다. 당신이 가령 당신의 직업 분야의 전망이 어떤지 전체적인 개관을 하기 위해 일주일에 한 시간을 구인광고

를 읽고 당신의 시장 여건을 분석하는 데 사용한다면, 당신이 언젠
가 새로운 돈벌이 기회를 둘러봐야 할 때 큰 도움이 될 것이다.

## 계약 정신

당신이 자신의 작업량을 줄이고 새로운 업무활동을 확정한 다음
에는 곧장 '계약 정신'을 발휘해야 한다. 이 말은 어떤 직장도 앞으
로 언젠가는 끝나게 될, 기한이 정해진 프로젝트라는 것을 명심하
라는 뜻이다. 그 다음에는 새로운 프로젝트가 생긴다. 이것은 물론
당신이 앞으로 당신의 일을 대충 해치운다는 의미는 아니다. 이렇
게 거리를 두는 것의 참뜻은 앞으는 '120퍼센트의 능력을 발휘하는
함정', 혹은 일이 원래 차지해야 하는 것보다 더 많은 자리를 차지
하는 과잉 충성의 악순환에 빠지지 않도록 조심하라는 것이다.

미국의 많은 톱매니저들도 이미 오래전에 이 변화된 조건에 적응
하는 법을 익혔다. 그들은 고용주와 비교적 냉담하고 거리감 있는
관계를 유지한다. 이것은 이 사람들이 자신의 임무를 적극적으로 수
행하지 않는다는 의미는 아니다. 그것은 축구 경기와 같다. 당신은
앞으로 매 경기마다 90분 내내 최선을 다할 것이다. 그 후에는 일단
당분간 휴식시간이 다시 찾아온다. 그것은 다른 일들에 관심을 기울
여야 하는 시간이다. 계약 정신과 줄어든 근무 시간이 생산성을 떨
어뜨릴 것이라는 의구심을 아직도 가지고 있다면, 다음 말을 명심하
라. 관심을 끊는 것, 여가에 몰두하는 것, 나무랄 데 없는 완벽한 사
생활은 스트레스와 압박감을 아주 쉽게 막아준다. 그러므로 당신은

앞으로는 일을 적게 하면서도 지금보다 훨씬 더 잘할 것이라고 안심하고 받아들여도 좋다.

# 제 9 장

# 새출발 : 직업을 바꿀 준비

경제적으로 불안한 시기라 하더라도 물론 당신이 다니던 옛 고용주 밑에서 도무지 참고 지내지 못할 가능성도 있다. 전망이 없기 때문일 수도 있고, 사장이 비협조적이라서 결코 당신의 소망을 들어줄 생각을 하지 않기 때문일 수도 있다. 당신이 개인적인 계획들을 실현할 수 없는 회사를 떠나게 될 것이라는 사실은 의심의 여지가 없다. 비록 그것이 얼핏 무모한 모험으로 보일지도 모르지만 말이다.

'중독성 회사(Toxic Companies)'라는 개념이 있다. 이는 직원들에게 조직적으로 해를 끼쳐서 본래의 말뜻 그대로 점점 더 중독시키는 그런 회사를 말한다. 이런 회사들은 흔히 직원들에게 끊임없이 자신을 위해 더 많은 것을 하고 자신에게 더욱 신경 쓰도록 요구함으로써 얼핏 인도적인 모습을 보인다. 그러나 이 배려하는 듯한 뻔한 겉모습을 벗겨보면, 그것은 대부분 회사의 번영을 위한 수완에 지나지 않는다. 어쩌면 당신의 사장은 이미 여러 번 일찍 일을 끝마치고 휴식을 취하라고 당신에게 근엄하게 말했을 것이다. 그 뒤에 당신은 자리로 되돌아가서 처리되지 않은 새로운 과제들이 가득 쌓여 있는 것을 발견하고 나서야 어떻게 된 일인지 깨닫는다.

결과로 따지자면 이와 비슷한 또 다른 사례는 이런 것일 것이다. 당신은 현재의 직장에서 시달림을 당한다. 아무리 이리저리 따져보아도 고정적인 수입에는 그다지 변함이 없다. 당신은 도무지 더 이상 견뎌내지 못할 것이다. 이러한 상황이라면 더 이상 망설이지 말고 그만두어야 한다. 당신의 불만이 얼마나 강한지, 그리고 당신이 다른 직장으로 옮기는 것이 더 나은지는 다음 단원에서 더 자세히 알아볼 것이다.


## 경력을 바꿀 때 유의해야 할 점

원래는 시나리오 작가, 가구공, 조경사가 되고 싶었지만 은행원, 부동산 중계업자, 보험전문가들이 된 사람들이 실제로 많이 있다. 어쩌면 너무나 많을 것이다. 그리고 첫 직업교육을 마친 후에야 비로소 가지게 되는 직업인 제2의 경력은 당연히 지극히 매력적인 생각이자 소중한 목표일 것이다. 그러나 이러한 계획을 "너무 위험해!"라는 논리로 회피하는 모든 직장인들과는 대조적으로 그와 정반대로 생각하고 행동하는 몇몇 사람들도 있다. 그들은 발작적인 행동을 보이며 사직서를 내고 아무런 계획도 세우지 않아서 금방 참담한 파멸로 끝날지도 모르는 모험 속으로 황급히 돌진하는 사람들이다. 따라서 미리 타이밍에 관한 중요한 조언을 하나 해야겠다. 역시 균형 잡힌 다운시프팅 계획과 잘 어울리기도 하는 성공적인 전직(轉職)은 적어도 반년 동안은 준비를 해야만 한다. 그 외에도 당신의 전직을 새로운 직업교육이나 독자적인 창업과 결부시키려 한다면, 반년이 금세 1년이나 2년으로 변한다. 이제 처음부터, 즉 어려운 시절에도  전직의 꿈을 꿀 때 계획에 포함시켜야만 하는 것들에서 시작해보자.

만약 당신이 인습적이라 할 수 있는 성향을 가지고 있다면, 당신은 다운시프팅을 하면서 앞으로 아직 잘 모르는 지역으로 떠나지만, 그 지역에 관해 도움이 되는 지도를 한 장 손에 쥐고 갈 것이다. 거기에는 중요한 교차로, 주유소, 정비공장과 같은 길 주변의 많은 유용한 경유지들이 기입되어 있다. 반면에 당신이 새로운 직업을 구하고 또한 어쩌면 자립하려는 계획을 가진 사람이라면, 완전히 낯선 지역으로 탐방을 떠날 것이다. 당신이 가는 길이 어떤 곳이 될지 흥미롭기도 하지만, 훨씬 더 불안한 것도 사실이다. 당신이 이제 제기해야 할 첫 질문은 다음과 같은 것이다. 고용주를 바꾸는 것뿐 아니라 내친김에 전직을 하는 것까지 숙고해야 할 시점으로는 언제가 적당할까?

당신이 완전히 새로운 직장에 기반을 잡는 일이 반드시 쉽지만은 않을 것이라는 사실은 전직에 불리해 보인다. 특히 당신의 원래 의도가 직업에서 오는 부담을 줄이려는 것일 때는 말이다. 그러나 당신이 마음에 들지 않는 직업을 그만두고 이미 오래전부터 꿈꾸던 직업을 선택할 때 틀림없이 발산하게 될 정열은 전직에 유리해 보인다.

다시 말해서 당신의 다운시프팅 계획을 세우는 과정에서 완전히 새로운 직업을 선택하는 것은 흥미진진하면서도 위태로운 줄타기가 될 것이다.


▶ 테스트

당신의 성찰은 당신의 앞으로의 금전 상황에 대한 단순하지만 결정적으로 중요한 질문으로 시작된다.


① 유사시에 사용할 수 있는 준비금이 거의 없거나 전혀 없는가, 아니면 오히려 빚이 있는가?
② 부양해야 할 자녀들, 가족들 혹은 부양자들이 있는가?


▶ 진단

만약 한 질문 혹은 두 질문 모두에 '그렇다' 고 대답했다면, 결론은 '조심하라' 는 것이 될 수밖에 없다. 당신은 전직을 할 때 위험에 처하게 될 가능성이 꽤 높다. 이 경우에도 가장 우선적이고 중요한 조처는, 당신이 4장에서 정한 기본적인 수입을 앞으로 어떻게 그리고 무엇으로 확보할 것인지 점검해보는 것이다.

전직을 하는 것 외에는 다른 대안이 없다면, 조언은 이런 내용이 된다. 다른 대안을 찾는 동안만이라도 경제적으로 견뎌낼 수 있기 위해서는 당신의 '첫 직장 생활' 때 습득한 핵심 역량을 활용하고, 당신의 옛 고용주가 이것을 받아들일 수 있는지 알아보라.

종종 그냥 잊고 지나가버리는 또 다른 선택권은 회사 내에서 업무를 바꾸는 것이다. 한 회사 내에서 서로 다른 활동과 업무 영역을 오가는 것은 일반적으로 생각하는 것보다 훨씬 더 자주 요구되는 일이다. 일단 이전에 맡은 업무와 일정한 거리를 유지하고 나면 사장과 직원 관계, 혹은 직장과 당신 자신의 관계가 아주 현저하게 바뀔 수 있다는 사실도 유념해야 한다. 그리고 그것이 사실 언제까지나 그렇게 지속되는 것은 아니라는 사실도 유념해야 한다. 이러한 경우에도 다시 적극적인 태도를 취하고 사장에게 구체적인 제안을 제시해야 한다.

만약 이것이 현실적인 대안이 되지 않는다면, 당신의 다운시프팅 계획에서 이제 첫 심각한 도전이 이어진다.

마케팅 매니저인 시몬은 여러 가지 면에서 운이 좋았다. 그는 자신의 장점(대화에 능숙하고, 사람들을 상대하는 데 즐거움을 느낀다)을 잘 알고 있었다. 그리고 자신의 두 번째 직업 활동

을 준비하기 위해 회사에서 쌓은 기존의 인적 관계를 활용할
수 있었다. 그의 목표는 공익단체에서 기부금 상담자로서 마
케팅이나 홍보 업무에 종사하는 것이었다. 그 일을 하기 위
해 많은 돈이 드는 연수 세미나를 받을 필요는 없었다. 그리
고 업무상으로 이루어놓은 다양한 인적 관계 덕분에 몇 달
지나지 않아서 어느 대형 은행이 설립한 재단에서 근무할 수
있었다. 또 하나의 유리한 점은 옛 고용주가 그에게 유예 기
간을 주었는데, 그 기간 동안 그는 금전적으로 안전을 기하
기 위해 계속 정식 직원으로 남게 되었다. 이렇게 해서 이 남
자는 별다른 위험 부담 없이 새로운 기회와 새로운 활동 분
야를 찾아낼 수 있었다.

▶ 시몬의 다운시프팅 조언

인내심, 그리고 좌절을 견뎌낼 수 있다는 의지 없이는 성
공할 수 없다.


## 미리 전직을 준비하기


의미 깊게 꾸며진 새로운 생활을 추구하는 많은 사람들은 그것
을 전직과 결부시키려 하며, 많은 사람들이 또한 그것을 지극히 성
공적으로 해냈다. 당신이 전직을 위한 재교육을 받고 있든, 아니면

그저 오랫동안 가꾸어온 취미를 생업(부업)으로 바꾸고 싶어 하든 상관없이, 우선 당신이 상세하게 검토해야만 하는 두 가지 질문이 있다.

- 당신의 능력, 그리고 전문적인 역량으로 육성하고 싶은 숨겨진 소질은 정확히 어떤 것인가?
- 시장성은 어떻게 전망되는가? 구체적으로 말해서 그것으로 어디서 어떻게 돈을 벌 수 있는가?

첫 번째 질문과 관련된 사항은 다음에 나오는 열 가지 분석을 읽어 보면 훨씬 더 명확하게 이해할 수 있다.

## 1. 직업상의 꿈을 정하라

처음에는 가장 단순한 질문이 나온다. 당신은 어떤 직업을 가지고 싶은가? 이 주제와 관련하여 머릿속에 떠오르는 모든 것, 모든 꿈, 소망 그리고 목표들을 적어두도록 하라. "그것으로 나는 특별히 돈을 잘 벌 수 있어", 혹은 "그것으로 전혀 돈을 벌 수 없는 것이 확실해"와 같은 생각과 논리는 배제하도록 하라. 지금은 아주 간단히 말해서 당신에게 기쁨을 주고 성취감을 주는 것이 어떤 것인지 알아내는 것만 중요하다.

고속도로를 달리는 자동차를 생각해보라. 당신은 앞으로 어떤 자동차를 타고 다니고 싶은가? 카브리오, 콤비 혹은 지프? 아니면 자전거로 갈아타고 싶은가? 어떤 생각도 회피할 필요가 없다. 특히 우리가 하고 싶은 일들을 숙고해보는 것은 처음에 생각했던 것보다 훨씬 효과적이다. 그래서 가끔 아주 기발한 직업 활동이 장기적이고 무엇보다 충분한 수입원이 되기도 한다. 하지만 이 단계에서 아직 어떤 특정한 차종을 확정해서는 안 된다. 그것은 당신이 다음에 직장을 구할 때 선택의 폭을 제한할 수도 있기 때문이다. 그러므로 당신이 콤비 자동차로 바꾸고 싶다면, 이 단계에서는 그것이 폴크스바겐이든, 다이믈러 벤츠든 혹은 볼보든 상관없다. 목표를 정하는 것이 중요한 것이다.

이제 떠오르는 모든 생각들을 글로 기록해두고, 마지막에는 당신의 희망 직업 톱 5를 정하도록 하라. 다섯 가지가 되지 않더라도 상관없다. 그러나 선택의 여지가 넓을수록 또한 당신이 멋지게 실행할 수 있는 직업을 발견할 확률도 높다. 물론 어떤 사람이 완전히 서로 다른 다섯 가지 혹은 그 이상의 희망 직업을 가지고 있을 개연성은 없다. 그러나 어쩌면 당신에게 등급이 다른 희망 직업들이 있을지도 모른다. 예술 활동 분야에서 예를 들어 예술 직종이 제공하는 온갖 가능성과 틈새시장이 있음에도 모두 다 위대한 화가가 될 필요는 없는 것이다.

## 2. 당신의 장점들이 어떤 것인지 규정하라

당신의 과거를 한 번 돌이켜보고, 자신의 직업 외에 혹은 그것과 병행하여 지금까지 했던 일들을 생각해보라. 학창 시절 이래로 익히고 수행했던 모든 능력들을 목록으로 작성하라. 정말로 모든 것, 취미와 사회활동도 모두 말이다. 이 목록에서 당신이 내면적으로 가장 만족스럽게 느끼는 것을 다섯 가지 고르도록 하라. 기분 좋은 느낌이 드는 원인은 정확히 무엇이었나? 모든 활동 하나하나에 대해 그것을 기록하도록 하라. 여기서 완전히 서로 다른 사실들이 드러날 수 있다. 가령 당신이 이전에 손이나 머리를 이용해서 일했다는 사실. 당신이 매일 검증할 수 있는 성과를 올리는 것을 목표로 했거나, 지독히 오래 걸리는 프로젝트에 매달렸다는 사실. 당신이 야외에서 육체노동을 했다는 사실. 당신이 이전에 신념이 투철한 단체의 회원이었다거나, 혹은 전혀 그렇지 않았다는 사실. 그 이유는 다양하며, 그것들을 아주 명료하게 밝히는 것이 중요하다. 그것들을 분석하는 데 다음과 같은 질문들이 도움이 될 것이다.

- 특별히 기분 좋게 느꼈던 것이 비물질적인 것(생각)을 다루는 것이었는가, 아니면 물질적인 것(재료)을 다루는 것이었는가?
- 그때 당신은 사람들과 교제하였는가? 당신은 어떤 그룹의 일원이었는가, 아니면 당신 혼자였는가?
- 당신은 기한이 정해진 상태에서 혹은 심지어 재촉을 받으면서 특별히 생산적이고 만족스럽게 일했는가, 아니면 그와 정반대였는가?

이러한 것들을 살펴봄으로써 당신이 지금껏 살아오면서 특별히 즐겨 했던 것이 무엇이었으며, 왜 그것을 즐겨 했는지 눈앞에 생생하게 그려볼 수 있을 것이다. 당신의 장점 톱 5 목록을 만들어라. 당신에게 이전부터 특별히 만족스러운 느낌을 주었던 그런 능력과 직업상의 열정 말이다!

### 3. 현재의 직업 노하우를 명확히 규정하라

어쩌면 당신의 현재 직업은 지금 당신이 여기고 있는 것만큼 그렇게 나쁘지는 않을지도 모른다. 회사가 파산에 직면해 있고, 사장은 무능한 사람이며, 당신은 카피라이터가 되고 싶었는데도 철판에 구멍을 뚫어야만 하는 신세가 되었다 하더라도 — 당신이 현재 직업에서 얻어낸 무엇보다 소중한 능력들이 있다. 당신은 그것으로 돈을 버는 것이다.

이러한 능력들은 전망이 어떤가? 비록 당신이 오페라 가수의 꿈을 품고 있다 하더라도, 당신은 직장에서 판매직원으로 일하면서 어쩌면 구매하는 데 필요한 유용한 노하우와 또 협상 수완도 얻었을 것이다. 당신이 현재 보유한 다섯 가지 장점들을 명확히 밝히도록 하라!

### 4. 합치점들을 찾아라

이제 복합적인 것을 다룰 차례다. 당신의 희망 직업 톱 5의 목록을 '옛' 장점들 그리고 현재의 직업 노하우와 비교해보라. 그 결과를 세 칸으로 나누어 대조하라.

우선순위는 물론 첫째 칸, 당신의 희망 직업에 있다. 이제 비교를 해보도록 하라. 어디에 가장 큰 합치점이 있는가? 어디에서 합치되지 않는 점들이 나타나는가? 거기서부터 시작해야 한다. 어떤 꿈이 과거와 현재의 장점과 능력에 가장 잘 어울리는가? 어쩌면 당신은 당혹해하고 있는지도 모른다. 처음에는 아직 엄밀하게 정해지지 않은 희망 직업들이, 즉 진정한 직업상의 목표들이 많은 부분에서 과거와 현재의 특별한 관심과 장점들과 일치하는 것이다.

## 5. 과거에 싫어했던 점을 확인하라

안전을 기하기 위해 이제는 대응책이 나온다. 당신의 인생에서 지금까지 가장 불쾌했던 그런 활동들을 가지고 이제 앞에서와 똑같이 해보라. 당신이 왜 그것들을 불쾌하게 여겼는지 그 이유를 나열하는 것을 포함해서 말이다. 왜냐하면 정말로 어떤 위험도 겪지 않기 위해서는 당신의 장점과 소망 외에도 당신이 앞으로 확실히 하고 싶지 않은 것이 무엇인지도 마찬가지로 정확하게 규정해야 하기 때문이다.

## 6. 현재 직장에서 일어나는 바람직하지 못한 점들을 규정하라

당신의 현재 직장에서 가장 마음에 들지 않는 모든 것들의 일람표를 작성하라. 가장 나쁜 다섯 가지를 골라서 이 점들이 실제로 당신의 직업과 얼마나 심각한 연관이 있는지 질문해보라. 만약 예를 들어 당신에게 근본적으로 재량권이 너무 적게 위임된다는 사실이 마음에 들지 않는다면, 그 원인은 당신의 직업과는 별 관계가 없을 것이다. 어쩌면 이 경우에는 간단히 동종업계 회사로 옮기는 편이 효과적일 것이다. 이 주제는 다음 장에서 다룰 것이다.

다음과 같은 질문들이 당신이 싫어하는 점들을 확인하는 데 도움을 줄 것이다.


- 당신은 근무 조건 때문에 불편한 기분이 드는가? 이것은 예를 들어 근무 시간과 관련된 것일 수 있다.
- 혹시 당신 마음에 들지 않는 것이 단지 당신이 근무하는 장소인가? 아니면 회사 분위기인가?
- 그리고 마지막으로, 불만의 원인이 혹시 당신의 가치관을 실현할 수 없다는 데 있는가? 도덕적인 문제가 있는가?


다르게 표현하자면, 당신이 현재 타고 다니는 자동차에서 어떤 점이 마음에 들지 않는가? 모델 전체가 마음에 들지 않는가? 당신은 콤비 자동차가 필요한데도 그것이 쿠페라는 사실 때문인가? 높은 소모품 비용 때문인가, 아니면 혹시 교활한 딜러가 감언이설로 속여서 구입하게 만든 사치스러운 알루미늄휠 때문인가? 그것을 적어두도록 하라.


## 7. 부정적인 것 톱 5 목록을 정하도록 하라

이제 당신이 과거에 항상 느껴왔던 싫어하는 점들을 현재의 직장 생활에서 없애고 싶은 모든 것들과 비교해보도록 하라. 당신이 앞으로 어떤 일을 하더라도, 그것이 이 분석에서 열거된 싫어하는 점들과 충돌을 일으키지 않도록 유의하라.

## 8. 유용한 방책과 함정을 눈에 띄게 표시하라

다시 당신의 목표를 정하는 것으로 돌아가 보자. 우선 당신의 새로운 희망 직업을 얻게 될 도정을 가능한 한 정밀하게 눈앞에 그려보자. 당신의 목표에 도달하는 데 어떤 것이 당신에게 도움이 되고, 어떤 것이 방해가 될 것인가? 그것을 오늘부터 시작해서 당신의 새로운 직업에 매진하는 날까지 연대순으로 기록하라. 유용한 방책은 많을수록 더욱더 좋다. 그것은 당신이 일을 하면서 이용할 수 있는 유용한 교류관계, 연수, 세미나, 혹은 한동안 받지 못하는 봉급을 대신 채워줄 배우자가 될 수도 있다. 직업교육이나 자격 요건 부분에서 당신에게 상당히 부족한 점이 있다면, 우선 이 부족한 점이 실제로 얼마나 되며, 그것을 실무에서 얼마나 빨리 그리고 쉽게 메울 수 있는지 확인해야만 한다. 이러한 조처를 취하는 데 다음 10장이 도움을 줄 것이다. 거기서 당신은 '다운시프팅에 도움이 되는 직장'을 구하는 방법을 배울 것이다.

함정과 방해 요인들은 대부분 시간적, 금전적, 혹은 사회적인 요인들이다. 예를 들어 진작부터 한번쯤 외국에 나가서 근무하고 싶어했다면, 자녀들이 학교에 다녀야 한다는 사실이 하나의 방해 요인이 될 수 있다. 혹은 '모든 관계를 단절하고 홀로 외롭게 지낼 수 있을까?' 하는 걱정도 방해 요인이 될 수 있다. 이러한 경우에는 잘 조직된 한국인 공동체와 한국인 학교가 있는 도시에서 지내는 것을 고려해보는 것도 도움이 될 것이다. 이미 당신과 같은 새로운 전입자들을 위한 유용한 교류망이 갖추어진 도시를 포함해서 말이다.

유용한 방책과 방해 요인을 서로 대조해보라. 어떤 점이 서로 상쇄되는가? 혹시 어떤 점이 기본적으로 비현실적인 꿈을 단념하는 편이 더 나을 정도로 중요해 보이는가? 이때 중요한 것은 방해 요인들 때문에 당신의 다운시프팅 계획을 연기하거나 중도에 포기해서는 안 된다는 점이다. 우선 방해 요인들을 어떻게 하면 제거할 수 있을지 골똘히 생각해보라. 그리고 당신이 원하는 것이 결국 실행할 수 없는 것으로 판명된다면, 당신이 올바른 방책을 이용해서 문제없이 성취할 수 있는 두 번째 직업상 목표가 어쩌면 그것을 대신하게 될 것이다.

## 9. 결과를 당신의 금전 상황에 맞추도록 하라

당신의 수입과 관련하여 당신이 앞으로 어느 정도 좌절을 겪을 가능성이 약간은 있다. 적어도 초기에는. 따라서 그 다음 과제는 4장에서 이미 정한 재정 상태를 당신이 새 직장에서 벌어들일 것으로 예상하는 수입과 비교하는 것이다. 이때 당신은 어쩌면 교통비, 외식비, 의복비와 같은 직업과 관련된 몇 가지 항목들이 앞으로는 삭제될 수도 있다는 사실을 고려해야 한다. 그리고 일이 줄어들고 '스트레스에 시달리지 않는' 직장에 다니면 당연히 비용이 많이 드는 휴가, 외식, 건강을 위한 주말 계획과 같은 스트레스에 대한 보상 비용도 덜 필요로 하게 된다.

말하자면 이것은 몇몇 불확실한 점들이 포함된 계산이다. 좀 더 확실한 계산을 위해서는 당신이 앞으로 하고 싶어 하는 일을 하고 있는 사람들과 정보를 교류하는 것도 좋다.

## 10. 앞날을 생각하라

이제 당신의 다운시프팅 꿈을 새로 정해진 희망 직업과 결합시켜야 한다. 이때 되도록 많은 세부 사항으로 나누어 앞으로 3년에서 5년이 지나면 어디서 어떻게 살고 있을지를 상상해보라. 이 모습이 당신이 앞으로 대하게 될 비전이다. 당신은 이 비전을 앞으로 세우게 될 많은 계획들과 함께 여러 세부적인 단계들로 나누어 실행하게 된다. 여기서 시기 문제를 다시 한 번 강조해야 할 것이다. 전직을 위해서는 최소한 반년 정도는 준비해야 한다. 물론 그 기간은 당신이 앞으로 극복해야만 하는 장애에 따라서 달라지기도 한다.

이제 마지막으로 전직 계획을 세울 때 주의해야 할 한 가지 사항을 언급할 것이다. 당신의 결점들을 가려내거나 제거하려고 하지 마라(특히 다운시프팅에 관한 문제일 때는). 그 반대로 하는 것이 훨씬 더 성공할 가능성이 높다. 단점을 없애려고 하기보다는 장점을 발전시키도록 하라. "직장에서 나는 영업 능력이 너무 형편없었어 — 앞으로는 영업 능력을 끌어올리도록 훈련해야겠어!" 이러한 생각을 기반으로 하는 다운시프팅 계획은 당신이 이전의 부담에서 벗어난 더욱 풍요로운 생활이라는 목표에 더 가까이 다가가는 데 적절하지 못하다. 그렇게 하지 말고 앞으로는 전적으로 당신의 장점에 기대를 걸도록 하라! 위의 열 가지 분석의 진정한 의미는 이런 것이다. 당신의 소질을 찾아내고 철저하게 발전시켜야만 앞으로 직업상으로 더 많은 성공을 거둘 뿐 아니라, 또한 당신이 하는 일의 참뜻을 깨닫고, 그렇게 해서 아마 훨씬 더 기분 좋고 행복해질 것이다.

이 장의 마지막에 와서 당신은 당신의 옛 직장에서 계속해서 일할 수 있을 것인지, 그렇다면 어떤 식으로 할 수 있을 것인지, 아니면 완전히 새로운 활동 분야를 개척하는 것이 다운시프팅 계획의 일부가 될지 명확히 깨달았을 것이다. 그리고 당신은 그것이 어떤 종류의 직장이 될 것인지 알았을 것이다. 콤비 자동차든, 스포츠카든, 캠핑카든 상관없이, 당신은 앞으로 무엇을 탈 것인지 명확한 생각을 가지게 되었다. 이러한 소망을 이룰 수 있는, 즉 당신의 생각에 맞는 직장을 구할 수 있는 기회는 어려운 시절에도 있기 마련이다.

# 제 10 장

# '다운시프팅에 도움이 되는' 새로운 직장

이제 약간 기분 좋은 일, 즉 앞날에 관해 이야기할 것이다. 그러니까 당신은 직장을 구하고 있다. 그리고 이 직장에서 하는 일은 당신이 이전에 빠져들었던 그런 판에 박힌 일들 중 하나가 되어서는 안 된다. 이전에 당신은 지쳐 쓰러질 정도로 일하고 결국에는 다시 해고당하거나, 아니면 1년 후에 좌절해서 "이제 정말로 좀 바꿔봐야겠어" 하고 결심할 뿐이었다.

어떤 생각이 머리에 떠오르든, 구직은 창의력과 유연성을 요구한다. 이것은 거의 모든 구인광고에서 볼 수 있는 아주 애매모호한 개념들이다. 그러나 이 개념들은 바로 잘 알려진 정보 원천을 충분히 이용하는 것뿐 아니라, 무엇보다 아무도 가지 않은 새로운 길을 떠나는 것도 의미한다. 구체적으로는 이런 의미다. 우선 당신이 바라는 장래의 직장, 당신의 앞으로의 활동 분야에 관해 되도록 많은 정보들을 수집하라. 이때 가장 중요한 정보원은 책이 아니다. 그리고 업종 연합회와 공공기관들도 그리 중요하지 않다. 가장 중요한 것은 사람이다. 당신이 직장을 구하는 분야에서 이미 일하고 있는 직접적인 접촉 대상자인 것이다! 새로운 직업에 대한 생각은 부정확하며 환상으로 가득 차 있는 경우가 빈번하다. 바로 그런 생각을 버려야 한다. 왜냐하면 충분한 정보와 열성적인 '시장조사'의 기반 위에서만 당신은 성공을 기대할 수 있기 때문이다.


## 직장 첩보 활동 I


정보를 얻는 지름길은 일단 개인적인 접촉을 하는 것이다. 이러한 관점에서 조금이라도 중요하다고 여겨지는 모든 사람들과 접촉하라. 우선 당신이 알고 있는 사람들에게 집중적으로 물어보도록 하라. 다른 회사에 다니는 지인들은 대부분 어디에 일자리가 있을지, 언제 새로운 자리가 빌지 가장 먼저 알기 때문이다. 그리고 그들은 대부분 어떤 분야에서 기업들이 업무를 외부에 맡기는지도 상세히 알고 있다.

사람들과 접촉을 할 때 당신이 앞으로 직장을 옮길 계획이 있으며, 확실한 정보를 찾고 있다고 솔직히 얘기하라. 단 한 가지 예외가 있다면, 구직과 관련된 일이라는 것을 알아채면 재빨리 말을 가로막는 인사 담당자들에게는 그런 사실을 말하지 마라. 그리고 엉뚱한 심리적 압박감을 버리도록 하라. 거의 대부분 사람들은 우리가 그들에게 직업에 관해 물어보면 그것이 긍정적인 체험이든 부정적인 체험이든 상관없이 정보를 알려주는 것을 무척 좋아한다.

이 대화를 미리 철두철미하게 준비해야 한다. 새로운 일자리에서 얻고 싶어 하는 긍정적인 효과를 미리 숙고하고 그 결과를 적어놓도록 하라. 여기에는 두 가지 분야가 관련되어 있다.

- 당신은 내용과 관련하여, 말하자면 창의력을 발휘할 수 있는 가능성과 개인적으로 일을 편성할 수 있는 가능성과 관련하여 무엇을 기대하는가? 개인의 발전 전망은 어떻게 보이는가?
- 외적인 조건과 관련해서는 당신은 어떤 것을 기대하는가? 당신이 알아야 하거나 누군가가 설명해주기를 바라는 회사 나름의 특별한 관례들이 있는가?

이때 지난 장에서 당신의 희망 직업을 분석한 결과가 당연히 이러한 성찰 속에 함께 포함되어야 한다.

당신은 혹시 과거에 세제와 비듬 방지 샴푸와 같은 평범한 소비재를 판매해왔기 때문에 실망을 느끼고, 따라서 좀 더 정신적인 품위가 있는 직업 분야로 옮기려 하고 있는가? 그렇다면 그린피스나 국제사면위원회 같은 인도주의적 단체들에서도 — 적들에 대항해서뿐 아니라, 내부의 목표 설정과 관련해서도 — 격렬한 투쟁이 벌어진다는 사실을 알고 나면 아마 깜짝 놀랄 것이다. 따라서 앞으로의 대화에서는 예상되는 새로운 직장과 해당 업무 분야에 대해 되도록 많이 알아내는 것이 중요하다. 하지만 당신이 당신의 접촉인물들을 직접 만나든, 아니면 전화나 이메일을 통해 그들과 연락을 하든 관계없이, 그 시간을 대화 상대방을 배려해서라도 약 반시간에서 한 시간 사이로 제한해야 한다.

그 외에도 대화 상대를 만날 때마다 한두 명의 다른 인물들을 더 알려줄 수 있는지 물어보도록 하라. 이런 식으로 하면 금세 당신은 새 출발을 준비하는 데 아주 큰 도움이 되는 소규모의 네트워크를 만들어낼 수 있다. 종종 이러한 상담을 진행하는 과정에서 벌써 취직(전직)을 할 수 있는 기회가 생길 수도 있다. 또 하나의 기분 좋은 부수효과는 몇 번 만나지 않더라도 당신 자신이 전문분야에 폭넓은 지식을 갖추고 있는 소식통과 같은 인물이 된다는 사실이다. 당신은 그 결과 아무리 최신의 전문서적도 전해줄 수 없는 역량을 키우게 된다. 그리고 그것을 통해 당신은 다시금 다른 사람들에게 흥미로운 인물이 되는 것이다.

따라서 당신은 예상되는 앞으로의 활동 분야에 대한 명확하고 상세한 정보를 갖추어야 할 것이다. 특히 직장뿐 아니라 직업도 바꾸고 싶다면, 그 희망 직업이 이러한 현실성 테스트를 통과한 후에 전직에 착수하는 것이 좋다.

## 직장 첩보 활동 II

세 가지에서 다섯 가지의 아이디어와 다섯에서 열다섯 개의 회사들이 확정되면, 당신이 간절히 원하는 각 대상의 사정을 알아내는 데 착수한다. 인터넷과 기업 데이터베이스를 샅샅이 검색하고, 직능 단체들과 경쟁사들에게 전화를 하고 판매원과 고객들에게 의견을 물어서 제품의 다양성과 서비스를 꼼꼼히 살핀다. 자신이 좋아하는 회사를 세밀하게 조사하고 심지어 그 회사에 당신이 개인적으로 상의할 수 있는 사람이 알아봐라. 개인적인 추천이 가장 효과적이기 때문이다. 인사 전문가들은 전체 취직 알선의 30퍼센트가 개인적인 연줄을 통해 이루어진다고 추정한다. 그렇지 않을 경우 당신의 통로는 겨우 콜센터를 거치는 정도가 될 것이다.

이제 느닷없이 용건을 꺼내지 않는 것이 매우 중요하다. 가장 큰 실수는 "저는 실직 상태고 간절하게 직장을 구하고 있습니다"라고 말하는 것이다. 좀 더 세심하게 상대방을 끌어들여야 한다. 가령 이렇게 말하는 것이 좋다. "저는 지금 제 직업상의 앞날에 관한 계획을 세우고 있는 중이며, 여러 가지 생각을 가지고 있습니다. 그 점에 관해 전문가이신 당신과 얘기를 나누고 싶습니다." 자신을 청원인이나 거만한 슈퍼맨이 아니라 전문지식을 갖춘 문제 해결사인 것처럼 소개하라. 당신과 마주 앉아 있는 인사부장이나 사장은 '이 지원자가 회사에 어떤 이득을 가져올 것이며, 얼마나 믿을 만한 인물인가?' 하고 따져볼 것이다.

또한 다운시프팅에 대한 의지도 숨겨서는 안 된다. 하지만 오후에 사무실에 앉아 있는 대신 낚시를 가는 것을 더 좋아하는 기분파 흉내를 내는 것은 반드시 피하도록 하라. 힘든 직장 생활과 삶의 기쁨을 (거의) 완벽하게 조화시킨 적극적인 사람으로 보이도록 해야 한다. 자신의 다양한 직업 외 활동들을 직장과 탁월하게 조화시키고, 그렇게 해서 회사에 도움이 되는 수많은 시너지 효과도 얻어내려고 노력하는 사람으로 보이도록 말이다. 과장된 것이라고? 웃지 말기 바란다. 이것이 바로 당신의 장래 목표다.


## 우회로를 거쳐 희망 직업으로


접할 수 있는 모든 정보원을 활용하는 사람만이 이상적인 직장을 발견할 수 있다. 그리고 스스로 주도해 나가는 사람만이 자신의 직장 생활을 더 멋지게 변화시킬 수 있다. 따라서 기본적으로는 자신이 바라는 바를 추구하고 외적인 변화를 받아들일 뿐 아니라 적극적으로 꾸미려는 용기가 필요하다.

그러므로 필요에 따라서는 타협을 할 각오도 되어 있어야 하며, 당신이 이전에는 무시했던 직업 분야와 활동 영역에도 눈길을 돌리도록 해야 한다. 그런 분야들은 틀림없이 있다. 그 이유는 모든 것이 순조롭게 진행되고 사람들이 직장에서 모든 실력을 충분히 발휘할 수 있을 때, 특정한 회사나 직업 분야를 너무 성급하게 떠나버리는 경향이 있기 때문이다. 그들은 "나에게는 너무 따분해", 혹은 "만성적인 위험 분야야 . 아무런 비전이 없어"라는 논리를 편다.

따라서 두 가지 중요한 조언이 필요하다. 우선 직장을 구할 때 유명한 대기업과 브랜드 상품 생산업체만 노릴 것이 아니라, 중소기업도 면밀히 살피도록 하라. 두 번째로, 바로 위기를 맞고 있는 직업 분야에서는 종종 완전히 새로운 일자리와 상담 수요가 생겨난다는 사실을 명심하라. 그것을 가장 잘 보여주는 사례가 건강산업 분야다. 병원에서뿐 아니라 건강 클리닉, 양로원과 구호시설에서도 자주 기술, 경영 혹은 마케팅 전문지식을 갖추고 있는 전문인력들을 필요로 한다. 특히 전문분야와 관계없는 사람들이 이 새로운 일자리에서 자격을 취득하는 경우가 드물지 않다.

예를 들어 저널리즘과 미디어 분야의 경험을 갖춘 사람이 마케팅, PR, 광고의 폭넓은 분야에서도 성공적으로 취업을 할 수 있다. 말하자면 신선한 아이디어를 가진 문제 해결사로서 말이다. 그러므로 당신의 새 자동차가 당장 꼭 마음에 드는 색상이 아니라고 해서 너무 성급하게 거절해서는 안 된다. 모든 직장이 당신의 다운시프팅 계획을 위한 수단, 당신의 목표에 한발 더 다가가게 해주는 퍼즐의 한 조각이 될 수 있다. 따라서 자신이 구하고 있는 직업 분야와 전혀 관계없어 보이는, 첫눈에 마음에 들지 않는 채용공고도 가능성을 열어두고 눈여겨봐야 한다.

올바로 착수하고, 용기와 열정이 있다면, 우회로도 목적지로 데려다준다. 벤야민의 경우가 그렇다. 이 학위를 마친 엔지니어는 독일의 어떤 대형 건축회사에서 급격한 승진을 해서 그 회사의 최고위층에까지 올라갔다. 그러나 건축 분야의 경직된 구조와 장기적 불황은 그를 좌절시켰으며, 그는 더 이상 가망이 없다고 생각했다. 이 44살의 남자는 갑작스럽게 인력 서비스 업체에 취직을 했고, 이 업체는 세계를 두루 돌아다니며 일시적인 인력 부족을 극복하기 위한 매니저들을 소개했다. 그 덕분에 벤야민은 완전히 자유롭게 생활할 수 있었다. 그는 자신의 마음에 드는 임무만 받아들였다. 보통 3개월에서 6개월 걸리는 이 프로젝트들이 하나씩 끝나고 나면 그는 몇 주의 휴식 기간을 가졌다. 그 기간 동안 그는 재충전을 하고 가족들을 보살폈다. 그리고 오래된 젊은 시절의 꿈을 이루고 시나리오를 썼다. 그의 최초의 조그만 성과는 이런 것이다. 임시직 일거리를 하는 동안 그는 영화 배급회사의 어떤 사람을 알게 되었고, 그 사람은 그에게 영화 산업이 어떻게 돌아가는지에 대해 몇 가지를 알려주었다. 그리고 그에게 첫 취직을 알선해줄 수 있었다.

▶ 벤야민의 다운시프팅 조언

활발하게 활동하고 곧장 앞으로 나아갈 수 없다 해도 포기하지 마라. 행복은 수많은 시도 끝에 얻어지는 것이다!

이제 간단히 요약해보자. 예술가가 되고 싶었던 사람에게는 미술관 업종에 근무하는 것이 전혀 해가 되지 않는다. 비록 회계 업무를 맡는다 하더라도 말이다. 이것은 제대로 된 채용공고를 기다리며 자신의 시간을 허비하는 것보다 더 유익하다.

이 모든 분석과 조사를 하면서도 당신은 물론 가장 중요한 질문을 결코 잊지 않았을 것이다. 그것은 "나는 앞으로 어떤 직종에서 일하고 싶어 하는가?" 하는 것이다. 이 질문에 스스로 명확한 대답을 할 수 있는 사람은 다운시프팅을 하면서 성공을 거둘 뿐 아니라, 자신의 경력이 올바른 방향으로 나아갈 수 있도록 하는 새로운 탄력을 얻는다.


## 목표 설정하기 : 구직 신청을 위한 조언


물론 이 책은 구직 안내서를 대신할 수 없으며, 단지 다운시프팅을 하고 싶어 하는 사람에게 직장을 구하는 데 도움이 되는 실마리를 제시할 수 있을 뿐이다.

하지만 다음 충고들을 명심해야 할 것이다. 당신의 직업 계획이 명확히 정해졌다면, 이 목표를 어떻게 이룰 것인지 규정하도록 하라. 그리고 이 계획을 세우는 과정을 체계화하고 극대화하는 데 사용되는 간단한 도표도 이용하도록 하라. 이른바 이 순서도에 당신의 주요 목표에 이르는 각 단계들을 기록하라. 각 단계들은 당신이 몇 주 안에 시작해서 성공적으로 실행할 수 있을 정도로 짧아야 한다. 예를 들어 다음과 같은 세부 목표들을 정하도록 하라.


- 구하려는 직업 분야에 근무하는 최소한 다섯 명의 사람들과 상의를 하고 열 번 접촉한다.
- 각 직업 분야의 사람들과 만날 때마다 당신의 지식이 눈에 띌 수 있을 정도로 정확하게 정보를 수집하고 있는 프로젝트나 회사를 선택한다.
- 어떤 특정한 프로젝트에 대한 구직 신청 서류들을 모아둔다.


어떤 비관적인 소문이나 어떤 부정적인 기사 제목에도 낙담하지 말아야 한다. 노동시장의 상황은 알려진 것만큼 그리 나쁘지 않다. 다시 말해서, 비록 실업률이 10퍼센트에 달한다 하더라도 아직 일자리를 가지고 있는 90퍼센트의 피고용인들이 있다. 그 외에도 특히 불황기에는 많은 기업들이 능력 있는 직원들을 융통성 있게 투입해서 경쟁력을 강화한다.


## 더욱 느긋하게 일하기


이 책은 일을 적게 하고 일에서 오는 압박감을 떨쳐버리려는 나무랄 데 없는 목표를 다루고 있다. 그렇기는 하지만 당신은 앞으로도 단지 몇 시간 동안이라도 사무실에서 지내야 할 것이다. 그것은 당신 생활의 다른 모든 측면들과 똑같이 생산적이고 만족스럽게 꾸며야 할 시간이다. 따라서 지금부터는 당신이 앞으로 더욱 느긋하게 일하고, 지난 시절의 과오를 되풀이하지 않으며, 직장에서도 더욱 사려 깊게 행동할 수 있도록 도와줄 몇 가지 충고를 할 것이다.

### 규칙 1

열심히 일하는 척하지 마라. 앞으로는 스스로 만들어내고 그렇게 해서 쓸데없는 분망함을 초래하는 모든 짓을 그만두도록 하라. 과장되게 꾸며서 바쁜 척하는 것은 일에 대한 스트레스를 받는 가장 나쁜 원일들 중 하나다. 구체적으로 말하자면, 더 이상 모든 회의에 참석할 필요가 없으며, 밤 8시에도 이메일을 점검하거나, 일에 대한 열성을 보여주기 위해 다른 부서의 골치 아픈 문제를 스스로 떠맡을 필요도 없다. 이러한 과잉 행동들이 당신의 핵심 업무에 집중하지 못하게 한다는 사실을 깨닫게 되면, 그것은 그 외에도 기분 좋은 부수효과를 불러온다. 그렇게 되면 당신은 자신의 업무 부담뿐만 아니라 동료들의 업무 부담도 덜어주며, 따라서 조직 전체의 부담도 덜어준다.

### 규칙 2

출세 바이러스에 대한 면역성을 길러라. 동료가 불안에 차서 당신의 출세에 대해 걱정하거나, 출세를 경솔하게 모험에 내맡긴다고 당신을 비난할 때, 귀머거리인 체하라. 이들은 대부분 오직 관례적인 편협함밖에 모르는 그런 사람들이다.

## 규칙 3

작은 성과에 기뻐하라. 어떤 일도 어려움 없이 그리고 힘들이지 않고 이룰 수는 없다. 특히 신경제 사회에서는 말이다. 모든 것이 쉽게 알 수 있는 방식으로 진행되고 곧바로 성공으로 이어지는 관례는 이미 오래전에 끝나버렸다. 이 사실은 생활 속에서 통용되며, 직장에서 주어지는 모든 임무에 더욱 잘 들어맞는다. 어느 날 어떤 프로젝트의 세 단계가 실패하고 네 번째 단계가 성공한 것으로 드러나면, 그것을 당신의 성과를 나타내는 척도로 받아들이라. 그리고 네 단계 모두가 실패한다 해서, 이전처럼 "재수 없군, 내일이 또 있으니까"라고 말할 필요는 없다. 오히려 "그러면 됐어. 오늘은 이 일이 끝이야. 앞으로 더 중요한 일이 있으니까!"라고 생각하라.

## 규칙 4

용기를 내라! 직업 안내서에 나오는 호의적인 충고들은 대부분 똑같은 결론을 내리고 있다. 용기를 가지고 남들의 압박에 굴하지 마라. 이것을 당신의 일상 업무에 연관시켜 보자면 이런 내용이 된다. 어떤 동료가 잠시 들러서 당신의 일을 방해하려고 한다면, 그를 다정하게 다시 문밖으로 데리고 가라. 당신 사무실 앞 복도에서 큰소리로 잡담이 벌어진다면, 문을 닫아버려라. 동료들이나 사장이 당신에게 원래 업무와는 전혀 관계가 없는 사소한 일들을 떠맡기려 한다면, 다정하게 그러나 단호하게 머리를 가로젓고 "안 돼요"라고 말하라. 필요한 경우 이 말을 메모지에 적어서 그것을 잘 보이도록 모니터나 전화기에 붙여두라. "죄송합니다. 저는 그것을 해 드릴 시간이 없습니다. 저는 이런저런 임무를 계속해야만 합니다." 만약 이 말이 소용이 없거나 상대가 화를 낸다면, 낮은 목소리로 "꼭 들어주고 싶은 부탁이지만 지금은 정말 아주 곤란하군요"라고 덧붙여라. 애매하게 들리는 이 변명이 거의 언제나 도움이 된다는 사실을 알게 될 것이다.

## 규칙 5

지나친 완벽주의를 버리도록 하라. 모든 영역에서 다른 사람들보다 더 뛰어나야 한다고 생각하는 것은 잘못된 믿음이다. 그렇게 하려고 애쓰지 말고, 자신은 그렇게 해야 한다고 고집하는 사람들을 불쾌하게 여기지 마라. 다시 말하자면, 세상은 복잡하고, 어느 누구도 모든 것을 다 할 수 있어야만 하거나 모든 것을 다 알아야만 하는 것은 아니다.

## 규칙 6

'누가 사무실에 가장 늦게 남아 있는가?' 하는 경쟁을 그만두라. 다운시프팅을 하는 사람들에게 가장 중요한 규칙들 중 하나는 '일이 끝나면 퇴근하라' 는 것이다. (적어도 초반에는) 퇴근 시간 후에 취소할 수 없는 개인적인 약속을 잡아놓는 것이 도움이 될 것이다. 당신의 배우자와 함께 집에서, 멋진 이성친구와 극장에서, 자기 혼자서 공원에서 보낼 약속 말이다. 그러고 나서 누군가가 물어보거나 당신을 붙들어두려고 한다면, 다음과 같이 대답하라. "저는 제여가 활동 매니저와 중요한 약속이 있습니다!" 혹은 "30분 후에 제휴직 신청과 관련하여 미팅이 있습니다!" 그것이 무슨 내용인지는 누구도 알 필요가 없다. 중요한 것은 그 말이 바쁜 것처럼 들리며, 그리고 이로써 당신은 사무실에서 '조금만 더 남아 있어'라는 집단 압력을 이겨낸다는 점이다. 이 압력은 특히 새로 들어간 직장에서 심하다.

## 규칙 7

정보의 홍수를 막아라. 개인 생활에 통용되는 것은 직장 생활에서도 잘 들어맞는다. 어떤 사람도 이제는 매일 우리들에게 밀어닥치는 중요한 정보들을 모두 다 걸러낼 수 없으며, 더더구나 처리할 수도 없는 것은 물론이다. 그러므로 그것을 막기 위한 제방을 쌓으려고 노력하라. 이미 과거에 소용없는 것으로 드러난 것을 가려내고, 해당 서비스나 뉴스레터를 직접 읽는 대신 같은 업종에 있는 동료들이나 친지들에게 가장 최근의 새 소식들을 물어보도록 하라. 이렇게 하면 당신은 중요한 정보들을 가려내기 위해 시간을 허비하는 일을 하지 않아도 된다.

## 규칙 8

평소와 다름없이 일하라. 이 말은 얼핏 역설적이고 지금까지의 모든 규칙들과 모순되는 것처럼 들린다. 이 규칙은 회사에서의 업무 활동뿐만 아니라 그와 관련된 모든 것에 적용해야 한다. 이 말은 '업무는 방해받아서는 안 된다' 는 뜻이다. 시간을 정확히 지키고, 신뢰감 있고 공정해야 한다. 그리고 사람들이 당신에게 기대하는 바와 같이 일정한 질을 유지하도록 유의하고 흠잡을 데 없이 계속해서 일하라. 모든 미팅이 있을 때마다 맨 먼저 회의실 앞에 서 있을 필요는 없지만, 불필요하게 너무 늦게 나가서도 안 된다. 사장과 동료들에게 다운시프팅이 당신의 개인 생활뿐 아니라 또한 직장 생활에도 긍정적인 활력을 불어넣는다는 사실을 보여주라.

## 규칙 9

전도사가 되겠다는 생각은 버려라. 일하는 데만 적용될 뿐 아니라, 특별히 중요하기도 한 한 가지 규칙이 있다. 다른 사람들에게 당신의 다운시프팅 계획을 완고하게 설득하려고 하지 마라. 물론 사람들이 당신에게 자신의 목표를 물어볼 때 기꺼이 알려주는 것은 별개 문제다. 반면에 회개하지 않는 사람들에게 자신의 생각을 열성적으로 전도하는 것은 금방 고통스럽고 불쾌한 일이 되며, 아마도 동요를 일으키게 될 것이며, 그것에 대해 당신의 사장도 탐탁하게 여기지 않을 것이다.

**제 11 장**
# 창업자들의 함정

이제 우리가 다루려고 하는 또 하나의 시나리오는 이런 것이다. 당신은 더 이상 이런 식으로 계속 지낼 수는 없다는 것을 알고 있다. 현재의 직장이나 사장 모두 마음에 들지 않는다. 이제 완전히 새로운 어떤 일을 시작해야만 한다. '자기 사업을 하는 것이 왜 안 되겠어?' 당신은 이렇게 생각한다. '독립을 해서 마침내 나 자신의 하루, 나만의 시간, 나 자신의 미래를 자유롭게 사용해야지.'

잠깐만…… 여기서 당신은 일단 멈추어야만 한다. 만약 당신이 어떤 식으로든 정말로 독립할 계획을 세웠다면, 당신의 다운시프팅 계획은 옛 고용주에게서 시간제나 프로젝트 일자리로 일하는 데 합의한 사람과는 다르게 진행될 가능성이 매우 높다. 실제로 개인 사업은 다운시프팅을 원했던 많은 사람들을 너무나 자주 정반대의 방향으로, 즉 더 많은 일과 더 많은 스트레스를 받는 길로 인도한다. 경제적으로 오로지 독자적인 생업에만 의지하는 생활은 많은 경우에 작업 시간뿐 아니라 무엇보다 책임도 훨씬 더 늘어나는 것을 의미한다. 이 책임 때문에 당신은 새로 정해진 생활을 위해 애초에 머리에 떠올렸던 일에 전념하지 못할 수도 있다. 여기에다 많은 자영업자들에게는 가끔 자신이 갑자기 완전히 홀로 남겨졌을 때 느끼는 고립감 같은 당혹스러운 감정이 생겨난다. 더구나 주문장부가 꽉 찼거나 혹은 다시 텅 비게 되었을 때 감정의 기복도 심하게 일어난다. 그리고 마지막으로 자영업자가 되면 국민연금과 의료보험, 유급휴가, 병에 걸렸을 경우에 대한 대비책 같은 상당 부분의 안정도 잃게 된다. 따라서 개인 사업을 벌이려는 사람들에게 가장 좋은 조언은 정말로 "없었던 일로 하라"는 것이 될 것이다.

그런데도 다운시프팅을 하는 많은 사람들의 꿈은 바로 자립, 그리고 많은 사람들이 개인 사업을 하면 찾을 수 있다고 믿고 있는 어떤 식의 자유인 것이다. 당신의 꿈은 어떤 것인가? 아마 차량들이 넘쳐나는 출세의 고속도로와는 전혀 상관이 없는 생활양식과 근무양식일 것이다. 또 생계의 문제가 "내가 언제 승진을 하지?" 혹은 "내가 언제 해고를 당하지?" 하는 질문 사이에서 이리저리 흔들리지 않는 그런 생활일 것이다. 그 때문에 이런 경고가 필요하다. 다운시프팅 계획을 개인 사업을 벌이는 것과 연계해서 실현하려는 목표에는 실패할 위험이 여기에 소개된 다른 어떤 모델들보다 훨씬 더 많이 숨겨져 있다. 한편으로 자기 사업을 하면 전적으로 자기 자신만을 위해 일한다는 만족감이 생긴다. 그러나 이것은 특히 경제적으로 힘든 시절에는 금세 악몽으로 변할 수도 있는 꿈이다.

## 도로지도와 다운시프팅

당신이 먼저 따져보아야 할 가장 중요한 사항은 '당신의 계획, 당신의 사업 아이디어가 얼마나 쉽게 또는 어렵게 개인 사업으로 이어질 수 있는가?' 하는 것이다. 새로운 시장 여건에서 완전히 새로운 아이디어를 가지고 시작하는 것은, 예를 들어 당신이 이전에 정식 직원으로 단 한 회사를 위해 수행하던 업무를 이제는 외부 상담자로서 서너 개의 다른 기업들에 제공하는 것보다 훨씬 더 어렵다. 자동차와 도로지도를 예로 든 비유를 생각해보라. 전직에 통용되는 사항은 개인 사업을 벌이는 것에도 아주 잘 들어맞는다. 당신이 앞으로의 여정을 위해 이용할 지도는 전혀 완벽한 것이 아니며, 당신은 그 길의 상당 부분을 다른 사람들에게 물어보아야만 한다. 당신이 향하고 있는 지역은 완전히 낯선 곳이다. 만약 당신이 개인 사업을 할 생각을 가지고 있다면, 적어도 6개월의 경과 기간을 두고 면밀히 검토해보아야 할 것이다.

▶ 테스트

이 첫 번째 테스트는 개인 사업자로서 갖추어야 할 가장 중요한 자질들을 모아놓은 질문 목록으로 구성되어 있다. 다음 질문들에 답하라.

① 당신은 직업의 관점에서 자신의 능력을 명확히 알고 있는 현실

주의자인가?

② 당신은 자제심이 있으며 결정을 제때 내리는가? 당신은 조직력이 있으며, 벌써부터 상당 부분 자립해서 일하고 있는가?

③ 당신은 사람들을 사귀는 것을 좋아하며 사람들을 자주 만나는가?

④ 당신은 인내심이 있는가? 당신은 시작 단계에서 필요하다면 일주일 내내 일할 각오가 되어 있는가?

⑤ 당신은 자신의 목표를 정확히 알고 있는가? 당신은 또한 개인 사업의 위험성도 알고 있는가?(위험성이 있는 것은 아주 확실하다.)

⑥ 당신은 낙관적이며 창업 목표를 이루는 것과 관련된 사항들을 관철할 능력이 있는가?

⑦ 당신은 좌절을 별 어려움 없이 극복하는가?

⑧ 필요한 창업 자금은 어떤 상태인가? 사업에 필요한 자금을 기존의 재력이나 비교적 적은 신용 대출금으로 조달할 수 있는가? 이 경우에 '적다'는 말은 당신이 (필요한 경우에) 어떤 임의의 다른 일거리로 12개월 이내에 다시 갚을 수 있는 액수를 뜻한다.

⑨ 그리고 마지막으로, 당신에게는 무엇이 더 중요한가 — 당신이 언젠가 떠날 수도 있는 직장에서 비교적 쉽게 벌어들이는 돈인가, 즉 생활의 상당 부분을 유지하기 위한 연료에 지나지 않는 돈인가? 아니면 당신이 오로지 자립을 통해서만 이룰 수 있다

고 확신하는 그런 개인적인 만족이 가장 중요한가?

▶ 해설

나중에 심한 실망감을 느낄 수도 있는 그런 환상을 가져서는 안 된다. 이 테스트에서는 "그렇기도 하고 아니기도 하다"거나 "어쩌면 그럴지도 모른다"는 식의 대답을 해서는 안 된다. 또한 점수에 따른 평가도 없다. 오직 당신이 이 모든 항목에 양심적으로 "그렇다'고 대답할 수 있을 경우에만, 당신은 다운시프팅 계획을 개인 사업자로서 실현할 수 있을 것이다.


꽃 가게를 운영하든 부동산 중개업을 하든 자신만의 사업을 하는 것은 멋진 일일 수도 있다. 만약 그 사람이 일과 돈 그리고 새로운 시장을 뚫는 데 혈안이 되어 있다면 말이다. 개인 사업자는 혼자서 모든 것을 책임진다. 다시 말해 사업의 운명과, 시장에서 그리고 경쟁업체에 맞서 성공할 수 있을지는 당신의 능력에 달려 있다. 당신이 개인 사업을 하고 싶다면, 사전에 머릿속에서 이 완전히 새로운 자동차를 시운전해봐야 한다. 그것이 지프라고 해보자. 그 차는 당신을 다른 자동차로는 도달할 수 없는 아주 대단한 곳으로 데려다주기도 할 것이다. 그러나 자동차에 투자한 만큼의 이득을 얻기까지는 약간의 시간이 걸릴지도 모른다. 문제는 당신은 그 자동차를 살 능력이 있으며, 사기를 원하는가 하는 것이다.

▶ 테스트

결정적으로 중요한 이 단계에서 어떠한 위험도 겪지 않기 위해 당신은 다음에 일종의 대응책으로서 개인 사업을 하는 데 불리할 수도 있는 세 가지 비판적인 항목을 대하게 된다.

① "죽을 각오로 노력할 거야." 이러한 각오 외에 어떤 대안도 없다.
② 당신은 직장에서 정신적, 육체적으로 너무도 시달리고 있기 때문에 상당한 기간의 휴직이 시급히 필요한 상태다.
③ 당신은 개인 사업을 하고 있는 다른 사람들을 알고 있으며, 아주 즉흥적으로 우러나는 감정에서 그리고 대체 어떻게 시작해야 좋을지도 모르면서 이렇게 생각한다: "그들이 할 수 있는 것은 나 역시도 할 수 있어."

▶ 해설

여기서도 당신은 환상을 버려야 한다. 만약 당신이 이 진술문을 읽고 단 한 번이라도 '그렇다' 고 대답했다면, 당신이 직장 생활에서 봉착한 문제를 해결하는 방법으로 정식 사원에서 중간에 쉬는 기간 없이 즉각 개인 사업에 뛰어들어서는 안 된다. 물론 이 징후들이 이제 다운시프팅 계획을 세울 적절한 시점이 되었다는 경보 신호인지는 의문스럽다.  어쩌면 당신은 9장을 다시 한 번 읽어 보고, 당신이 앞으로 어떤 어떤 분야에서 일하는 것이 좋을지 더욱 명확하게 규정해야 할지도 모른다.


## 개인 사업을 하면서 행복을 느끼기


지금까지는 위험을 알려주는 경고에 관해 다루었다. 당신이 아직도 개인 사업자가 아니라면 다운시프팅 계획을 전혀 실현하고 싶지 않다는 확신을 가지고 있다면, 우리는 이제 긍정적인 측면들로 넘어간다. 다운시프팅을 하는 많은 사람들에게 자립은 독자적인 생활을 하려는 소망을 의미한다. 그리고 당연히 개인 사업은 — 그것이 기업 상담자든, 큐레이터든 아니면 유기농 업자든 상관없이 오직 다운시프팅이라는 의미에서 보자면 — 만족스럽고 성취감을 주는 직업 활동에 상당 부분 보탬이 될 수 있다. 몇 가지 금전적인 장점들도 있는 것이 분명하며, 그것은 위험을 어느 정도 상쇄시켜 준다. 당신은 이제 더 이상 국민연금과 실업보험을 납입하지 않기 때문에 노후대책을 개인적으로 준비할 수 있다.(그리고 준비해야만 한다!) 당신은 업무용 차량에 해당하는 것이든 아니면 가령 부가가치세 환불에 해당하는 것이든 상관없이 세금을 공제받을 수 있는 기회가 훨씬 더 많아진다.

하필이면 경기 침체기와 불황기에 자립을 하는 것은 실제로는 금전적으로 유용한 계획이 될 수도 있다. 만약 불황기에도 호황을 누리는 그런 분야를 찾아낸다면 말이다. 하지만 여기서도 또다시 필요한 조언은 초기 단계의 충분한 심사숙고와 꼼꼼한 계획 없이는 그 일을 감행해서는 안 된다는 것이다. 그러니까 사업 신고를 하고, 회사를 설립하고, 사무실을 임대하고, 혹은 장래에 고객이 될 사람들에게 전화를 하기 전에, 다음 세 가지 문제들을 잘 따져보아야 한다.

▶ 테스트 1

첫 번째는 당신의 자격 요건에 관한 질문들이다.

① 당신은 어떤 전문지식과 업무 경험을 제시할 수 있는가?
② 당신은 어떤 상거래 지식을 가지고 있는가?
③ 그리고 당신은 어떤 사업가적 자질을 지니고 있는가?

▶ 테스트 2

두 번째는 당신의 사업 아이디어에 관한 질문들이다.

① 당신은 어떤 시장 여건에서 활동하며 어떤 경쟁자들이 있는가?
② 당신은 경쟁자들 사이에서 어떻게 두각을 나타내려고 하는가? 가격이나 품질 혹은 다른 특징들을 통해서 경쟁에서 승리할 자신이 있는가?
③ 당신은 당신의 제품 혹은 서비스를 어느 정도 가격에 내놓고 싶은가? 이 가격을 어떤 식으로 산정했는가? 그 가격으로 비용을 충당할 수 있는가? 이윤을 낼 수 있는 한계치는 어디에 있

는가?

▶ 해설

이 질문들에 정직하고 꼼꼼하게, 더구나 반드시 글로 적어서 대답하라. 이것은 다음과 같은 사항을 확인하려는 것이다.

● 당신이 개인 사업자가 될 만한 조건을 갖추고 있는가?
● 당신의 사업 아이디어는 쓸모가 있는가? 혹시 당신보다 앞서서 그런 아이디어를 떠올린 많은 사람들이 있는가 — 그리고 그것으로 파산을 했는가?

그리고 다음 사항도 잊어서는 안 된다. 단순히 어떤 사업 아이디어가 시장 가능성이 있는지뿐 아니라, 또한 당신이 그것을 효과적으로 다운시프팅 계획에 통합시킬 수 있는지도 살펴봐야 한다.

당신이 살펴본 것이 확고한 기반을 얻기 위해서는 해야 할 것이 한 가지 더 있다. 그것은 상세한 정보를 수집하는 것이다. 모든 전문 기업 협회와 직종별 협회에서 그리고 당신이 찾아낼 수만 있다면 어떤 사람들에게서라도 말이다. 아는 사람이 아무도 없는가? 그리고 주변 사람들 중에서도 당신의 어려움을 헤쳐 나가는 데 도움을 줄 수 있는 사람이 단 한 명도 없는가?

걱정할 필요는 없다. 만약 당신이 힘들지 않은 제2의 직업인 조경사 업무를 시작하고 싶지만, 집중적인 인터넷 검색조차 도움이 되지 못했다고 치자. 그렇다면 직업별 전화번호부에서 'ㅈ'을 펼치고, 무작정 아무 조경사에게나 전화를 해서 공손하게 물어보라. "안녕하세요, 저는 당신이 하고 있는 일에 아주 관심이 많습니다. 혹시 잠시만 시간을 내서 저에게 몇 가지 조언을 해주실 수 있나요? 그리고 그 분야에서 가장 관심을 끄는 몇 가지 정보원을 알려주실 수 있나요? ……" 적어도 다섯 통화만 하면 당신은 중요한 주소를 전부 모을 수 있을 것이다. 그리고 어쩌면 그렇게 해서 정말로 흥미로운 첫 사업상의 접촉이 생겨날지 누가 알겠는가?

당신이 얘기를 나눈 조경사들 중에 친절한 사람이 있다면, 당신이 원래의 직업을 기반으로 해서 컨트롤링이나 데이터베이스 관리 분야의 지식을 가지고 있다는 사실에 아주 감동을 받을 것이다. 그리고 그는 당신에게 장래가 촉망되는 부직을 자진해서 제시할지도 모른다. 당신은 이렇게 말할지도 모른다. "낯선 사람들에게 전화를 걸다니. 난 그런 일은 할 수가 없어." 그럴 수도 있다고 인정한다. 하지만 그렇다면 당신은 어떻게 개인 사업가로서 성공하기를 바란단 말인가?

## 자금 조달 : 모든 수단을 다 동원하라

당신이 적절한 전제 조건들을 갖추고 있다는 사실을 확인한 후에는 셋째 단계가 이어진다. 이것은 적어도 첫 두 단계와 똑같이 중요하다. 셋째 단계는 당신의 재정 상황을 점검하는 것이다.

당신이 이미 두 번째 이정표를 통과하면서 산출했던 액수에 이제 당신의 사업에 대한 투자가 추가된다.

▶ 테스트

다음 비용들을 4장에서 정한 금액에 합산하라.

① 창업 자금 : 컴퓨터 구입 비용에서 선전 팸플릿과 프레젠테이션 자료를 만드는 데 들어가는 비용에 이르기까지 모든 것을 포함한다.
② 경상비용 : 월세, 부대비용 그리고 당연히 당신의 인건비도 포함된다.

▶ 해설

이제 계산을 할 차례다. 당신은 창업 자금으로 돈이 얼마나 필요하며 그 후에 매달 얼마의 돈이 드는가? 여기서 당신이 매달 판매하고 벌어들여야 하는 액수가 나온다. 이 모든 것이 달려 있는 간단한 질문은 이런 것이다. 당신이 세운 계획이 금전적으로 현실적이고 실행할 수 있는 것인가? 아니면 결국 이 계산서에 나오는 액수를 당신이 피땀 흘려 노력해야만 겨우 확보할 수 있다는 예감이 드는가?

개인 사업을 시작할 때는 적어도 이론적으로나마 파산했을 때의 금전적인 결과도 고려해보아야 한다. 당신은 창업자이기 때문에 실업보험 부담금을 내지 않으며, 따라서 실업급여를 청구할 권한도 없다. 자발적인 가입도 여기서는 법률로 정해진 의료보험과 국민연금과는 달리 가능하지도 않다. 따라서 파산할 경우를 대비해 반드시 사전 조처를 해놓아야 할 것이다. 그것은 다음 두 가지 중 하나가 될 것이다. 비교적 오래가는 궁핍 기간 동안에도 곧장 생활보호대상자가 되지 않으려면 금전적으로 대비할 수 있도록 충분한 돈을 항상 따로 준비해두어야 한다. 그리고 파산이 예상되는 상황이라면 때를 놓치지 않고 너무 늦기 전에 비상탈출을 해야 한다.

## 다운시프팅을 하면서 자립하기 : 당신의 새로운 렌터카

마지막으로 또 하나의 중요한 논점은 당신의 가족들을 이 계획에 함께 포함시켜야만 한다는 점이다. 더구나 다른 어떤 '평범한' 다운시프팅 계획에서보다 더 심도 있게 말이다. 그 이유는 아주 간단하다. 당신이 정식 직원으로서 주당 50시간의 일자리에서 30시간의 일자리로 옮기는 것과 정식 직원 생활에서 개인 사업으로 바꾸는 것은 아주 엄청난 차이가 나기 때문이다.

다운시프팅을 하는 많은 사람들이 옛 직장에 계속 근무하는 상태에서 혹은 프로젝트를 맡아서 옛 회사를 위해 일하는 동안 개인 사업을 시작한다. 이미 8장에서 언급한 것과 비슷하게 이것은 그야말로 전형적인 다운시프팅 전략이며, 당신이 마지막으로 배수진을 치기 전에 안전한 길로 접어들 수 있게 해준다. 물론 이런 선택을 하면 일시적으로 당신이 이전에 했던 어떤 일보다 더 많은 스트레스를 받을 수도 있다. 그러나 이것의 장점은 비교적 위험 부담 없이 당신이 구상하고 있는 것이 타당한지 점검해볼 수 있다는 데 있다. 그리고 또 개인 사업자로서 당신 자신과 가족들을 어떻게 부양할 것인지도 점검할 수 있다. 다시 말해 당신은 이 기간에 렌터카를 타고 다닌다.(그리고 경비를 지급한다.) 반면에 이전의 차는 아직 차고에 들어 있고 언제든지 다시 꺼내서 탈 수 있다.

이 기간에는 반드시 확실한 기한과 명확히 검증할 수 있는 목표를 설정하도록 하라. 예를 들어 당신이 경제적으로 견뎌내는 데 꼭 필요한 고객들의 정해진 숫자 혹은 판매되는 상품들의 일정한 숫자 같은 것들이다. 만약 당신이 이 목표를 이루지 못한다면, 일정한 기한이 지난 후에 다음 두 가지 중 하나를 선택하는 것이 현명한 일일 것이다. 일 외에도 다른 많은 것을 즐길 수 있는 다운시프팅 생활을 할 것인가? 아니면 상당히 오랜 기간 동안 과거 어느 때보다 더 많은 일을 하게 될 가능성이 높은 개인 사업자 생활을 할 것인가?

지금까지는 개인 사업의 혜택과 위험에 관해 이야기했다. 그리고 이것으로 당신도 이미 세 번째 이정표의 거의 막바지에 다다랐다. 당신은 새로 타고 다닐 자동차의 가격 내지 모델을 확정했고, 유지비, 보험료, 연료비도 더 이상 미정의 항목으로 남아 있지 않을 것이다. 새로운 일자리를 통해 그 비용을 조달할 수 있을지 알고 있는 셈이다.

당신이 네 번째 이정표를 향해 차를 몰기 전에 얼핏 모든 다운시프팅 계획을 좌절시키는 것처럼 보이는 상황을 한번 살펴보자. 그것은 일거리와 직장을 잃는 것이다. 그렇다고 걱정할 필요는 없다. 올바른 결론과 계획을 갖추고 있다면 시작을 아예 포기하는 것도 훌륭한 새 출발이 될 수도 있으니까.

# 제 12 장

# 직장을 잃는다고 미래까지 잃는 것은 아니다

이런 가정을 해보자. 한번쯤 심각한 상황이 실제로 발생했다고 가정을 해보자. 어쩌면 이 일이 1주일, 어쩌면 3개월, 어쩌면 2시간 전에야 일어났을 수도 있다. 즉 당신은 갑작스럽게 해고를 당했다. 그리고 지금 당신은 그 소식을 들은 순간을 회고하면 아직까지도 분노, 실망 그리고 체념이 뒤섞인 그런 싸늘한 기운을 느끼고 있다. 그것을 그냥 인정하라. 결국 이것은 가정이니까 말이다.

실직은 다소간 심한 자기 정체성의 위기를 불러올 가능성이 지극히 높다. 당신은 이전에 거창한 약속을 하며 당신을 스카우트했던 회사를 회고해본다. 그리고 얼마 전만 해도 논의가 있었던 승진에 대한 기대와 앞으로의 전망을, 당신이 정렬을 쏟아 부었던 매일 10에서 12시간의 근무를 떠올려본다. 다 지나간 일이다. 이전의 고용주는 이제 더 이상 존재하지 않는다. 그 대신 공허한 위로의 말을 늘어놓는 상사들, 자신들이 이 불행을 당하지 않았다는 사실 때문에 기뻐하고만 있는 동료들. 당신 자신은 어떤가? 당신은 지금 좌절해 있거나, 화를 내고 있거나, 아주 슬퍼하거나, 아니면 이 모든 감정을 한꺼번에 느끼고 있을 것이다. 그것은 전혀 이상한 일이 아니다.

특히 성공에 집착하고 성과에 매달리는 사람들에게 실직은 체면의 손상과 직결되는 경우도 자주 있다. 직장에 지나치게 열성적인 사람은 해고를 당하면 마치 연인과 헤어질 때처럼 충격을 받는다. 이것을 심리학자들은 친밀하고 우호적인 관계들의 단절에서 오는 것으로만 알고 있다. 많은 회사들이 일자리를 줄이고 해고를 하는 과정에서 인정사정 봐주지 않는다는 사실도 어차피 충격을 줄여주지는 않는다.

최근에 해고를 당한 많은 사람들이 가장 먼저 떠올리는 생각은 '하루빨리 해결하자' 는 것이다. 테이블을 내리치고, 이전의 고용주에게 정당한 보상을 해달라고 고소를 하고, 가능한 한 빨리 더 신나고 더욱 활기찬 새 직장을 찾는다. 새 직장에서는 물론 이런 일이 다시는 일어나서는 안 될 것이다. 그런데 실제로는 이것은 좋은 생각이 아니다. 만약 당신이 이런 일을 당한다면, 이렇게 할 것이 아니라 대안을 마련하는 데 착수해야 하며, 당신이 현재 처한 위기의 진정한 원인을 제거해야 한다. 그 위기는 십중팔구 너무 편향적으로 직장에 집착했기 때문에 생겨났을 가능성이 높다.

우선 새로운 직업 세계에서는 취업을 하지 못하는 기간도 있을 수 있다는 사실을 받아들여야 한다. 이력서에 공백이 생기는 것은 치욕이 아니라 기회라는 사실, 직장 생활에서는 때로는 옆으로 둘러가거나 가끔씩 뒤로 후퇴하는 일도 있다는 사실을 말이다. 그리고 해고를 의식적으로 자신의 (직장) 생활에 관해 깊이 생각해보고 남몰래 어쩌면 자주 그려보았을지도 모르는 변화를 불러오는 데 활용할 수도 있다는 사실을 말이다. 간단히 말해서, 새로운 삶의 의미를 찾는 것이다. 출세의 고속도로라는 비유로 말하자면 이것은 당신이 엔진 고장 때문에 잠깐 동안 차를 운행하지 못하게 된 것을 뜻한다. 그래서 어쨌다는 건가? 새 출발의 매력에 빠져보도록 하라. 이전의 직장 생활에서 저질렀던 잘못을 되풀이하지 않는 그런 새 출발 말이다.

## 협력을 얻기 위한 전략

해고가 일단 기정사실로 굳어졌다면, 어떠한 경우에도 실업이라는 낙인에서 벗어나지 못하지 않을까 하는 격정 때문에 서두르고 지나치게 허둥대는 실수를 범해서는 안 된다. 최악의 경우 소중한 정력만 낭비하게 될 뿐이며, 얼마 후에 자신에게 맞지 않는 새로운 책상 앞에 앉게 된다. 응급조처를 받았을 뿐인 차량을 타고 다시 주행에 나서서는 안 된다. 그렇게 하는 대신 해고와 그 직전의 몇 주를 일단 꼼꼼히 살펴보라. 무엇 때문에 그렇게 되었는가? 만약 당신이 쫓겨나게 된 데는 상당 부분 자신의 과실도 있었다는 결론에 이르렀다면, 이것은 아마도 당신이 잘못된 직업을 선택했거나 혹은 잘못된 회사에서 일하고 있기 때문일 것이다. 냉소적으로 들릴지도 모르지만, 그렇다면 당신은 직장을 잃은 것을 대단히 기뻐해야 한다. 자신을 불행에 빠뜨리는 조건에서 일하는 사람들은 오래 견뎌내지 못한다. 당신 외에도 많은 직원들이 해고를 당했다면, 당신 개인의 책임은 아마 얼마 되지 않을 것이다. 이 사실도 당신의 자긍심을 높여줄 것이다.

당신이 취해야 할 그 다음 조처는 우선 당신의 옛 고용주와 협력할 방도가 있는지, 있다면 어떤 방도가 있는지 생각해보는 것이다. 협력을 하는 데 반대할 중대한 사유가 없다면, 옛 사장은 일단 당신의 가장 중요한 협력자로 남게 된다. 따라서 첫 번째 규칙은 대결을 피하고 협력을 이루도록 하는 것이다. 신중함을 잃지 말고 재판에까지 이르지 않고 합의를 도출할 수 있도록 노력하라. 비록 분노가 치밀어 오르는 것이 인간적으로 보자면 전적으로 이해가 간다 하더라도, 욕설이나 나쁜 험담을 자제하도록 하라. 욕설이나 험담을 하면 당신은 한편으로 혹시 있을지도 모르는 다른 모든 가능성들을 망치게 될 것이다. 다른 한편으로 당신을 고용할지도 모르는 사람들이 이전 직장에 당신에 관해 물어보기도 한다. 당신이 활동하는 직업 분야가 좁을수록 당신의 성공할 수 있는 가능성은 더욱 빨리 사라진다.

만약 당신이 다운시프팅 계획을 세워두었다면, 거기서 당신의 옛 고용주가 어떤 역할을 할 것인지 따져보라. 고용주 밑에서 일하는 것이 당신의 다운시프팅 전략의 일부였거나 일부가 될 가능성도 있다면, 먼저 당신의 직속상사와 그 점을 의논하는 것이 좋다. 상사와 의논하는 것은 어쩌면 거북할 일일 수도 있다. 자신을 해고한 회사에 또다시 찾아가서 마치 청원인처럼 사정을 설명하는 것은 비굴한 행동처럼 보일 수도 있기 때문이다.

이때는 다음과 같이 받아들이면 된다. 기업들은 대부분 비정하기 때문이 아니라 어려운 경제 여건 때문에 어쩔 수 없이 일자리를 줄일 수밖에 없다. 그리고 회사는 다른 조건으로 종업원들을 계속해서 고용할 수 있다면 그들에게 고마움을 느낀다. 중역들과 인사 담당자들은 대부분 자신이 처리해야 하는 해고 상담 때문에 죄책감을 느끼고 있다는 사실도 조금이나마 위안이 될 것이다. 그리고 상사들이 도덕적으로 잘못된 행동을 하는 원인은 그들이 합당하게 대처하는 방법을 모르기 때문이다.

그러나 가장 중요한 이유는 개인적인 죄책감과 증오는 합당하지 않기 때문이다. 왜냐하면 이 상담에서는 추잡한 싸움을 벌이는 것이 아니라, 당신의 다운시프팅 계획을 위한 새로운 경제적 토대를 찾는 것이 목적이기 때문이다. 직장은 당신이 어려움 없이 앞으로 나아가도록 해주는 차량 혹은 더 좋게 말하자면 주유소일 뿐이다. 그 이상도 그 이하도 아니다.

이 상담에서는 8장에서 설명한 것과 똑같은 원칙이 적용된다.


● 당신의 근무 능력이 바뀐 근무 조건하에서도 회사에 유익할 수 있다는 점을 옛 사장에게 설득하라.

● 적극적으로 나서라. 해결책, 즉 회사에도 이득이 되는 계획을
  제시하라.

당신이 해야 할 계산은 지극히 간단하다. 당신이 그 기업에 (지금 현재뿐 아니라 앞으로 바뀐 고용 조건에서도) 어떤 대가를 요구할 것이며, 그와 동시에 어떤 반대급부를 제공할 것인지 따져보라. 만약 당신이 제공하는 경제적 이득이 당신을 계속 고용하기에 충분하다고 생각한다면, 사장에게 그 점을 납득시키도록 노력해야 한다. 당연히 거기에 상응하는 사실과 논거를 갖추고 있어야 한다.

당신은 "도대체 어떻게 납득시키란 말이냐!" 하고 반문할지도 모른다. "사람들이 내가 필요 없다고 여겼기 때문에 해고당했는데 말이다!" 자, 놀라지 마라! 이러한 논리를 펼치는 데 도움이 될 두 가지 중요한 근거가 있다.

● 당신에게 맡겨진 업무가 하룻밤 새 완전히 불필요한 것으로 바뀌는 일은 결코 흔하지 않다. 어떤 일이 계속 진행되어야 하는지, 가능하다면 누구에 의해 진행되어야 하는지도 알아내도록 하라. 어쩌면 계약직 직원으로 고용될 실마리가 들어 있는지도 모른다. 왜냐하면 당신의 일거리를 앞으로 누가 맡게 되더라도 거기에 익숙해지려면 시간과 돈이 들어가기 때문이다.

● 자기편으로 만들 수 있는 후견인이 있는가? 그들은 고객일 수도 있고, 당신이 어떤 일을 준비하는 데 도움을 준 다른 기업의

동료일 수도 있다. 간단히 말해서, 당신이 (어떤 조건을 기반으로 하든) 계속해서 일을 하는 데 중요한 사람들을 말한다.

만약 사장이 당신과 당신의 업무 능력을 신뢰하고 있고, 당신이 앞으로도 일이 줄어드는 것을 기반으로 해서 그 회사를 위해 일하는 것을 설득시킬 수 있다면, 이미 일이 반이나 성사된 셈이다. 근무 시간을 줄이는 것을 핵심 조건으로 하는 이러한 해결책은, 회사는 계속해서 능숙하고 입증된 노하우를 이용할 수 있고, 당신은 경제적으로 확실한 기반 위에서 다운시프팅 계획을 시작할 수 있다는 장점이 있다.

만약 (옛)사장과 관계가 원만하지 않다면, 회사 내에서 중재자를 물색하도록 하라. 팀장이 될 수도 있고 당신이 특별히 신뢰하는 부서 동료가 될 수도 있다. 이때 그 중재자는 조직 서열에서 적어도 당신과 동등하거나 위에 있어야 한다. 고용계약을 시간제 일자리나 상담자 업무로 바꿀 때는 7장에 나온 내용들을 참고하라.

## 해고를 당하더라도 성공적으로 다운시프팅하기

가능성이 있고 무엇보다 다운시프팅에 도움이 되는 합의로는 어떤 것이 있을까? 최우선적으로 고려해야 할 해결책은 이미 설명했듯이 시간제 일자리와 프로젝트 일거리다.

무급 휴가도 회사가 경제적인 어려움에 처했을 때 마찬가지로 널리 통용되는 처리 방식이다. 이 (미리부터 정해진) 기간에는 양쪽 모두에게 고용계약에 들어 있는 '기본적인' 의무, 즉 업무의 이행과 월급의 지불이 면제된다. 그 외의 불이익이 근로자에게 주어져서는 안 된다. 이것을 당신은 반드시 서면으로 규정해야 하며, 이 중단 기간이 어쩌면 있을지도 모르는 보너스 지불(예를 들어 크리스마스 상여금)에 어떤 영향을 미치는지 등의 세부 사항도 포함해야 한다.

하지만 종업원에게 무급휴가는 양면의 칼이다. 당신이 꼭 필요한 사람이 아니라면, 사람들은 당연히 그 사실을 확인하게 될 것이며, 그러한 상황에서는 시간제 일자리나 기간제 일자리를 협상을 통해 얻어내기 힘들 것이다. 반면에 당신의 업무가 회사의 입장에서 포기할 수 없을 정도로 중요하고, 당신이 그 기간을 금전적으로 별 어려움 없이 넘긴다면, 이것은 열의를 보여주는 좋은 기회가 될 것이다. 이 조처를 회사의 경영 상태를 건실하게 만들기 위한 당신의 기여라고 적극적으로 소개하고 그와 동시에 침착하게 당신의 미래를 준비하라.

또한 회사 내부에서의 근무처 이동도 그것이 당신의 인생 계획에 조화롭게 어울린다면 다운시프팅 계획에 주효할 수 있다. 말하자면 당신이 지금까지 개발부서에서 일해왔지만 원래는 창의적인 사람이라고 생각하고 있고, 사장이 마케팅 부서의 일을 제안한다면, 이것은 올바른 방향으로 가는 첫걸음이 될 것이다. 하지만 가령 당신의 회사가 퇴직 보상금을 아끼려 하는 경우에는 좌천당하지 않도록 조

심해야 한다. 당신이 근무처 이동에 동의하는 것은 당신의 다운시프
팅 계획이 향하는 곳으로 국한되어야 한다.

합의를 이끌어내지 못할 경우 당신의 고용주와 마지막으로 명확
히 해결해야 할 사항은 당신이 다운시프팅 계획을 실행하는 데도 도
움이 될 수 있는 퇴직 보상금이다. 하지만 바로 이 보상금을 둘러싸
고 터무니없는 전설이 난무하기도 한다. 수억, 혹은 수십억 원의 연
봉을 받고 퇴임을 해서 그 이후로는 (적어도 금전적인 면에서는) 근
심걱정 없이 살았다는 사람들의 이야기 말이다.

물론 그런 사람들도 있다. 경제 분야의 최고의 지위에 있는 남녀
들은 직장을 그만둬야 할 때 대체로 순탄하다. 수백만 달러의 퇴직
보상금과 연금보장은 최고위층 직원들에게는 가능한 일이다. 하지
만 바로 그 아래에 있는 경영진들은 그보다는 훨씬 적은 온정이 돌
아올 것이라고 예상해야 한다. 중간층 경영자들은 노후생활을 보장
받을 정도의 액수도 받지 못한다. 이처럼 퇴직 보상금의 액수는 심
한 차이를 보일 수 있다.


## 전직 알선 상담소의 장점과 목적


새로운 일자리 혹은 새로운 과제에 관한 문제를 해결해주는 것이
'진로 상담 혹은 인력 상담'이다. 그러나 다운시프팅에서 이 해결
책은 종종 무시된다. 왜 그런가? 아주 간단히 말해서 전통적인 진

로 상담자는 거의 언제나 오로지 '일과 출세'라는 문제에 관해 조언을 해주는 사람들이기 때문이다. 돈벌이에 관련된 것 외에 다른 어떤 것들도 취급하지 않는다. 생활과 당신 개인적으로 마찬가지로 상당히 중요할지도 모르는 모든 측면들은 관례적인 인력 스카우트들의 상담 업무에서는 거의 언제나 소홀하게 다루어진다.

반면에 이른바 전직 알선 상담자들은 사정이 약간 다르다. 요즘에는 많은 기업들이 전문적인 '이직 관리' 프로그램을 운영하고 있으며, 여기서는 외부의 전직 알선 상담자들이 떠나는 사람들에게 상담을 해준다. 이때 유의해야 할 것은 상담 비용을 항상 고용주가 부담하도록 해야 한다는 점이다. 만약 당신이 해고를 당했고 이러한 전직 알선 계약이 없다면, 그것을 받을 수 있도록 촉구해야 한다. 이때 당신이 맡고 있는 직책 서열에 따라 여러 해고자들이 공동으로 상담을 받는 집단 상담도 가능하다.

어떠한 경우든 유능한 전직 알선 상담자는 당신이 해고의 충격을 극복하는 데 도움을 주고, 개인적인 그리고 직업상의 새로운 방향을 설정('재배치')하도록 지원해줄 수 있다. 훌륭한 전직 알선 상담자는 시급하게 당신을 어떤 새로운 기업에 알선해주려는 목표를 가지고 있지 않다. 오히려 당신이 앞날을 구체화하는 데 도움을 주기 때문에 당신의 다운시프팅 계획을 작성하는 데도 도움이 될 수 있다.

그리고 이것으로 당신은 이미 네 번째이자 마지막 이정표를 계획하는 단계에 거의 다 왔다. 여기서는 삶의 의미와 새로운 인생의 즐

거움을 다룰 것이다. 마지막 몇 킬로미터를 달릴 준비를 갖추도록
하라. 마침내 당신을 미지의 새로운 곳으로 안내해줄 여정을 위해.
당신은 여태까지 이것들을 꿈만 꾸어오지 않았던가!

# 새로운 삶의 의미를 발견하라

당신에게 너무도 중요한 것이지만

지금까지 비중 있게 다루지 못했던 모든 것들에게 관심을 기울여라.

일을 줄임으로써 새롭게 생겨난 여지를

당신에게 정말 중요한 것들로 채우고

당신의 생활에 새로운 의미를 부여하라.

그리고 이제 행복한 삶을 만끽하라.

**제 13 장**
# 풍요의 스트레스에서 벗어나기

이런 상상을 한번 해보기 바란다. 당신은 고속도로를 질주하고 있고, 한 손은 핸들에 다른 한 손은 핸즈프리 키트 위에 올려놓고, 머리는 최근 혹은 다음 회의에 대한 생각에 잠기고, 뒤에서는 급히 따라오는 차가 전조등을 깜박이고 있다. 그리고 당신은 갑자기 몇 초 동안 낡아빠진 고물 자동차를 타고 등반차선으로 털털거리며 올라가는 사람을 곁눈질로 살펴본다. 그는 당신 뒤를 따라오는 운전자(그는 이제 화를 내며 경적을 울려댄다)처럼 찡그린 얼굴로 운전을 하는 것이 아니라, 즐겁게 노래를 부르고 있다. 사실 그는 당신의 절반 속도도 되지 않으며, 그가 몰고 가는 자동차 역시 훨씬 낡아 보인다. 하지만 그런데도 그는 부끄러워하지 않고 즐겁게 차를 몰고 있다.

## 행복이란 무엇인가?

이 질문은 그 자체만으로도 몇 권의 책을 쓸 수 있을 정도로 복잡하고 난해한 질문이다. 많은 사람들이 다른 어떤 것들보다 대답하기 까다로워하는 질문이다. 만약 당신이 의지력과 목표 지향적 태도를 중시하는 사람이라면, '행복이 무엇인지?' 묻는 질문은 당신에게는 어쩌면 삶의 의미를 묻는 질문과 비슷하게 추상적이고 거슬리는 뒷맛을 남길지도 모른다. 사람들은 이 질문을 터무니없는 우월감과 불손함을 가지고 한쪽으로 미뤄놓는다. "행복? 그것은 성공과 똑같은 의미고 열심히 노력하기만 하면 저절로 생기는 거야." 좋다. 그리고 이렇게 해서 사람들은 의혹이 끊임없이 일어나지만 않는다면 아주 잘 살아갈 수 있을 것이다.

만약 당신이 지금까지 수동적으로 살아오기만 했다면, 행복에 대한 질문을 어쩌면 날씨를 묻는 질문과 비슷하게 여길지도 모른다. 어떤 일이 일어나든 받아들이고, 달리 해볼 도리가 없는 것이다. 실제로 행복은 목표 지향적 태도나 의지력 같은 것들과 약간 관련이 있기는 하지만, 침착성 그리고 많은 것들을 있는 그대로 받아들일 수 있는 능력과도 관련이 있다.

우선 다음과 같은 문제들을 깊이 생각해보라. 당신은 자신이 하고 있는 일을 정말로 좋아하는 사람들을 얼마나 많이 알고 있는가? 현대의 직업 세계의 분망함과 일면성에 시달리지 않는 사람들은? 그리고 더 이상 매번 "겨우 이런 것이었단 말인가?" 하고 묻지 않는 사람들은? 이 자조적인 질문은 다름 아닌 우리가 지금까지 달려온 길이 막다른 골목으로 이어져 있다는 사실을 알았을 때 생기는 환멸의 표현인 것이다. 확실히 알아두어야 할 사실은 조만간 누구나 다음과 같은 심각한 질문을 제기하게 된다는 것이다. "앞으로 어떻게 될까? 이제 어떤 일이 벌어지지?"

이 질문을 제기하기까지는 시간이 걸릴 것이다. 보통 우리는 젊은 (그리고 또한 종종 중년) 시절에는 출세를 하고, 돈을 벌고, 물질적인 풍요와 명예로운 직함을 얻는 데 너무 몰두한다. 결국 우리가 실제로는 파워 쇼핑이나 업무와 관련된 잡담 혹은 출장에서 그리 대단한 재미를 느껴보지 못했다는 사실을 깨닫는 순간이 온다. 그것은 오히려 우연한 결정이었으며, 사회적으로 널리 유행하는 행동양식을 맹목적으로 따라한 것이었다. 결국 다들 그렇게 하니까 말이다.

다시 말해서, "벌써 이렇게 되었나?" 하는 질문은 행복과 관련된 질문이다. 당신은 이 질문에 정직하게 대답하려고 노력해야 한다. 지금까지 해온 대로 계속하거나 "별것 아니야"라는 판에 박힌 말로 만족함으로써 대충 넘어가려 해서는 안 된다. 몇몇 사람들은 만족스럽지 못한 쓰라린 느낌을 '더 많은 것', 즉 더 많은 돈, 더 많은 소비, 더 큰 집 그리고 새로운 자동차로 극복하려고 한다. 또 어떤 사람들은 더욱 멀리 떨어진 휴가지로 여행을 가거나 몇 가지 취미를 열성적으로 완벽하게 다듬는 데 몰두함으로써 내면의 공허함에서 벗어나려고 한다.

그 결과로 사람들은 직업에서 오는 편향성 외에 또 하나의 편향성을 키워간다. 그것은 대단한 골프 실력(이것은 동료들의 부러움을 산다)이 될 수도 있고, 아니면 휴가의 추억을 가득 담은 두꺼운 사진첩(이것은 자신의 서가에 꽂아둘 수 있다)이 될 수도 있다. 그리고 마지막으로 배터리가 완전히 방전되어 의사나 치료사를 찾아가는 사람들도 있다. 그러면 의사는 그들에게 대부분 이전부터 알고 있던 조언을 해준다. "일을 좀 줄이세요. 한쪽에 치우친 생활을 하지 마세요!"

그렇지만 이때 일시적인 조치나 특단의 조처를 취하는 것은 성공하지 못한다. 그것은 지치고 공허한 느낌을 일시적으로 가려줄 뿐 원인을 제거하지는 못한다. 왜냐하면 행복은 갑작스럽게 야기되는 감명 깊은 체험이 아니라, 꾸준함 같은 자질들이나 참여하고 활동하고 헌신하는 노력과 결부되어 있기 때문이다. 행복이란 무엇보다 인생의 다양성과 복합성을 찾아내고 자기 내면에서 그것을 발전시키는 것과 관련되어 있다. 이것이 정확히 어떤 내용이고 무엇이 될지는 오직 당신 자신만이 결정할 수 있다.

따라서 행복이 무엇인가 하는 질문에 사람들은 각양각색의 다양한 대답을 한다. 하지만 이 모든 대답에 공통점이 한 가지 있다. 행복한 사람들은 거의 언제나 다양한 재능과 소질을 갖추고 있을 뿐 아니라(우리들 역시 그렇다), 이것들을 자신에게 유용하게 만들고 효과적으로 자신의 인생계획에 통합시킨 사람들이다. 그러므로 당신이 어떤 책을 읽든, 숲길을 달리든, 고고학을 연구하든, 연극을 하든, 시골 연못을 복원하는 데 몰두하든, 아니면 당신의 원대한 인생 목표들 중 하나인 요트 세계일주를 실현하든 — 이 모든 일을 지금까지 일방적으로 당신의 직장 업무에만 흘러들어갔던 시간과 정력을 남겨서 하도록 하라.

그리고 이 때문에 당신이 여전히 양심의 가책을 느끼고, 심지어 출세를 하지 못할까 두려워하고 있다면, 안심해도 좋다. 만약 당신이 자신의 소질을 계발하고 오랫동안 품어왔던 소망을 이룰 용기가 있다면, 간단히 말해서 온갖 멋진 다양성을 가진 인생을 이전보다 더욱 의식적으로 철저하게 꽃피울 용기가 있다면, 직업과 관련해서도 당신은 더욱 생산적이고 더욱 성공적인 사람이 될 것이다. 인생의 다양성을 제대로 실현하는 사람, 다시 말해서 '다양성을 갖추고' 살아가면서 얼마 되지 않는 몇 가지 요인들에 좌우되지 않는 사람은 더욱 건강하고, 더 낫고, 더 능력 있게 사는 것이다. 그리고 무엇보다 더 행복하게 사는 것이다. 당신의 다운시프팅이 이렇게 사는 데 기여할 것이다.

## 타이어 압력, 오일 교환, 세차 시설 : 마지막 점검

다운시프팅을 하는 사람들이 도달하기 힘들어하는 이정표들을 당신은 성공적으로 통과했다. 차선을 바꾸기로 결정하였고, (이전의 혹은 새로운) 자동차에 필요한 자금을 준비하였고, 가장 중요한 사람들은 당신 편이다. 그리고 마지막으로 당신은 일에서 오는 부담을 줄였다. 그렇지 않으면 적어도 당신이 그것을 앞으로 어떻게 줄일지 확신하고 있다.

마지막 단계에서는 우선 직장이나 출세와는 별도의 생활을 꾸미는 데 꼭 필요한 동기 부여를 다룰 것이다. 그리고 내면의 원동력과 우리가 천체 물리학자든, 톱매니저든, 우체부든 상관없이 우리들 누구에게나 찾아오는 무력감과 그것을 극복하는 방법도 다룰 것이다.

앞으로 이어지는 단원들에서는 당신의 생활에서 더 많이 혹은 더 적게 다루었던 다양한 영역과 활동을 자세히 검토하고, 다음 세 가지를 하게 된다.


- 당신에게 부담을 주는 것을 가차 없이 가려낸다.
- 당신에게 만족감을 주는 것을 철저하게 계발한다.
- 이 목표들을 실제로도 성취하기 위해 체계적으로 대책을 도입한다.


## 자신의 생활을 스스로 이끌어 가기


낡은 것은 가려서 버리고, 새로운 것을 계발하고, 다양성을 확립하는 이러한 조처들 역시 다음 전제 조건들이 충족되어 있어야만 성과를 거둘 수 있다는 사실에는 변함이 없다.

- 자신의 능력과 관심사를 정확히 알고 있다.
- 일이 어떻게 진행되어갈지 명확하게 예상하고 있다.

성취감을 느끼고 행복한 생활을 하는 사람들은 불가항력의 운명이 지배하고 있다고 믿는 것이 아니라, 자신들의 생활을 스스로 이끌어가는 그런 사람들이다. 그들은 끊임없이 자신들이 하고 있는 일의 내용과 방법을 면밀하게 검증한다. 그러니까 돈의 지출에 관한 것이든, 옛 동료들이나 새로운 친구들과 교제를 지속하는 것이든, 우연에 너무 많은 것을 내맡겨서는 안 된다. 이와 관련하여 당신의 다운시프팅 계획도 당신이 지금까지 직장에서 출세라는 목표에 맞추어 추구해온 것과 똑같이 적극적으로 꾸며야 한다. 성공적으로 다운시프팅을 한 사람들은 그들이 인생에 거는 기대가 무엇인지 잘 알고 있었다.

지금까지 이야기한 것들은 이의를 제기할 것이 별로 없을 것 같은 숭고한 계획에 관한 내용이다. 그런데도 우리들 중 많은 사람들이 이 목표들을 실현하는 과정에서 너무나 자주 어려움을 겪는 것은 대체 어찌된 일일까?

## 집단 압박감과 나쁜 습관들

지금까지 당신의 일상이 지루했을 가능성은 없어 보인다. 아마 그 반대로 너무나 정신없이 생활해왔을 것이다. 시간 약속, 회의 그리고 일정표를 채우고 있는 수많은 일들과 전쟁을 벌이느라 당신은 상당한 신경을 쏟고 내면의 안정을 빼앗겼을 것이다. 그리고 훌륭한 직원은 모든 일을 챙기고 되도록 늦게 퇴근하는 사람이라는 신조에 충실하게 따랐을 것이다. 그것은 명망 높은 직장, 물질적인 풍요 그리고 사장, 고객, 동료들에게서 인정받는 것에 대한 대가였다. 그리고 이러한 것들은 적잖은 스트레스를 불러오는 원인이었다.

그런데 사실 스트레스는 의미 있는 것일 수 있으며 생활을 풍요롭게 해줄 수도 있다. 적절한, 긍정적인 스트레스는 당신을 독려하고 당신의 목표를 성취할 수 있게 도와준다. 스트레스는 각 개인의 한계치를 넘어서야 비로소 파괴적인 작용을 한다. 이 한계치를 넘어섰다는 것을 우리는 크고 작은 많은 징후들을 보고 알 수 있다. 저녁에 운전석에서 일어나 곧장 텔레비전 앞에 앉았다가 그 후에 침대 속으로 쓰러질 때 느끼는 피로감에서, 종종 오래 지속되는 업무상의 긴장 국면에 이어 마침내 바라던 휴가를 얻었을 때 어김없이 찾아오는 질병에서. 업무상의 부담이 줄어들면서 그와 함께 스트레스 수위가 급격히 떨어질 때 문제점이 비로소 명확히 드러난다.

거의 누구나 이 심각한 한계치를 알고 있지만, 어느 누구도 이 한계치를 넘어설 때 필요한 결단을 내리지는 않는다. 왜 우리는 이 지경이 되도록 내버려두며, 업무에서 오는 지속적인 부담과 우리 스스로 떠맡는 압박감에서 제때 벗어나지 못하는가? 엄밀히 말해서 우리가 그렇게 하지 못하도록 만드는 두 가지 원인이 있다.

첫째로 그것은 불안 때문이다. 더 정확히 말하자면 자신의 불안에 쉽게 굴복하는 태도 때문이다. 우리가 너무나 자주 결정을 내리지 못하고 주저하는 이유는 그렇게 함으로써 어떤 긍정적인 효과를 불러오기를 바라기 때문이 아니라, 불안하기 때문이다. 다른 사람들의 반응에 대한 불안, 기분 나쁘게 받아들여지지 않을까 하는 불안, 해고당하지 않을까 하는 불안 말이다. 그리고 당연히 이러한 불안을 일으키는 이유는 대부분 양심의 갈등을 피하기 위해 신중하게 설명된다. 이 경우에 우리는 불안을 흔히 '조심성'이라고도 부르며, 우리가 조심하지 않았더라면 어떤 온갖 일들이 일어날지에 대해 억지로 시나리오를 짜 맞춘다.

어쩌면 당신은 우리가 동료들과 함께 모여서 기분 좋은 전율을 느끼면서 이전 동료들에 관한 얘기를 할 때의 상황을 잘 알고 있을 것이다. 정상 궤도에서 벗어나고, 회사를 그만두거나 뜻밖의 행동을 해서 불쌍하게 좌절한 동료들 말이다. 이러한 경우에 악의적으로 고소해하는 마음이 확산된다. 자기 자신이 어쨌든 더 '신중하다'는 사실에 대한 기분 좋고 만족스러운 마음 말이다. 때로는 우리는 불안을 '장애'라고도 부른다. 이때 이것은 주로 외부에서 주어지고 아무리 고치려 해도 '고쳐지지 않는' 장애를 말한다.

두 번째 이유는 압박감이다. 함께 소속되고 싶어 하는 사회적인 압박감, 엄청난 성공을 거둔 집단의 손색없는 일원이 되어야만 한다는 압박감 말이다. 이 압박감은 현실감각을 떨어뜨릴 뿐 아니라 병들게 만들기도 한다. 왜냐하면 어느 누구도 자신의 내면에 설정된

  3040 로드맵

모든 기대를 충족시킬 수는 없기 때문이다. 항상 기분이 좋아야 하고 항상(일을 할 때나 쉴 때나 상관없이) 성공을 거둘 수는 없는 노릇이다. 언젠가 실수를 할 수도 있으며 좌절하는 것도 행복이나 성공과 마찬가지로 인생의 한 부분이라는 사실을 깨달아야 한다.


## 시간은 당신의 후원자다


이제 분망한 현대인에게 종종 어떤 계시와 같은 효력을 보이는 한 가지 인식에 관해 살펴보자. 그것은 바로 '시간은 당신의 편'이라는 인식이다. 지금 이 순간 당신은 시간과 다투는 생활을 하고 있다. 만약 당신이 일상적인 업무에 대한 대안을 만들어내려고 한다면, 당신은 이제 시간과 이렇게 다투는 본질적인 이유가 무엇인지, 그리고 당신이 왜 다투게 되었는지 질문을 제기해야 한다. "말도 안 되는 질문이군. 일을 하지 않을 수 없었기 때문이야!" 이러한 대답은 본질적인 이유를 찾는 데 아무런 도움도 주지 못한다. 이는 왜 달리기를 하지 않느냐는 질문에 "왜냐하면 나는 스포츠화가 없기 때문이야"라고 대답하는 것이나 마찬가지다.

당신의 새 자동차를 예로 들어보자. 당신은 휴게소에 정차해 있고 마침내 곰곰이 생각해볼 수 있는 여가가 생겼다. 당신은 깊이 생각에 잠겨 도로지도를 뒤져가며 앞으로 가야 할 길을 살펴보기 전에, 차의 내부를 한번 들여다보아야 할 것이다. 뒷좌석이든, 사물함이든, 트렁크든 상관없다. 그 속에는 어떤 것들이 들어 있는가? 유용한 것들이 들어 있는가, 아니면 불필요한 것들도 많이 들어 있는가? 그리고 당신이 평소에 차를 세워두는 차고는 또 어떤 모습인가? 여기서는 이 물건들의 물질적 가치를 말하는 것이 아니라, 이 물건들이 당신에게서 얼마나 많은 신경과 시간을 빼앗아 가느냐 하는 것을 말한다. 한번 잘 살펴보도록 하자.

그곳에는 핸즈프리 키트, CD 체인저, 네비게이션 시스템과 같은 훌륭하고 값비싼 것들이 있을 것이다. 그런 물건들은 정말 그럴싸한 것들이다. 하지만 당신에게 그것이 필요한가? 앞으로 당신은 운행을 하면서 통화를 해서는 안 될 것이다. 또한 앞으로는 네비게이션도 필요하지 않을 것이다. 그리고 차고에는 또 무엇이 있는가? 자전거 짐받이다. 이것은 원래 유용한 부속품이지만, 수년 전부터 사용하지 않고 있다. 따라서 앞으로 사용할 것들이거나 아니면 당장 완전히 없애버려야 할 것들, 이 두 가지 중 하나다.

그 다음에는 사물 보관함을 보자. 자동차 클럽의 회원 카드들, 오래된 메모지, 반쯤 남은 서리 방지 스프레이로 가득 차 있다. 이 낡은 것들이 대체 무슨 쓸모가 있단 말인가? 어쩌면 당신은 벌써 예감하고 있을 것이다. 당신의 (새) 자동차는 더욱 다루기 쉽고 더욱 경쾌하게 움직이고 더욱 개성적이어야 할 뿐 아니라, 더욱 잘 정돈되어 있어야 한다. 더 많은 사람들과 더욱 유용한 도구들을 위한 공간과 당신이 앞으로 살펴보고 싶어 하는 모든 지역들의 수많은 지도들을 비치할 공간을 마련해야 한다. 이 다음의 장기적인 목표는 차를

버리고 더 자주 걸어 다니거나 자전거를 이용해서 여행하는 것이 될
것이다.


## 특수 폐기물 처리하기


이제부터는 당신에게 시간과 신경만 쓰게 만드는 두 종류의 불필
요한 짐들에 관해 이야기할 것이다.


● 활동들
● 물건들


어떤 물질적인 것들이 실제로는 쓸모없는 시간 킬러들인지는 쉽
게 알아낼 수 있다. 이것을 위해 필요한 것은 메모지와 뾰족하게 깎
은 연필이 전부다. 이것들을 준비하고 당신의 집을 철저하게 검열하
도록 하라. 지하실에서 다락방까지 모든 공간을 꼼꼼하게 살펴보고
먼지가 내려앉은 것들뿐 아니라 매번 쓸모가 없어서 귀찮은 짐으로
여겨지는 모든 물건들을 기록하라. 그것은 가령 반년마다 선반에서
꺼내서 점검하고 나중에 다시 조심스럽게 쌓아놓는 전기 얼음 분쇄
기를 말한다. 그것은 한 번도 사용하지 않는데도 매년 겨울마다 왁
스를 바르고 그 다음에 다시 조심스럽게 포장해놓는 낡은 스키다.
그것은 약 1만 2000장의 우표들이 들어 있는 손도 대지 않은 상자

다 — 당신의 삼촌에게서 물려받았고 그 때문에 언젠가 가벼운 우수를 느끼며 '이것으로 내 취미를 삼아야지' 하고 결심했던 것이다. 비록 당신은 그때 이미 결코 그렇게 되지 않으리라는 것을 예감하고 있었지만 말이다.

그렇게 번거로운 일을 할 필요가 있냐고? 벌써부터 해야 할 일이 너무 많아서 포기하는 것인가? 공간을 나누어 하루에 하나씩만 시도하라. 필요한 경우 평방미터로 나누어서 해도 좋다. 확실한 것은 당신이 직업상으로 더욱 성공했을수록 (혹은 그렇다고 느낄수록), "비싸고 어쩌면 과시하기에도 충분할 텐데. 그런데 유감스럽게도 완전히 쓸모가 없어졌군" 하고 여기는 물건들의 목록은 더욱 길어진다는 점이다. 이 모든 경우에 해당하는 물건들은 내다 버리거나 벼룩시장에 내놓는 것이 좋다. 그러면 틀림없이 마음이 개운해질 것이다.

불필요한 활동을 걸러내는 일은 약간 더 힘들다. 그렇지만 불가능한 것은 아니다. 첫 단계로 당신이 지난 몇 주와 몇 달 동안에 몰두했던 모든 활동들을 도표로 작성하라. 여기에는 당신이 비록 일을 하는 동안 직접 했던 것은 아니지만, 어느 정도 직업과 관련되어 있는 것들도 포함된다. 말하자면 경우에 따라 거래 파트너와 만났던 일, 사장과의 골프 회동, 동료가 참석했기 때문에 그냥 따라갔던 파티, 직무상 유용할 것이라고 생각한 독서가 포함된다. 그 내용이 어떤 것이었는지 그리고 각 활동들마다 시간이 얼마나 들었는지 기록하라. 당신이 아침마다 거울 앞에서 화장을 하거나 아니면 적당한 넥타이를 고르는 데 허비한 시간에서부터 애완견을 데리고 산책을 나가는 대신 따분한 전문잡지를 뒤적인 시간에 이르기까지. 당신이 이 일을 한 달 정도 꾸준히 해낸다면, 그것은 의미 있는 일일 것이다. 이 목록은 임의로 늘어날 수도 있으며 지극히 이상한 항목들도 포함될 수 있다. 당신 외에 어떤 사람도 이 목록을 보아서는 안 된다.

당신의 다양한 항목별 시간 사용을 효과적으로 살피기 위해 도표를 요일별로 작성해야 한다. 다음에 나온 것처럼 제목을 붙일 네 개의 서로 다른 칸이 있는 도표로 작성하는 것이 가장 좋다. 네 번째 오른쪽 칸은 아직은 비워두어야 한다.

## 월요일

| 시간 | 항목 내용 | 소요 시간 | 점수 |
| --- | --- | --- | --- |
| 13:00(점심시간) | 동료와 식사(일식) | 1시간 | |
| 19:00(퇴근 후) | 쇼핑(새 휴대폰 배터리를 구함) | 40분 | |
| 21:00 | 텔레비전 시청 | 2시간 | |

## 화요일

| 시간 | 항목 내용 | 소요 시간 | 점수 |
| --- | --- | --- | --- |
| 20:00 | 영화 〈해리포터〉 관람. (동료들은 모두 다 보았다) | 3시간 | |

<u>**토요일**</u>

| 시간 | 항목 내용 | 소요 시간 | 점수 |
|---|---|---|---|
| 9:30 | 아침 식사<br>휴대폰에 새 배터리를 끼움 | 30분 | |
| 10:00 | 쇼핑(사무실에서 사용할 새로운 장비를 구입) | 3시간 | |
| 14:00 | 테니스 시합 | 4시간 | |
| 19:00 | 발표 준비<br>마케팅 클럽 회원들과 만남 | 3시간 | |
| 23:00 | 휴대폰을 새로 입력(주소록이 실수로 지워짐) | 2시간 | |

당신이 지금까지 직장에 많이 얽매여 있었다면 다소 실망스러운 결과가 나올 것이다. 기입한 활동들이 모두 직접적으로 당신의 일과 연관되어 있는 경우도 있을 것이다. 그런 상황이라면 당신은 우선 근무 시간을 줄이고서 다운시프팅을 본격적으로 실행해야 할 것이다.

▶ 테스트

이 목록을 이제 침착하게 잘 살펴보기 바란다. 이 활동들을 머릿속에서 다시 한번 꼼꼼히 그려볼 것이다. 이때 다음과 같은 질문을 하고 매번 '그렇다'가 나올 때마다 오른쪽 빈칸에 1점을 기입하도록 하라.

- 해당 행동이 실제로는 직장과 관련된 것이었나? 비록 당신이 그것을 공식적으로는 여가 활동이라고 말하고 싶어 하지만 말이다.

- 그것이 실제로 여가 활동이었다면 : 나중에 그 시간을 차라리 어떤 다른 일에 투자하고 싶었는가?

- 다운시프팅과 관련하여 '투자에 대한 수익(Return on Investment)'을 어떻게 평가할 것인가? 다운시프팅 계획과 관련해서도 시간을 올바로 투자했는가?

- 집단 압박감 문제에 대해 : '남들'이 그렇게 하기 때문에 당신도 하거나 했던 일들이 있는가? 그렇게 하지 않으면 다른 사람들 앞에서 멍청하게 보이지 않을까 두려워했기 때문인가?

- 편하게 지내는 문제에 대해 : 당신이 정말로 애착이 가지 않는데도 수년 전부터 오직 습관 때문에 행하는 활동들이 있는가?

▶ 진단

당신은 이제 오른쪽 칸의 점수를 합산하기만 하면 그 후에는 곧장 가려내는 일에 착수할 수 있다. 심각한 것들부터 시작하도록 하자. 4점 혹은 심지어 5점을 받은 모든 행동, 모든 활동들은 가능한 한 즉시 없애고 더 의미 있는 어떤 것으로 대체해야 한다. 여기서 당신은 시간과 만족감을 빼앗아 가는 요인들을 발견했을 가능성이 높다.

3점이나 4점을 기록한 모든 행동들은 검증해야 할 대상이다. 당신은 이러한 항목들을 반드시 당장 제거해야 하는 것은 아니지만, 다음에 정리할 때에 대비해 이러한 것들을 잘 기억해두어야 한다.

1점만 받은 활동들은 당신이 앞으로도 계속 유지하는 것이 적절할 것이다. 솔직히 말하자면 더 높은 삶의 질과 생활의 즐거움을 추구하는 데 방해가 되는 것으로 드러난 모든 활동을 다 골라낼 수는 없을 것이다. 많은 활동들은 직업의 관점에서나 개인적인 면에서나 불가피한 것들이다.


## 시간 킬러들을 통제하기


여기서는 앞의 4장에서 당신의 재정 상태를 분석할 때와 유사하게 얼핏 무의미하고 불필요하게 보이는 모든 것을 한꺼번에 포기하는 것이 아니다. 우선 이러한 것들을 통제하고 스스로 주의하는 방법을 다룰 것이다. 예를 들어 우리가 항상 그리고 근본적으로 너무나 부족하게 가지고 있는 그 소중한 시간이 어디로 흘러 들어가는지 알아내야 한다. 당신의 다운시프팅 의도가 뚜렷해지면 단계적으로 항목을 제거하는 데 착수할 수 있으며, 그 성과가 긍정적이고 그래서 시간이 절약된다는 것을 일단 알아차렸다면 속도를 마음대로 높일 수 있다. 따라서 처음에는 한두 항목 혹은 심지어 다섯 항목까지 시도해보라. 그렇지만 가장 중요한 것은 실제로 변화를 불러오는 것이며, 그것을 분석하고 기록하는 것으로 만족해서는 안 된다.

중요한 조언이 또 하나 있다. 명백히 부담인 것으로 확인된 모든 것들을 당신의 재정 계획과 예산안 내지 그 속의 삭제 목록과 비교해보라. 그곳에 그 항목이 나타나는가? 만약 그렇다면, 예산이 얼마나 드는가? 경우에 따라서는 시간 킬러뿐 아니라 새로운 비용 킬러도 발견했을 것이다. 당신이 지금까지 간과해왔고 당신에게 추가의 금전적인 여유를 제공하는 불필요한 비용 말이다.

수많은 직업상의 파티와 마케팅 회의는 광고 매니저 카렌에게서 많은 시간과 정력을 빼앗아 갔다. 하루 종일 정신없이 돌아다니는 날도 몇 주나 있었다. 정오에는 중요한 고객들과 만나고, 저녁에는 간단한 스낵을 먹으러 동료들과 함께 일식집으로 가고 그 다음에는 '관계를 유지하기 위해 어쩔 수 없이 가야만 하는' 그런 파티들 중 하나에 참석했다. 그 참담한 결과는 직장이 마치 문어처럼 마지막 조금 남아 있는 여가에까지도 손을 뻗친다는 점이다.

▶ 카렌의 다운시프팅 조언
여가 활동들이 실제로는 직업상의 동기에 의한 것인 아닌지 파악해야 한다.

당신이 삭제해야 할 활동들의 목록은 길 수도 있고 짧을 수도 있다. 그것은 오직 당신만 알고 있는 전적으로 비정상적인 활동들과 시간 킬러들만 담고 있을 수도 있다. 그러나 또한 실제로 우리들 모두에게 일어나는 지극히 평범한 일들일 수도 있다. 이것을 명확히 밝히기 위해 다음에는 일반적으로 우리가 다운시프팅으로 가는 길목을 가로막고 있는 가장 평범하면서도 가장 해로운 습관 두 가지를 설명한다.

## 바보상자와 하이테크 : 사람들은 어떻게 시간을 허비하는가

첫 번째 습관은 텔레비전을 보며 시간을 보내는 것이다. 이것은 술을 마시는 것과 비슷하다. 바보상자는 별로 즐겁지 못한 일상의 기분을 털어버리기 위해 이용된다. 당신이 언젠가 재미 삼아 주당 평균 텔레비전 시청시간을 합산해본다면, 당신은 화를 내며 이 시간을 얼마나 의미 깊은 활동들로 채울 수 있을지 따져볼 것이다.

예를 들어 만약 당신이 과감한 결정을 내려서 한동안 텔레비전을 거실에서 치우거나 적어도 텔레비전 시청 시간을 상당히 줄인다면 어떨까. 당신이 이러한 계획을 얼마나 철저하게 실행으로 옮기게 될지 확신이 서지 않는다면, 일단 당신의 텔레비전 시청 시간 목록 옆에 당신이 정말로 관심이 있어서, 예를 들어 정보 욕구를 달래기 위해 텔레비전을 보는 것인지 기록하도록 하라. 아니면 한 잔의 포도주나 수면제를 대신해서 바보상자를 억지로 보고 있는 것인지 말이다. 당신이 정말로 여가와 한가로움을 찾았고 다운시프팅 계획이 어느 정도 확립되어 있다면, 당신이 앞으로 한동안 텔레비전 시청을 그만두고 그 대신 다른 일에 몰두할 때 어떤 긍정적인 에너지가 발산될 것인지 생각해보라. 아마도 당혹스러움을 감추지 못할 것이다.

두 번째 습관은 약간 더 복잡하다. 그것은 우리의 놀라운 하이테크 세계와 관련된 것이다. 최근 10년간 부단하게 발전을 거듭해온 과학기술은 우리의 생활을 근본적으로 바꾸어놓았다. 그러나 이러한 변화가 모든 면에서 긍정적인 것만은 아니다. 물론 많은 것들이 더욱 편리해졌다. 휴대폰, 노트북 컴퓨터 그리고 인터넷의 도움으로 우리는 오늘날 언제 어디서든 상관없이 일을 할 수 있게 되었다. 그러나 바로 이 때문에 문제가 생겨난다. 특히 최근 몇 년간 과학기술과 커뮤니케이션 형태를 변화시킨 엄청나게 빠른 속도는, 삼사십 년 전 혹은 백 년 전 사람들의 욕구와 다름없는 우리의 자연적인 욕구와 현저한 대조를 이루고 있다.

사람들이 — 때때로 오늘날 우리들에게는 이상하고 어쩐지 감동적인 유물로밖에 여겨지지 않는 — 연락 두절 상태에 있었던 것이 겨우 15년 전의 일이다. 반면에 오늘날에는 지금까지의 다른 모든 것들을 압도하는 넘쳐나는 커뮤니케이션이 도처에서 행해지고 있다. 전화벨이 세 번만 울려도 전화를 받지 않으면 곧장 음성 메시지 창이 뜬다. 그리고 필요한 경우에는 또 중요도가 '높은' 것으로 표시되는 이메일을 이용할 수 있다. 심지어 한꺼번에 '복사본'으로 수많은 다른 수신자들에게 이메일을 보내기도 한다. 우리가 실제로 핸드폰을 한동안 사용하지 않으려는 대담한 작정을 하면 핸드폰은 특별히 냉소적으로 메시지를 알린다. "부재중 전화 ○통화!"

그리고 어떤 것도 놓치지 않기 위해, 어떤 통화, 어떤 아주 사소한 답신조차도 빠뜨리지 않기 위해 다정스럽게 PDA(Personal Digital Assistent, 개인 휴대 정보 단말기)라 불리는 일정관리 프로그램을 사용한다. 이러한 프로그램은 자신의 주인을 위해 (그가 '부재중'인 경우) 수만 개의 일정을 저장한다. 그리고 바로 이 때문에 문제가 생긴다. 여기에는 자동차에서처럼 운전자가 너무 빨리 달리면 즉시 차량의 속도를 줄이는 일종의 전자 차단기와 같은 속도제한 장치가 없다. 그리고 대부분 사람들이 기존의 전자기기들을 또한 충분히 활용하려는 경향이 있기 때문에 전자 도우미는 쉽게 자신의 주인을 지배하는 폭군이 된다 — 그 반대로 되지는 않는다. 우리가 그것을 원하든 원하지 않든 상관없이, 우리들 대부분이 압박과 속도에 순응하며 온갖 불필요한 메시지, 소용없는 '부재중 통화'로 스스로 또 하나의 덫을 생활 속에 채워 넣는다.

"잠깐!" 하고 당신은 소리를 지를지도 모른다. "여기까지는 몰라도 더 이상은 안 돼! 현대적인 전자기기들을 사용하지 않고서 대체 어떻게 재택근무와 거기에 필요한 모든 것들이 포함된 다운시프팅 계획을 성공적으로 실행한단 말인가?" 거의 모든 경우에서 그렇듯이 절제하며 적절하게 사용하는 것이 중요하다는 사실을 명심하라. 예를 하나 들어보자. 이 예를 보고 당신은 어쩌면 웃을 수도 있지만, 어쩌면 걱정스러워할지도 모른다. 우리들 거의 모두는 아웃룩을 알고 있다. 약속 일정, 주소록 그리고 이메일을 관리하는 마이크로소

프트 사의 프로그램 말이다. 이것은 오늘날 모든 번듯한 사무용 컴퓨터의 표준 장치로 자리 잡았다. 하지만 과거에 빌 게이츠가 자신의 약속 일정을 관리하기 위해 어떤 프로그램을 사용하는지 묻는 질문에 무엇이라고 대답했는지 알고 있는가? 이 마이크로소프트 회장은 당황해서 잠깐 침묵을 지키더니 양복 주머니에서 무언가를 꺼냈다. "이것입니다." 그가 익살스럽게 웃으면서 보여준 것은 낡아빠진 구식 휴대용 일정표였다.

따라서 중요한 것은 과학기술과 커뮤니케이션 세계의 수단을 합리적으로 사용하는 것이다. 다운시프팅을 하는 당신에게는, 새로운 정보기술과 통신기술의 발전과 함께 일과 여가의 관계도 대단히 급격하게 변했다는 사실도 중요하다. 당신에게 닥칠지도 모르는 위험은 이것이다. 늘어나는 업무의 압박감, 비정상적으로 긴 근무 시간 그리고 집에서 일할 수 있는 가능성 때문에 당신은 어느 때나 연락이 닿을 수 있을 뿐 아니라 여가 시간에도 일을 하게 되는 것이다. 바로 그 때문에 당신은 빌 게이츠를 적어도 시험적으로라도 따라해 보려고 노력해야 하는 것이다.


▶ 테스트

간단한 테스트로 우선 당신이 과학기술과 현대 커뮤니케이션 방식에 얼마나 의존하고 있는지 알아보자.


● 당신이 절대적으로 '그렇다' 고 대답하는 모든 질문에 대해 2점

을 기입하라.

- ● '반반'이라고 대답하는 질문에는 1점을 부여한다.
- ● 그리고 명확하게 '아니다'는 결론이 나오는 질문에는 0점을 부여한다.


① 당신은 다른 일(개인적인 일이든 업무상의 일이든 상관없이)에 몰두하고 있을 때도 방금 도착한 이메일을 열어보려는 충동을 억제하기가 매우 힘든가?

② 상당한 기간 동안 이메일이 한 통도 도착하지 않아서 당신의 메일 프로그램에 이상이 생긴 것은 아닌지 물어본 적이 있는가?

③ 핸드폰이 꺼져 있거나 잊고 가져오지 않았을 때 불안해지는가? ─ 업무와 상관없이 말이다.

④ 휴대폰 번호나 이메일 주소를 경솔하게 관리하여 때때로 당신이 즉각적으로 응대할 수 없거나 혹은 심지어 짜증난다고 느끼는 전화나 이메일을 받는가?

⑤ 여가 시간이나 심지어 휴가 기간에도 회사, 고객 그리고 동료들을 위해 연락이 닿게 하려고 노력하는가? 자신의 개인 전화번호를 동료나 상사에게 알려준 적이 자주 있는가?

⑥ 당신은 사무실에서 실제로 늘 통화를 할 수 있고 연락이 닿을 수 있는가? 엄청나게 일이 밀릴 때도 업무용 전화를 항상 켜놓는가(즉 자동 응답기가 꺼져 있는가)?

▶ 진단

결과가 0에서 3점 사이라면 축하할 일이다. 당신은 현대적인 통신 장비를 잘 제어하고 있는 것처럼 보인다. 따라서 당신이 휴대폰, 이메일 등을 다루는 방식을 개선할 필요성은 적어 보인다.

만약 4에서 7점에 도달했다면, 그 결과는 '시급하게 개선해야 할 여지가 있다'고 말할 수 있을 것이다. 당신은 앞으로 당신의 통신 습관을 주의 깊게 관찰하고, 경우에 따라 심각한 항목부터 집중적으로 손봐야 한다.

8점 이상을 얻었다면 위험 단계에 해당한다. 이러한 전제 조건하에서는 다운시프팅 계획을 성공적으로 실현하기 힘들 수도 있다. 그 이유는 당신은 통신 습관을 통제하지 못하고 최악의 경우 '핸드폰 중독자'일 위험이 있기 때문이다. 그 위험이란 당신이 막 정원에 나와서 첫 나무를 심는 동안 핸드폰이 울려대고, 당신은 그 전화를 받으러 달려가는 것이다. 이런 상황이라면 변화가 절실히 필요하다.


텔레비전이나 과학기술로 인해 생겨나는 온갖 시간 문제를 해결하기 위한 실마리는 간단하다. 그것은 다른 일에 몰두하면서 냉정하게 끊어버리는 것이다. 사정이 얼마나 심각한지에 따라 시간 단위를 점진적으로 늘려야 한다. 처음에는 당신과 연락이 되지 않는 시간을 한두 시간으로, 그 다음에는 하루 종일이나 어쩌면 심지어 몇 주 동안으로 늘리는 것이다.

## 새로운 시간 계산

이 모든 장애물에도 불구하고 목표는 명확하다. 정말로 의미 깊고 중요한 일들을 위해 더 많은 시간을 얻는 것이다. 이것을 이루기 위해 당신은 주간 계획표에 언제 어떻게 당신이 소중한 시간을 만들어 냈는지 기록해야 한다. 물론 앞으로도 당신이 벗어나기 힘든 곤란한 일들이 있을 것이다. 당신이 (진짜 혹은 추정되는) 시간 킬러를 삭제하고 줄이는 일에 착수할 때 다음 조언들을 명심하도록 하라.

'완벽한 해결책'을 생각하라. 예를 들어 돈을 아끼기 위해 헬스 클럽이나 요트 클럽을 탈퇴하는 것은 의미가 없다. 만약 당신이 그곳에서 정기적으로 가장 친한 친구들을 만난다면 말이다. 어쩌면 이들은 당신에게 업무상 관계를 벗어나 중요하게 여겨지는 유일한 사람들일 수도 있다.

과도기를 고려에 포함시켜라. 모든 것을 한꺼번에 버리지 말고 단계별로 시도하라.

다운시프팅을 하는 다른 사람들과 애기를 나눌 수 있는 모든 기회를 활용하라. 다른 사람들은 개인 생활 영역에서 어떤 부담스러운 짐에서 벗어났으며, 그때 그들은 어떻게 했는지 물어보라.

이제 당신을 만족시키지 못하며, 통제된 태도와는 정반대되는 활동들을 체감할 수 있게 '줄이는 방법'이 나온다. 바로 그 자리에 우리가 가진 가장 중요한 자원, 즉 '늘어난 시간'이 들어선다.

당신이 앞으로 이 시간을 어떻게 다룰 것인지, 어떤 의미 깊고 가

치를 부여하는 활동들을 발전시킬 것인지는 다음 장에서 자세히 알
아보자. 끝까지 최선을 다하라!

제 14 장

# 놀라운 다양성

당신은 이제 가장 가까운 인터체인지를 빠져나와 어느 교차로에 서 있다. 어쩌면 처음 있는 일인지도 모른다. 멀리 고속도로에서는 자동차들이 질주하는 소리가 들리고, 서류 가방에서는 당신의 휴대폰이 울리고 있다. 그것을 받아서는 안 된다. 시동을 끄고 차에서 내려 몇 번 힘차게 심호흡을 하라. 침착하게 사방을 둘러보라. 여기서부터 완전히 새로운 삶이 시작된다. 당신이 앞날에 관해 어떤 것을 기대하고 있든, 어떤 멋진 계획들 혹은 쉽게 실행할 수 있는 계획들이 이미 당신의 머릿속에서 맴돌고 있든, 당신의 꿈이 이루어질 전제 조건은 이상적이다. 왜냐하면 당신은 이제 모든 사전 준비를 성공적으로 끝마쳤기 때문이다.

당신은 지금 현재 다음과 같은 것들을 규정해놓은 상태다.

● 더 많은 개인 활동의 여지를 얻기 위해 당신의 생활을 직업상

으로 그리고 금전상으로 얼마나 강하게 개선하고 싶은가?

- 앞으로 무엇으로, 어떻게 그리고 어디서 돈을 벌려고 하는가?
- 당신을 후원할 것이라고 기대할 수 있는 사람들은 누구인가?
- 그리고 당신은 무엇을 포기할 수 있는가? 그것은 소비, 과학기술, 불필요한 여가 활동, 혹은 단지 나쁜 습관 때문에 필요해진 물질적인 것들이 될 것이다.

그 외의 다른 모든 것들에서 비롯되는 해결하지 못한 마지막 문제도 마찬가지로 명확해졌다. 당신은 앞으로 얼마나 많은 시간을 가지게 될지 알고 있으며, 이 시간을 정신적 부담이 심한 직장에서보다 더욱 의미 깊게 투자할 것이라는 사실도 알고 있다. 바로 이 때문에 다음 단원들에서는 당신이 새 자동차를 타고 떠나는 여행, 휴식과 안정, 또한 일이 아니라 생활에 관계되는 새로운 도정과 새로운 과제들을 다룰 것이다. 한마디로 말해서 이것은 새로운 삶의 의미에 관한 것이다.

## 편향성을 피하고 다양성을 확립하라

당신의 다운시프팅 계획들은 지난 장들에서 당신이 앞으로 어떤 것을 가장 쉽게 포기할 수 있는지 규정함으로써 구체화되었다. 물론 오로지 포기하는 것만이 목적은 아니지만, 당신은 그렇게 함으로써 이제부터 결정적으로 중요한 한 가지 질문을 위한 탄탄한 기반을 마련하였다. 당신은 무엇으로 당신의 생활, 새로 생겨난 여가를 채울 것인가?

사실 이것은 별문제가 되지 않을 것이다. 당신은 오랫동안 이 순간을 기다려왔으니까 말이다. 그러니 아이디어가 마구 샘솟아 나와야 할 것이다. 하지만 바로 그 때문에 문제가 생길 수도 있다. 당신은 지금까지 차량들의 빠른 속도와 긴 행렬 속에서 차를 몰았으며, 어쩌면 아직 한동안 더 달리게 될 것이다. 이 차량들의 속도와 긴 행렬은 또한 길가에서 일어나고 있는 일을 살펴보는 당신의 눈길을 상당히 몽롱하게 만들어놓았다. 아마 당신은 주행 코스 건너편으로 나 있는 도로를 전혀 알아보지 못하거나, 아니면 겨우 희미하게만 알아볼 것이다.

그러나 이렇게 제한된 지각 때문에 당신은 직장과 출세에 억눌렸던 이전의 생활양식을 마찬가지로 편향적인 또 다른 생활양식으로 바꾸게 될 수도 있다. 이러한 변화는 어떠한 경우에도 피해야 하는 것이다. 이 새로운 편향성이 당신이 아주 정열적으로 하루 24시간 내내 단 한 가지 취미에 몰두하는 것이든, 아니면 너무나 오랫동안 그리고 너무나 자주 아무것도 하지 않고 쉬는 것이든 상관없이 말이다. 후자를 택한 사람들에게 충고하고 싶은 것은, 단순히 그날그날 살아가는 것이 한동안은 아주 매력적일 수도 있지만, 언제까지나 만족스러운 것은 아니라는 점이다. 특히 당신이 이전에 압박감에 시달리면서 초고속으로 일하는 데 익숙해 있었다면 말이다.

시몬은 매니저로서 거의 전적으로 냉철하고 객관적인 사업상의 결정을 내려야만 했다. 그러나 그는 실제로는 자신이 오히려 창의적인 기질이 있다고 여겼다. 그는 이 충동을 수년 동안 성공적으로 참아왔으며 더 많은 일을 하는 것으로 대신 보상했다. 결국 시몬은 갑작스럽게 결단을 내려 사직을 하고 저축을 해둔 돈과 온갖 열의를 다 바쳐 미술품 가게를 열었다. 하지만 미술품 거래를 한 지 1년 후에 그는 이전에 자신의 옛 직장에서와 같은 상황에 처하게 되었다. 지극히 편향적인 활동 속에서 성공을 해야 한다는 강박관념에 시달렸다. 이 모험도 중도에 포기하고 여러 다양한 요소들로 구성된 계획을 세운 후에야 비로소 균형 잡히고 무엇보다 다채로운 생활을 바라던 자신의 소망을 이룰 수 있었다.

▶ 시몬의 다운시프팅 조언

이전의 직장 생활의 (잘못된) 전제 조건을 토대로 대안적인 생활계획을 구상해서는 결코 성공할 수 없다. 단순히 포장만 바꾸고 옛 내용물을 그대로 남겨두는 바보짓은 피하도록 하라.


다음 단원에서는 인생이 우리들 모두를 위해 마련해두고 있는 행복의 근원인 다양성을 다룰 것이다. 다운시프팅을 성공적으로 이행한 사람들은 다양성이 행복하면서도 성공적인 생활의 가장 중요한 조건이라는 사실을 잘 알고 있다. 따라서 당신은 앞으로 어떤 계획을 세우든 늘 다음 사실을 유의해야만 한다. 매 순간마다 제공되고 누구나 발전시키고 자신을 위해 이용해야 하는 기회의 다양성에 대해 열린 마음을 가져라.

## 행복한 인간의 비밀 : 자기 복합성

이 다양성을 살펴보는 데는 이른바 자기 복합성이라는 개념이 결정적인 도움을 준다. 이것은 현대 심리학에서 나온 인식으로 오늘날에는 수많은 노동 심리학자와 경영 컨설턴트들이 사용하고 있다. 자기 복합성은 다름 아닌 지금까지 소홀하게 다루어온 자기 자신의 특성을 계발하는 것을 말한다. 자기 복합적인 인간은 이른바 정신적 그리고 감성적 도피 영역을 가지고 있다. 실패한 프로젝트나 사장의 언짢은 발언을 그들은 쉽게 견뎌낸다. 그들은 좌절을 다른 분야에서의 가능성으로 상쇄하는 것이다. 그 이면에서 작용하고 있는 것은 말하자면 서로 다른 수많은 활동 영역들과 소질들을 가진 다방면의 자아상이다. 이것은 정신적인 건강뿐 아니라 육체적인 건강에도 도움이 된다.

다운시프팅을 하는 많은 사람들은 새로운 생활의 다양성을 확립하려는 계획을 실천하는 과정에서 그들이 지금까지 너무 소홀히 다루어왔던 능력과 장점을 가지고 있다는 확신도 키워 나간다. 실제로 다운시프팅을 하는 사람들은 창의적인 사람들 혹은 그들의 창의적인 소질을 억제했거나 억제해야만 했던 사람들인 경우가 유달리 많다.

당신이 현재 개인적으로 무엇을 기대하고 있든 상관없이, 무엇보다 이제까지 직장에서 해왔던 것과는 구분되는 특성들을 발전시킬 생각을 해야 한다. 당신이 지금까지 경리부장으로 일해왔다고 해서 테니스회에서 꼭 회계 책임자의 직책을 맡을 필요는 없다. 또 당신이 지금까지 판매직원으로서 항상 높은 성과 압박에 시달리며 일해왔다고 해서 운동 경기를 하면서 매달 획득과 등수에 연연할 필요는 없다.

이와 반대로, 지금까지 정신적인 연구 활동을 해온 사람들은 앞으로는 자신의 외향적인 면을 촉진하고 마음껏 발휘하게 해주는 과제를 집중적으로 맡는 것이 대체로 이치에 맞을 것이다. 물론 이런 업무가 마음에 들지 않는데도 억지로 맡아서는 안 된다. 자기 복합성을 발전시킨다는 것은 바로 당신이 일과 생활 사이의 인위적인 틈을 메우고, 활동과 관심사에 있어 어떤 균형이 당신을 행복하고 만족스럽게 해주는지 알아내는 것을 의미한다. 최종적으로 다양한 생활 영역들이 조화롭고 다채롭게 상호 작용하는 것이 중요하다. 이것은 얼핏 생활을 단순화하려는 의도와 모순되는 것처럼 보이지만 사실은 그렇지 않다. 이것은 엄밀하게 말하자면 잘못된 것을 포기하고 올바른 것을 키워 나가는 것이다.

미리 중요한 조언을 한 가지 한다면, 자신의 생활을 바꾸고 개선하기 위해 항상 거창하고 획기적인 계획과 개혁안이 필요한 것은 결코 아니다. 다운시프팅 대조표의 차변 자산을 늘리기 위해 당장 외딴 섬으로 옮겨가서 양을 기를 필요는 없다. 아주 사소한 일이 긍정적인 변화를 불러올 때가 많다. 따라서 당신은 얼핏 너무나 강력해 보이는 다운시프팅 방해물 때문에 낙담해서는 안 된다. 당신의 원대한 목표가 보트를 타고 세계 일주를 하는 것이라면, 금전적이고 체계적인 계획을 세우기 전에 먼저 항해 면허증이나 따야 할 것이다. 다시 말해서 다운시프팅과 자기 복합성을 계발하는 일은 또한 점진적인 변화의 과정이기도 하다. 그 과정에서 당신은 단계별로 그리고 각각의 이정표를 지나 당신의 목표에 다가가고, 여러 가지 루트를 시험해보고 또 한 번쯤 우회로를 택하기도 하는 것이다.

이제 결정적으로 중요한 문제로 들어간다. 당신에게 아직 어떤 소질이 남아 있는지 어떻게 알아낼 것인가?


## 과거와 현재 : 미래로 향하는 당신의 행로


우선 당신에게 과거에 특별히 기쁨과 만족감을 준 것을 다시 한 번 명확히 떠올려보자 — 그리고 당신이 앞으로 무엇을 하고 싶은지도! 지금까지 소홀히 다루어온 생활 영역 중 어떤 부분을 당신이 심화시켜야 하는지 잘 살펴보기 바란다. 이때 당신이 대답해야 하는 세 가지 질문이 있다. 이것은 비유적인 의미로 말하자면 세 장의 도로지도가 된다.

① 당신의 과거 : 이전에 어떤 활동을 하며 "이것이 바로 내가 이전부터 늘 해보고 싶었던 거야" 하고 말한 적이 있는가?
② 당신의 현재 : 어떤 일을 할 때 특별히 기분이 좋아지는가? 어떤 활동 분야를 당신은 계속해서 키워 나가고 싶은가?
③ 당신의 미래 : 어떤 일을 진작부터 한번쯤 해보고 싶었는가? 지금까지 소홀히 다루어온 활동 영역에서 어떤 부분을 육성하고 확장하고 싶은가? 당신이 좋아한다는 것을 알고 있으면서도 직장 때문에 지금까지 전혀 혹은 충분히 하지 못한 활동은 무엇인가?

당신의 생활에 정말로 목적에 맞는 변화를 불러오기 위해서는 서면으로 도표를 작성하는 것이 좋다. 이때는 일단 현실성이나 실용성과 같은 직장에서 통용되는 덕목들은 잊어버려야 한다. 당신의 희망 목록에는 아주 유별난 꿈과 계획이 들어가는 자리도 있으므로, 당신 이외에 어느 누구도 이 목록을 보아서는 안 된다. 세 장의 종이에 '과거', '현재' 그리고 '미래'라는 제목으로 써두는 것이 가장 좋다.

## 1. 당신의 과거 지도

일단 과거에, 그러니까 당신이 분주한 직장인이 되기 전에 여가 시간에 했던 일들을 돌이켜 생각해보라. 그것은 어떤 취미와 활동이었는가? 머릿속에 떠오르는 모든 것을 기록해두기 바란다. 시를 지었는가, 아니면 밴드에서 연주를 했는가, 아니면 여가가 날 때마다 교외로 나가 산을 탔는가? 침착하게 당신의 대학 시절이나 직업교육을 받을 때의 일도 조금 더 생각해보라. 그때 특별히 인상적인 경험은 어떤 것이 있었는가? 당신이 직관적으로 '나를 만족스럽고 행복하게 해주는 바로 그 일을 하고 있어!' 라고 느낀 그런 경험 말이다.

### 2. 당신의 현재 지도

힘든 직장 일에도 불구하고 당신이 일면적인 직장 생활의 부담을 막아주는 믿을 만한 보루라고 여겨서 아직도 포기하지 않은 활동은 어떤 것인가? 비록 지금 이 순간에는 어쩌면 그러한 활동들이 몇 가지밖에 되지 않는다 할지라도, 그것들은 무척 소중한 것이다. 왜냐하면 당신이 직장 생활을 하면서도 수년 동안 내내 함께 해왔고, 오늘날까지도 철석같이 유지하고 있는 것이라면, 그것은 앞으로 변화를 불러오기 위한 가장 안정적인 토대가 될 수 있기 때문이다.

### 3. 당신의 미래 지도

세 번째 지도는 확실히 가장 흥미로운 지도며, 당신이 끊임없이 보충하고 고치는 가장 다양하고 방대한 지도가 될 것이다. 당신이 이 지도를 작성할 때 스스로 제기해야 할 가장 중요한 질문은 '앞으로의 생활에서 어떤 것을 기대하는가?' 하는 것이다. 이 지도에는 당신이 어쩌면 수년 전부터 염두에 두고 있었을지도 모르지만, 당신의 사장이나 고객 혹은 단골손님들이 당신의 길을 알려주었기 때문에 지금까지 한 번도 실제로 작성하거나 고치려고 해보지 않았던 모든 것들을 기입할 수 있다. 비록 미래의 도로지도를 교차로와 길과 마을로 채우는 것이 몇몇 사람들에게는 힘든 문제가 될지도 모르지만, 다음의 조언과 제안들이 도움이 될 것이다.

- 당신은 자신을 위해 더 많은 것을 하고 싶은가? 만약 그렇다면, 어떤 것을 하고 싶은가? 그것은 운동을 하는 것인가, 계속교육을 받는 것인가, 혹은 화가나 록 가수로서 예술가 활동을 하는 것인가?
- 당신은 가족들을 위해 더 많은 것을 하고 싶은가? 지금까지 너무나 소홀하게 대했던 친구들이나 친지들을 위해서? 다른 사람들 — 혹은 애완동물들을 위해서?
- 혹시 어쩌면 이사를 가는 것과 연관된 아이디어가 있는가? 당신은 우세돔에 호텔을 개업하고 싶은가, 아니면 리사본에 금속 공예점을 열고 싶은가?

이와 관련하여 또 하나의 중요한 조언은 이런 것이다. 이 지도가 아무리 복잡하고 이루기 어려워 보이는 목표를 담고 있다 하더라도, 구실을 내세우려고 해서는 안 된다. "멋진 생각이기는 하지만, 그것은 너무 복잡하지. 너무 힘든 일이야. 시간이 너무 많이 걸리지 않을까?" 이러한 방향으로 흐르는 생각들은 즉각 지워버려야 한다. 그 대신 당신이 우려하는 원인이 무엇인지 알아내려고 노력하라. 때로는 이 방해물들은 당신이 이전에는 쉽게 건너다녔던 길 위의 조그만 돌멩이들에 지나지 않는다. 당신의 계획을 실현하는 데 방해가 되는 대표적인 장애물은 다음과 같은 의구심들이다.

- 나는 이 순간까지도 너무 피로하고 지친 상태다.
- 나는 미지의 것에 불안을 느낀다.
- 나는 가장 먼저 "하지만 그렇게 되면 이웃 사람들, 내 친구들, 사장이 뭐라고 말할까?" 하고 따진다.

만약 당신이 스스로 어떤 해결책도 찾지 못한다면, 배우자나 친한 친구들 혹은 바로 당신이 의도하는 것을 하고 있는 사람들과 문제를 해결하기 위해 대화를 나누는 것이 도움이 될 것이다. 그리고 이전 직장에서 당신에게 돌파구를 마련해준 덕목들도 도움이 될 것이다. 더 이상 골머리 앓지 말고 무조건 돌진하라.

## 새로운 다운시프팅 전도

이제 지도를 섞을 차례다. 즉 과거, 현재, 미래 지도로 되어 있는 서로 다른 부분들을 어떻게 하면 가장 효과적으로 결합할 것인지, 그리고 어떤 부분을 얼마나 강조할 것인지를 다룰 것이다. 말하자면 이 세 장의 지도로 새로운 다운시프팅 전도(全圖)를 만드는 것이다. 이 지도를 이용하여 당신은 앞으로 더욱 충만하고 더욱 만족스럽고 더욱 의미 깊은 인생을 헤쳐 나가게 될 것이다!

평가하는 방법은 아주 간단하다. 각 항목에 들어 있는 당신의 목표와 소망에 A, B 혹은 C라는 우선순위를 매긴다. A는 당신에게 가장 중요한 부분을 나타낸다. B는 당신이 마찬가지로 실현하고 싶어 하지만, 더 중요한 것(A)을 위해 언제든지 중단하거나 버려둘 수 있는 것들이다. C에는 얼핏 중요하지 않게 보일 수 있지만, 지금까지 단지 시간이 부족해서 충분히 다루지 못했던 모든 것들이 포함된다.

예를 들어 가족들과 보내는 시간이 소망 목록 맨 위에 있다면, 이 것은 당연히 A에 해당한다. 당신의 은밀한 욕망은 오래전에 잊혀진 것으로 믿었던 부전공인 이집트학에서 박사학위를 받는 것이지만, 그 때문에 가족들, 친구들 혹은 애완견에게 피해를 입히고 싶지 않다면, 이 항목은 B에 들어간다. 그리고 당신의 정원이 황량하고 잡초로 뒤덮여 있고, 당신이 매주 30분씩 정원 일을 하는 것으로 그곳을 정돈할 수 있다는 사실을 이미 알고 있다면, 이 일은 우선순위 C에 해당한다.

이 전도는 다양성과 복합성이라는 다운시프팅의 기본원칙을 바탕으로 작성해야 한다. 따라서 과거, 현재, 미래 그리고 A, B, C 등급 계획들에 들어 있는 관점들을 적절하게 혼합하는 것이 중요하다. 만약 당신이 지금 순전히 미래에 들어 있는 A 목표들만 가지고 결국 일면적인 계획을 짜 맞추고, 우선순위 B나 C에 들어 있는 모든 것들은 차후로 미룬다면(이것은 결코 하지 않으리라는 것을 의미한다), 그것은 잘못된 일이다. 따라서 사소한 일을 미뤄두고 일단 '대단한 도전'에 착수하는 일이 없도록 하라. 만약 당신이 "전부가 아니면 전무다. 하찮은 것들은 나중에 신경 쓰도록 하지"라고 말하는 사람에 속한다면, 한꺼번에 모든 것을 다 이루기 어려운, 포부가 큰 꿈으로만 되어 있는 그런 지도가 만들어질 가능성이 높다. 그리고 이것은 결국 또다시 좌절과 절망을 불러올 것이다.

▶ 결론

대체로 당신은 우선순위 A를 실현하는 데 더 오래 그리고 더 열성적으로 매달려야만 한다. 그런 다음 B 계획과 C 계획으로 보충하고 완화하는 것이 좋다. 당신의 과거, 현재, 미래에 대한 분석에서 나온 결과에도 이와 똑같은 원칙이 적용된다. 갖가지 다양한 취향과 의도가 다시 발견되는 그런 최대한 균형 잡힌 비율을 만들어내도록 노력하라.

이와 관련하여 한 가지 중요한 질문은 "세 목록 모두에 나타나는 항목, 계획, 목표가 있는가?" 하는 것이다. 만약 있다면 대단한 일이다. 당신이 예를 들어 과거에 대단한 육상 선수였고, 지금도 규칙적으로 달리기를 하고 있으며, 앞으로 뉴욕 마라톤 대회에 참가할 꿈을 꾸고 있다면, 당장 상세한 트레이닝 계획을 세우고 참가 조건을 조사해서 알아내야 할 것이다.

세부 계획을 세우지 않고서는 변화를 불러올 수 없다. 실행의 난이도와 기간에 따라 일정표가 포함된 보완적인 점검 항목을 작성하는 것도 하나의 유용한 방책이 될 수 있다. 이것은 당신이 목표를 정확하게 규정하고, 그것을 일목요연한 시간 간격을 두고 도달하게 될 세부 단계로 나눌 수 있도록 도와줄 것이다. 세부적인 일정표를 작성할 필요가 있는 것은 대부분 미래에 들어 있는 A 계획들이다.

일정표를 작성할 때 당신은 다음과 같은 기본원칙에 유의해야 할 것이다. 각 세부 단계의 계획을 세울 때 항상 최종 목표에서부터 시작하고, 거기서 다시 처음까지 역순으로 계획을 세워야 한다. 이렇게 하면 자신에게 가장 중요한 세부 사항들을 빠뜨리지 않을 수 있다. 세부 목표들은 정규적으로 검증할 수 있어야 하며, 또한 당신을 실제로도 눈에 띄게 진척시켜 주어야 한다. 일정표와 결합된 이러한 점검 항목은 다음과 같은 모습이 될 것이다.

신경제 매니저 외르크는 자신의 대학 시절과 그때 생겨난 특별한 관심이 떠올랐다. 충분한 돈을 벌기 위해 그는 자유 상담자로서 수많은 회사에 고용살이를 했다. 그와 병행하여 그는 박사과정을 시작했다 ─ 이것은 그가 몇 년 전에 출세를 위해 포기한 계획이다. 그는 요즈음 직장 생활의 분망함과 분주함과는 너무나 대조적인 연구 활동을 하며 흐뭇해하고 있다. 게다가 기분 좋은 부수 효과도 생겨났는데, 그것은

대학 생활을 위한 활발한 접촉 그리고 거기서 생겨난 수많
은 새롭고 흥미로운 인간관계들이었다.

▶ 외르크의 다운시프팅 조언
과거를 샅샅이 뒤져보라. 우리의 일생의 꿈과 희망의 상
당수는 우리가 이전에 실행하고 좋아했던 것 속에 뿌리내리
고 있다.


당신은 이제 당신의 새로운 지도에 나온 몇 개의 지점을 향해 나
아가야 할까? 모든 일을 한꺼번에 다 하기란 불가능하다. 따라서 새
로운 목표들을 선별하는 것은 일단 새롭게 설정된 시간 계획표에 들
어 있는 우선순위에 달려 있다. 만약 당신이 주당 평균 근무 시간을
조금밖에 줄이지 않았고, 그 외에도 불필요한 부담과 과도한 여가
활동에서 아주 조금만 자유로워졌다면, 당신은 처음에는 새로운 지
도에 나와 있는 두세 곳 이상의 새로운 장소로 가기로 작정해서는
안 된다. 하지만 앞으로는 시간을 마음껏 활용하게 될 것이라고 예
측할 수 있다면, 목록은 물론 더 길어져도 되고 상당히 먼 거리를 지
나서야 도달하게 될 장소들을 포함시켜도 좋다.
다음 단원에서 시간을 계획하고 배분할 때 도움이 될 한 가지 중
요한 수단을 익힐 것이다.

## 다양성을 얻기 위한 계획 : 포트폴리오 책정

당신이 앞으로 돈을 벌게 될 직장은 과거와는 달리, 생활의 중심이 아니라 훨씬 더 상세하게 규정된 작은 일부분에 지나지 않을 것이다.

트렌드 연구가인 찰스 핸디의 고찰에서 나온 포트폴리오 책정의 핵심 아이디어는 투자계에서 널리 행해지는 원칙이다. 폭넓게 다각화된 주식 포트폴리오는 파산을 당할 위험을 줄여준다. 주식 투자에서 이것은 모든 것을 한 곳에 투자하지 말고 위험을 분산하고 다양한 분야의 다양한 유가증권에 투자하는 것을 의미한다. 다운 시프팅 계획에서도 그 의미는 이와 유사하다. 파산의 위험을 — 즉 다양성 대신 일면성을 정착시키고, 직업상의 관점에서 어쩌면 심지어 스트레스로 인한 정신쇠약에 걸릴 위험을 — 최소화하기 위해 당신은 너무나 많은 정력을 단 하나의 활동에 투자해서는 안 되며, 그 대신 당신의 자본(시간과 정력)을 폭넓게 분산시켜야 할 것이다.

당신의 계획과 목표가 새로운 도로지도라면, 주도면밀하게 꾸며진 포트폴리오는 훌륭한 호텔 안내서 혹은 관광 안내서에 해당한다. 이 안내서는 세부 사항에서 당신에게 도움을 준다. 가령 숙박 계획을 짜거나 멋진 식사를 하는 것이 문제가 되고, 그 안내서가 여러 가지 호텔, 레스토랑 그리고 명소들을 싣고 있기만 하다면, 당신은 그것을 유용하게 사용할 수 있을 것이다.

　실무에서 포트폴리오 책정은 다음과 같이 이루어진다. 1주일을 개별 단위로 나누어 생각해보라. 지금까지 당신은 평균 50시간 혹은 어쩌면 심지어 60시간을 일했을 것이다. 이 60시간을 이제 새롭게 나누고 어디에 사용해야 할지 정해야 할 것이다. 물론 당신이 돈을 벌기 위해 매달리는 일은 여전히 중요한 부분을 차지한다. 일은 어떤 의미에서는 당신이 표류하지 않도록 붙들어주는 닻의 역할을 한다. 혹은 당신의 자동차가 굴러가도록 해주는 휘발유 역할을 하기도 한다. 당신은 예를 들어 지금의 근무 시간 가운데 50퍼센트만 순수한 생계를 위해 사용하는 것으로 포트폴리오를 짤 수도 있다. 주당 60시간을 근무해왔다면 이제 30시간이 될 것이다. 당신은 지금까지 일을 하는 데 허비했던 열 시간을 가족과 친구들에게 투자할 수 있을 것이다. 또 열 시간 동안 당신은 취미나 음악 활동에 몰두할 수 있을 것이다. 나머지 열 시간은 집이나 정원을 돌보는 데 사용할 수 있을 것이다.

　물론 다운시프팅을 하는 모든 사람들이 저마다 다 다른 시간 배분을 하게 될 것이다. 이상적인 해결책이란 없다. 하지만 포트폴리오 책정의 핵심은 어떤 경우에든 항상 변함이 없다. 그것은 일과 출세가 더 이상 다른 모든 것들이 몰려 있는 생활의 중심이 아니라, 다양한 능력과 활동의 일부분에 지나지 않는다는 것이다.

## 실무 포트폴리오 계획 세우기

포트폴리오를 만들 때 무엇에 유의해야 하는가? 우선 몇 가지 형식상의 문제들이 있다. 포트폴리오는 '케이크 단면도'와 같은 원 모양으로 만드는 것이 가장 좋다. 왜냐하면 원에서는 모든 부분들이 동일한 비중을 차지하기 때문이다. 이것은 가령 위에 놓인 것이 거의 언제나 더 높은 중요성을 차지하는 도표와는 다르다.

처음에는 그 포트폴리오에 지나치게 많은 것을 넣지 않는 것도 마찬가지로 중요하다. 특히 다운시프팅 계획을 세우는 초기에는 정확하게 얼마나 시간을 남기게 될지, 그리고 그중 몇 시간을 새로운 활동에 쓸 수 있고 써야 하는지 판단하기 힘들다. 포트폴리오를 책정할 때는 자신의 생활을 당장 다시 새로운 활동들로 둘러싸는 것이 중요한 것은 아니다. 오히려 목표는 새로 생겨나는, 자유로운 시간을 어느 일정한 범위까지만 채우는 것이다. 당신이 이전에 직업 활동을 하던 시절에 스스로 파놓은 함정에 빠지지 않기 위해서 말이다. 따라서 당신은 당장 다시 채우지 않는 여유 공간도 남겨두어야 한다.

카렌은 약 6개월이 걸려서 자신의 포트폴리오를 만들어냈다. 그녀는 무엇보다 사회적으로 부족한 점을 메우고 가족과 친구들에게 더 많은 관심을 쏟고 싶다는 생각을 기반으로 삼았다. 카렌은 일에서 오는 부담을 점차 줄여 나갔다. 주당 60시간 근무에서 단 20시간 근무로. 그리고 그 결과 소중하게 투자할 필요가 있는 시간을 풍족하게 얻었다. 무엇보다 카렌은 이제 이전보다 훨씬 더 많은 시간을 가정 살림을 돌보고 아들을 교육하는 데 투자해야만 한다는 사실도 깨달았다. 그리고 그렇게 하기를 원했다. 그녀의 원대한 목표 가운데 하나는 자신의 남편과 함께 보수를 해서 살게 될 더 큰 집으로 이사를 가는 것이었다. 그녀는 결과적으로 일을 하는 시간 외에 새롭게 사용할 수 있는 40시간을 얻었다. 그리고 그녀의 포트폴리오는 다음과 같이 짜여졌다.

- 광고 대행사에서 일하는 20시간
- 가족들과 친구들 함께 보내는 15시간
- 가정 살림 돌보기 10시간
- 빈둥거림 5시간
- 부동산을 구하는 데 3시간
- 예술과 문화를 위해 7시간

물론 꼭 시간 단위로 포트폴리오를 책정할 필요는 없다. 포트폴리오를 1년을 기준으로 며칠이나 심지어 몇 주 단위로 나누어 꾸밀 수도 있다. 여기서 시간 계획표에 따른 전통적인 책정 방식을 선택한 이유는 그것이 실행 가능성이 가장 높기 때문이다. 자신의 단위들을 결국 어떻게 하루하루마다 배당할 것인지도 당신에게 달려 있다. 그

것은 당신이 어떻게 그리고 언제 일을 할 것인지, 그리고 각 활동들
이 특정한 시간이나 요일과 결부되어 있는지에 따라 달라진다. 당신
의 포트폴리오는 새로운 시간 배당을 통제하는 시간 기록계가 아니
라, 방향 설정에 도움을 주는 하나의 모델이다.


## 예술, 문화 그리고 학문 : 배우는 즐거움


당신은 오랫동안 소홀히 다루었던 문화적 관심사에 몰두하고 싶
은 소망이 있는가? 이제 그렇게 할 적절한 시점이 되었다! 다운시프
팅을 할 때 가장 기분 좋은 변화들 중 하나는 당신이 이제 지적, 예
술적 혹은 직업상으로도 계속 발전시킬 수 있는 시간 그리고 무엇보
다 여유를 가지게 되었다는 사실이다.

이때 최종적으로 당신의 목적이 어디에 있는지는 그다지 중요하
지 않다. 어쩌면 당신은 새로운 (혹은 옛) 직장을 위해 새로운 자격
을 획득해야만 한다는 사실을 깨달았을 것이며, 그 때문에 공부나
연수를 시작할지도 모른다. 당신은 판매원으로서의 지식, 기술적인
자질을 넓히거나 아니면 창의적 기량을 익히고 있는가? 아니면 다
시 한 번 오로지 순수한 즐거움과 취미 때문에 공부를 시작하는가?
이 모든 것이 가능하다.

그러나 당신이 새로운 언어를 배우든 바이올린 연주를 하든 상관
없이, 개인교습을 받든 대학에 다시 입학하든 독학으로 배우든 전혀

상관없이, 포트폴리오 계획을 세우는 것과 관련하여 당신에게 해줄 수 있는 가장 시급하고 의미 깊은 조언은 이런 것이다. 다운시프팅 포트폴리오의 일부를 반드시 공부, 계속교육, 연수를 위해, 즉 새로운 지식을 습득하는 것을 위해 비워두어야 한다. 당신이 키우려고 노력하는 모든 능력들은 당신의 새로운 생활을 진정으로 풍요롭게 해줄 것이다. 때로는 이렇게 배워야만 비로소 어쩌면 이미 오래전부터 당신 내면에 숨어 있었을지도 모르는 진정한 소질과 능력을 이끌어낼 수 있다.

엉뚱한 구실을 내세워 둘러대지 말기 바란다. 우리들 대부분은 순수한 기쁨 때문에 배운다는 것이 얼마나 기분 좋은 일인지 전혀 모른다. 이것은 전혀 이상한 일이 아니다. 우리는 학창 시절에 이미 기쁨을 맛보기 위해서가 아니라 생계를 위해 공부를 하기 때문이다. 그리고 그 후에 뒤따르는 직업교육이나 대학교육과 관련해서도 우리는 이 다음에 고상하게 돈을 벌수 있기 위해 대부분 '고상한' 것만 배워야 한다. 그러나 만약 당신이 세월이 지난 후에 다시 한 번 학교 벤치나 대학 강의실로 향한다면 이전과는 완전히 다른 경험을 하게 될 것이다. 배우는 것 그리고 강사나 교수와 맺는 관계도 완전히 새롭고 몇 배나 더 감동적이다. 그 이유는 순전히 당신이 이제 완전히 다른 조건에서 새롭게 출발을 하고, 다른 목표를 추구하고, 더 나이가 들었고, 그 때문에 경험이 더 풍부해졌기 때문이다.

첫 시작은 전혀 보잘것없는 것이 될 것이다. 당신은 일주일에 몇 시간씩 피아노 레슨을 받거나, 아니면 고등 수학의 미스터리에 푹 빠지게 된다. 왜냐하면 당신은 자신의 형편없는 수학 점수가 사실은 수학에 취미가 없어서가 아니라 수학교사 때문임을 알아차렸기 때문이다. 많은 사람들이 종종 이러한 방향으로 첫걸음을 내디딘 후에야 비로소 그들이 어떤 능력들을 계발하고 발전시키고 싶은지 깨닫는다. 아무튼 당신은 마지막에는 새로운, 어쩌면 심지어 더 나은 사람이 되었다고 느끼게 될 것이다. 이것이 다운시프팅 계획의 진정한 목적이다.

이 사실을 아직 당신이 납득하지 못했다면, 그 이유는 어쩌면 당신이 자신에게 맞는 것을 어떻게 찾아내야 하는지 모르고, 따라서 엄청나게 많은 강좌 공고 앞에서 포기하기 때문일 것이다. 이것의 해결책은 '시행착오'다. 다운시프팅은 다양성을 의미할 뿐 아니라 또한 실수를 범할 수 있는 권리를 말한다. 당신이 한 학기 동안 고고학 강좌를 듣고 난 뒤에 "이것은 전혀 내게 맞지 않아"라고 말한다고 해서 당신을 비난할 사람은 아무도 없다.

## 사회 참여

우리는 무엇을 위해 일하는가? 대부분 사람들이 '돈을 벌기 위해서'라고 답할 것이다. 결국 사람들은 어떤 것을 먹고 살아야만 하니까. 이것이 바로 핵심이다. 그리고 이것이 많은 사람들이 종종 (유감스럽게도) 두세 번 숙고하고 난 다음에야 비로소 필요성을 깨닫게 되는 사회 참여 영역을 당신의 포트폴리오에 포함시켜야 하는 이유다. 당신이 자기 자신에게 더 많은 시간을 할애하기 위해 일을 더 적게 한다면, 또한 다른 사람들을 위한 시간도 더 많이 생긴다. 이들이 반드시 당신이 잘 알고 있는 사람들일 필요는 없다. 만약 당신이 앞으로의 포트폴리오의 일부를 선행을 베푸는 데 사용한다면 어떨까? 가능한 방법은 엄청나게 많을 것이다. 수많은 자선단체들, 사회기관과 자치단체 기관들이 자원봉사자의 참여가 부족하다고 불평을 호소한다. 이것은 비참한 일이며, 그리고 실제로 그 이유는 많은 사람들이 사회 참여에 대해 잘못되고 편협한 생각들을 가지고 있으며, 어떻게 자신이 나서야 좋을지 모르기 때문이다.

재단법인과 공익기관들의 다양성과 또한 영향력은 오늘날 과거 어느 때보다 더 강력하다. 가령 독일에서 활동하는 1만 2000개의 재단법인들이 매년 문화, 학술, 사회적 목적에 지출하는 액수는 180억 유로에 달한다. 지출내역은 예술과 문화에서 사회적인 목적을 거쳐 환경과 과학기술에 이르기까지 다양하다. 따라서 참여는 지극히 다양한 방식으로 생각해볼 수 있다. 몇 가지 사례만 들어보더

라도, 동물보호협회의 홍보 담당자, 이주민 자녀들을 위한 독일어
교사, 혹은 문화제 보호에 헌신하는 프로젝트의 참가자로서 활동
할 수 있다.

단기간의 은행 근무 경력밖에 없는 경영 전문가인 마르쿠
스는 직장 생활을 다시 시작한 후로는 자신의 생활을 승진
을 위해 희생하지 않기로 단단히 결심했다. 그는 그사이에
계속해서 개인 컨설턴트 자격으로 은행과 기업 컨설팅 회사
를 위해 일했다. 하지만 그는 프로젝트가 없는 기간에는 사
회사업에 관심을 기울일 충분한 시간이 있다. 몇몇 친구들
과 함께 그는 컨설팅 회사를 설립했다. 이 회사는 경쟁이 되
지 않을 정도로 낮은 가격으로, 선별된 공익 단체들만을 위
해 활동했다. 물론 이 회사의 활동에 너무나 감사하게 생각
하는 그런 사람들을 위해서 말이다.

▶ 마르쿠스의 다운시프팅 조언
남김없이 시도해보라. 그런 다음 공익을 위한 활동을 통
해 얼마나 멋진 생활 양상이 나타나는지 경탄을 느끼도록 하
라!

공익적인 사회 참여가 특히 포트폴리오의 이상적인 보완책이 되
는 이유는 명확하다. 첫째 그것은 감사하는 마음과 보람과 관련되어

있다. 우리들 모두는 오로지 생계비만 벌기 위한 대부분의 활동들에서 생기는 딜레마를 잘 알고 있다. 직장에서 일하는 대가로는 돈 외에 아무것도 주어지지 않는다. 진심 어린 감사와 같은 것들은 말할 필요도 없다. 직장에서는 바로 이 감사의 마음을 찾아볼 수 없지만, 이것은 우리들 대부분에게 가장 강한 의욕을 불러일으킨다.

작가 존 스타인벡은 심지어 수많은 미국의 기부자들 중에서 고귀한 자선가는 단 한 명도 찾아볼 수 없으며, 오로지 자선활동을 통해 호평을 받기를 원하기 때문에 희사를 한 사람들만 있다고까지 말했다. 물론 당신의 상황은 틀림없이 이 정도로 심하지는 않을 것이다. 하지만 다운시프팅에서 성공을 거둔 많은 사람들이 사회사업과 공익사업에서 직장 생활에서는 얻을 수 없는 그런 인간적인 '투자에 대한 성과'를 거둔다는 사실에는 변함이 없다. 사회 참여를 찬성하는 또 하나의 '이기적인' 논거는 뜻이 맞는 다른 사람들을 만날 기회가 생긴다는 것이다. 모든 사람들을 위한 봉사를 통해 자신의 생활을 풍성하게 만들고 싶다는 소망을 추구하는 그런 사람들 말이다.

요점을 말하자면, 당신은 직업 활동을 하는 동안 수많은 유용한 능력들을 배우고 습득하였다. 당신은 왜 이 재능을 대단히 필요로 하지만 그 비용을 치를 수 없는 사람들에게 마음대로 사용하도록 해줄 생각을 해보지 않는가? 당신의 직업이 어떤 것이든 전혀 상관없이 당신의 시간과 능력이 대단히 큰 도움이 될 수 있는 그런 사람들과 기관들이 있다.

그리고 마지막으로 자발적인 사회 참여는 우리 사회의 버팀목들 중 하나라는 사실을 신중히 고려해야 할 것이다. 공동체와 동질성에 대한 의식이 없다면, 그것을 위해 전력을 기울이는 사람들이 없다면 우리들 모두는 금세 속수무책이 될 것이다.


## 예술 활동을 시작하기


지금까지는 모든 것이 잘 되었다. 당신은 불안한 출세의 고속도로에서 벗어나 새로운 미지의 지역으로 아주 순조롭게 가고 있다. 그리고 당신은 오래전부터 기대에 차 있는 목표를 하나 기억하고 있다. 다음 정거장은 당신을 예술의 영역으로 데려다줄 것이다. 이것은 누구에게나 쉽게 떠오르는 소망일 것이다. 실제로 우리들 대부분의 내면에는 창의적이고 예술가적인 기질이 숨겨져 있다. 그러나 직업 활동을 하는 많은 사람들은 이러한 기질을 거의 마음껏 발휘하지 못한다. 우리는 종종 이익과는 관계가 없는 일도 하고 싶은 충동을 느끼지만 그럴 수 없어 괴로워한다. 특히 오직 무미건조한 숫자와 사실만 중요하게 취급해야 하는 직장인들일수록 더욱 그렇다. 판매 성과와 시장 점유율은 어떠한 경우에도 창의적이고 예술가적인 기질과 조화를 이루는 것처럼 보이지는 않는다.

만약 당신이 이러한 취향을 충분히 발휘하고 싶고, 동료들이 내뱉는 악의에 찬 험담도 아무런 문제가 되지 않는다고 확신한다면, 더 없이 잘 된 일이다. 그러나 동료의 말이 맞을 가능성도 있다. 특히 당신이 포트폴리오 계획을 이제 막 수립하는 과정에 있다면 말이다. 아무튼 당신은 자신이 없다. 지나온 길도 이미 너무나 힘들었다.

당신이 사실은 취미로 그림을 그린다고 슬쩍 알려줄 수도 있겠지만, 몇몇 동료들은 노골적으로 시기심을 드러내기도 할 것이다. 그들이 당신이 정원에서 화가(畵架)를 세워놓고 있는 것을 본다면 무슨 말을 할까? 당신은 이럴 때 '이제 지긋지긋해'라고 생각할지도 모른다. 그러나 이런 일을 어떻게 피할 것인가? "밀고 나가라. 싸우고, 대화하고, 설득하라." 이제 충분히 믿음이 가는 조언들 중 하나는 이런 내용이 될 것이다. 그러나 이것은 잘못된 것이다. 그러한 태도는 특히 다운시프팅에는 들어맞지 않는다. 당신은 더 이상 모든 것을 이루기 위해 싸워서는 안 되며, 모든 활동들을 할 때 직장에서와 동일한 적대적인 척도를 적용해서도 안 된다. 그냥 당신이 옳다고 여기는 대로 행동하면 그만이다.

남들이 모든 것을 다 알 필요는 없다. 이것도 역시 다운시프팅의 일부다. 화가나 도자기류를 숨겨둘 방이나 장롱을 하나 비워두라. 적어도 처음에는. 그리고 만약 당신이 그곳에 칩거하고 있다면, 전문서적들을 뒤적이고 직장 생활을 다시 시작할 준비를 하는 것처럼 보이게 해서 귀찮은 일들을 피하는 것이 가장 좋다. 어쩌면 당신은 아마추어 배우가 되고 싶어서 이미 극단 측과 접촉을 시작했는지도 모른다. 당신은 여기까지 이르는 행로가 매우 험난했다는 사실을 너무나 잘 알고 있다. 우선 일단은 새로운 과제를 찾고 평소처럼 변명을 늘어놓을 필요가 없다.

나중에 당신을 잘 아는 사람이나 옛 사장이 첫 공연 때 당신을 발견하고 감탄해하면서 말을 건다면, 간단히 다음과 같이 설명하라. "이것은 제가 직업 생활을 헤쳐 나가는 데 도움이 됩니다! 이것은 제 판매원 자질을 향상시켜 줍니다!" 이것을 살라미 전술(조금씩 진척시켜 마침내 목표에 도달하는 전략)이라고 이름 붙이고, 이것을 구실이라고 불러라. 가장 중요한 것은 이렇게 해서 당신이 편해진다는 점이다.

새로운 참여 활동이 당신에게 얼마나 많은 만족감을 주는지 아주 확실하게 깨닫게 된다면, 당신은 앞으로도 계속 어려움을 헤쳐 나아갈 수 있다. 그때 당신을 이상하다거나 놀리는 듯한 눈길로 바라보는 모든 사람들에게 (아주) 꿋꿋하게 시선을 마주보고 말하라. "그래요, 저는 그림을 그립니다. 그런데 피카소 역시 그림을 그렸습니다. 그리고 만약 그가 달갑잖게 조소를 당했다면, 그도 나처럼 매우 화가 났을 겁니다."

## 가족들과 친구들에게 주는 당신의 가장 소중한 선물

스트레스, 실패, 실망을 막아주는 가장 중요한 방패들 가운데 하나는 우리와 의견을 같이하는 사람들이다. 이들은 우리가 직장 밖에서 유대를 맺는 사람들이며, 이러한 부담을 덜어준다. 그러므로 개인 생활이 직장 생활 때문에 피해를 받는다면, 그것은 매우 바람직하지 못하다. 많은 사람들은 직장 생활을 하는 동안 한 가지 원칙을 뼈저리게 깨닫는다. 비즈니스에서는 우정이 싹틀 수 없다는 것이다.

만약 당신이 그렇지 않다고 확신하고 있다면, 경의를 표해야 할 일이다. 그렇지만 당신이 지금까지 대단히 존중해왔던 — 도덕적인 면뿐 아니라 업무적인 면에서도 — 어떤 사람에 대해 생각보다 일찍 실망하는 일이 일어날 수도 있다. 그 이유는 간단하다. 가혹한 시절일수록 모든 개인들에게는 살아남는 것이 더욱더 중요해지기 때문이다. 점점 더 힘들고 중요한 문제가 닥치고 사업에서 마지막 보루가 무너지면, 당신은 갑자기 완전히 홀로 남게 될 수도 있다.

따라서 직장 생활과는 전혀 상관없는 사람들과 관계를 맺고 유지하는 것이 더욱더 중요하고, 살아가는 데 필수적이기도 하다. 이러한 관계는 서로가 사업상으로 이득이 있느냐 없느냐에 따라 각별해지거나 소홀해지지 않는다. 그리고 당신이 일단 자신의 생활을 새로운 활동으로 채우기 시작했다면, 새로운 사람들과의 접촉도 금세 저절로 생겨날 것이다. 이때 당신은 앞으로는 올바른 친분 관계를 발전시키는 데 시간을 집중적으로 사용해야 한다는 조언을 명심해야 할 것이다. 주의해야 할 점은 '올바른' 관계란 당신에게 업무상 이득이 되기 때문이 아니라, 그것이 기분 좋고 최상의 경우에는 감동적이기 때문에 맺는 그런 인간관계를 말한다는 사실이다.

사적인 영역에서 이른바 '네트워킹(개인적인 정보망의 형성)'이라는 것에 동조해서는 안 된다. 네트워킹은 그렇지 않아도 부족한 여가 시간을 또다시 다른 사람들에 이끌려 출세와 성공을 위해 열성적으로 노력하는 시간으로 변질시키는 것을 의미하는 이 시대의 끔찍한 풍조다. 기업들이 어차피 끊임없이 구조개편을 하고 어느 누구도 내일이면 어디서 어떻게 일하게 될지 모르는 세상에서는 아무리 머리를 짜내서 면밀하게 조직된 네트워크라 해도 직업상의 관점에서 바라던 성과를 이룰 수 없다. 그뿐 아니라 어떤 사람과의 접촉이 앞으로 '유용한 것'으로 입증될지 예측할 수도 없다. 따라서 앞으로는 당신의 네트워킹을 완전히 새로운 마음가짐으로 추진하면 어떨까. 그러니까 어떤 식으로든 승진에 '유용'하거나 '중요'할지도 모르는 사람들을 찾아다니는 일을 그만두고, 그 대신 당신 자신과 당신이 추구하는 새로운 인생 계획에 인간적인 풍요로움을 가져다주는 교류를 발전시킨다면 말이다.

옛날 방식의 네트워킹과 당신의 새로운 방식을 구분하기는 아주 쉽다. 새로운 관계를 맺을 때 한번쯤 다음과 같이 냉철하게 따져보라. 저 사람이 내게 직업상으로 필요한가, 아니면 저 사람이 내게 인간적으로 호감이 가는 사람인가? 그리고 상대가 갑자기 자신은 지멘스 사의 인사부장이 아니라 사실은 신문 배달부라고 털어놓는다면 어떻게 될까? 당신은 다음과 같은 사실을 분명히 알아야 한다. 어떤 인간관계의 표면적인 이득을 노릴 때보다 정직하고 인간적으로 흥미로운 교제에서 직업상으로도 도움이 될 수 있는 인간관계가 생겨날 가능성이 훨씬 더 높다.

기존의 모든 친분 관계와 당신의 가족들을 위해 필요한 것은 거창한 재건 프로그램, 즉 "깜짝 놀랄 일이 있어, 내가 당신들을 위해 여기 와 있어!"라고 외치기 시작하는 것이다. 우정, 돈독한 부부관계, 가족들, 이것은 급격한 출세의 부산물도 아니고 저절로 생겨나는 것도 아니다. 그 반대다. 심도 있는 인간관계는 적극적으로 계획하고 구체화할 필요가 있다. 하지만 그렇다고 그러한 계획을 언제, 어디서 그리고 어떻게 시행해야 가장 좋을지 생각하느라 골머리를 앓을 필요는 없다. 일단 앞으로는 소중한 사람들에게 값비싼 선물을 나누어주지 말고 당신의 시간을 내주도록 하라. 가족들과 친구들에게 당신이 그들을 위해 존재한다는 사실을 보여주라.

두 번째 조언은 이 사람들에게 그들의 소망을 물어보고 자극을 얻도록 하라는 것이다. 출세 계획을 세우는 데 매달리지 않는 사람들에게서 얼마나 멋진 아이디어들이 많이 나오는지 알게 되면 당신은 깜짝 놀랄 것이다. 그러다 보면 당신 자신에게도 언젠가는 적절한 아이디어가 저절로 떠오를 것이다. 당신이 지금까지 시급한 직장 문제를 해결하기 위해 보였던 자발적인 활동이 친분관계와 여가와 관련해서도 충분히 발달한다면 말이다. 지금 현재 당신은 실패한 프로젝트를 다시 바로잡거나 어떤 사업계획을 온갖 반대를 무릅쓰고 관철시키는 데 대가다운 노련함을 갖추고 있을 것이다. 앞으로는 이 능력을 배우자와 단 둘이서 보낼 매력적인 주말계획을 세우거나, 뿔뿔이 흩어져버린 당신의 졸업반 친구들을 다시 결집시키는 준비를 할 때 사용할 수 있을 것이다.

## 계속교육과 연수 : 직장은 여전히 의지처로 남아 있다

앞으로 무슨 일을 하든, 어떤 식으로 하든 상관없이 당신의 직장, 당신의 생업은 여전히 기본적으로 중요한 것, (다운시프팅) 엔진을 돌아가게 해주는 연료로 남게 된다. 따라서 당신은 앞에서 정한 포트폴리오의 일부를 앞으로는 당신의 핵심 역량을 유지하고 시장조사를 하는 데도 할당해야 할 것이다. 이것은 정기적인 점검과 손질을 말한다. 당신이 경제적으로 계속해서 직업에 강하게 의존하고 있을수록 이것은 더욱더 중요하다.

시장조사를 할 때는 당신이 어차피 정보를 알고 있어야 하는 자신의 직업 분야의 사정뿐 아니라, 이왕이면 주변의 상황을 살펴보는 것이 좋다. 이때 가장 일반적인 정보 원천은 물론 당신에게 중요한 직업 분야의 잡지들이지만, 당신이 조예가 깊다고 여기는 모든 전문 영역의 구인광고도 관심 있게 살펴보는 것이 좋다. 이것은 성급하게 새로운 일자리를 조사해서 알아내고 취직될 가능성이 있는 고용주들의 목록을 꽉 채우라는 뜻은 아니다. 목적은 최근의 사정을 잘 알아두는 데 있다. 당신이 앞으로 정규직 일자리를 얻을 기회를 노리지 않는다 하더라도, 이러한 식의 시장분석과 시장조사를 통해 당신의 직업 분야의 전망이 어떤지 정확히 알 수 있기 때문이다. 그렇게 하지 않고 당신이 만약 다운시프팅을 하면서 어려움이 두드러지게 나타날 때 비로소 사정을 알아보기 시작한다면, 여러 가지 문제가 생길 수도 있다.

이미 설명한 개인적인 네트워크도 마찬가지로 도움이 된다. 이전의 동료들이나 동창생들은 전화를 걸어주면 늘 기뻐한다. 그리고 당신은 다운시프팅을 하기 때문에 이제는 정말로 중요한 인간관계를 발전시킬 시간이 있다. 만약 당신이 다운시프팅을 하면서 계속해서 정식으로 혹은 시간제로 고용되어 있다면, 당신은 고용주에게 당신의 직업상의 계속교육을 육성해주고 지원해줄 수 있는지 물어보아야 한다. 그것이 당신의 직업 분야에서 널리 통용되는 필수적인 소프트웨어를 다루는 것이든, 당신의 핵심 역량을 더욱 발전시켜 주는 중요한 자격을 획득하는 것이든 상관없다. 추가로 획득한 모든 자격들은 다운시프팅을 지속하는 데 도움이 된다. 그리고 당연히 이것들은 또한 앞날에 혹시 있을지도 모르는 전직이나 재취업에 큰 도움이 된다.

## 사소한 일로 큰 변화를 불러오기

그냥 한가롭게 지내는 데도 요령이 필요하다. 물론 지금까지 열거한 모든 제안들은 단지 아이디어와 출발점에 지나지 않는다. 그리고 엄청나고 획기적인 변화가 단번에 최대의 행복과 최대의 만족감을 가져다주는 것은 아니다. 때로는 조그만 것도 중요한 변화를 불러오기에 충분하다. 인생을 간단한 수단으로 꾸미고 즐기는 것과 여러모로 관련된 일들 말이다. 유감스럽게도 이것은 이미 많은 사람들에게서 찾아보기 힘든 요령이 되었다.

따라서 첫 번째 조언은 이런 것이다. 당신의 부모들이나 할아버지, 할머니에게 텔레비전, 인터넷, 놀이공원이 없었던 아주 먼 옛날에는 하루 종일 무엇을 하며 지냈는지 물어보라. 당신은 특히 다운시프팅을 하기 때문에 이미 오래전에 사장된 것으로 여겼던 지식에 얼마나 위대한 아이디어들이 숨겨져 있는지 알게 되면 깜짝 놀라고 감동을 받을 가능성이 충분히 있다.

또 당신이 포트폴리오의 일정 부분을 다름 아닌 빈둥거리는 것을 위해 비워두는 것도 생각해볼 수 있다. 이웃 사람들과 잡담을 하면서 보내거나, 지나가는 구름을 바라보며 왜 훨씬 이전에 이러한 생각을 미처 떠올리지 못했는지 심각하게 반문하는 그런 시간 말이다.

지금까지 사소한 일들에 관한 것을 다루었다. 그러나 당신이 이것들의 가치를 아주 소중하게 평가할 수 있다 하더라도, 당신의 다음 계획이 원대하고, 너무 몽상적이고, 너무 추상적이고, 너무 이루기 힘들어 보인다면 어떻게 될까? 가령 당신이 남프랑스에 야영장을 개설하거나 명예직 특별대사로 유니세프를 위해 일하기를 꿈꾸지만, 그것을 어떻게 이루어야 할지 전혀 알지 못한다면 말이다.

직업상의 출세를 위해 통용되는 충고가 여기서도 약간 변형되어 적용된다. 그 생각을 잘 다듬어 정리하고, 목표를 이루게 해주는 명확한 세부 단계들을 구분하고, 열망하는 대상을 찾아내는 데 착수하라. 여기서 가장 중요한 정보원은 인터넷, 데이터베이스, 직종 연합회와 직능 대표기구다. 그 다음에 당신의 질문에 답해줄 수 있는 모든 사람들, 즉 친구들, 지인들, 조사 대상이 되는 일자리에 있는 사람들에게 물어보도록 하라. 이때 개인적인 추천은 알려진 바와 같이 가장 효과적인 성공의 열쇠다. 마지막 단계로 결국 자신을 흥미롭게 보이게 만들고 발붙일 기반을 마련하는 것이 중요하다.


## 포트폴리오를 검증하라


다운시프팅을 하는 많은 사람들이 자신의 업무와 활동을 편성한 후에 이렇게 호소하곤 한다. "포트폴리오는 잘 배분된 것으로 보이지만, 내가 그것을 올바른 것으로 채워 넣었는지 어떻게 알아낼 수 있나요? 그것이 반드시 필요한 요소들을 모두 포함하고 있는지 어떻게 알 수 있단 말이죠?" 이러한 질문은 당연한 것이다. 따라서 이제 당신이 여러 다양한 생활 영역들 사이에서 마련해놓은 균형이 적절한지 살펴볼 것이다. 여행 지도를 살펴보면서 이제 자신이 선택해놓은 호텔, 레스토랑 그리고 다른 유익한 목적지들이 적절한 것인지 명확히 파악해야만 한다.

이전에 당신의 재정 상태의 현실성을 점검했던 것과 유사하게 이제 당신의 다운시프팅 포트폴리오도 현실성을 검증받아야 한다. 아주 중요한 차이점은 이때는 각 개별적인 면(특히 자금 사정)뿐 아니라, 당신이 만들어냈고 또 짜 맞추어야만 하는 퍼즐의 여러 부분들도 중요하다는 점이다. 여기서 당신이 면밀하게 살펴야 할 세 가지 사항들이 있다.

① 시간 면에서 잘 들어맞는가? 혹시 포트폴리오에 너무 가득 채
    웠거나 아니면 너무 적게 집어넣지는 않았는가?
② 금전적인 면에서 잘 들어맞는가? 당신이 금전적으로 계산한 것
    들이 꼭 일치하는가, 아니면 어떤 계획들이 추가의 금전적인 뒷
    받침 없이는 실현될 수 없는 것으로 드러나는가?
③ 정서적인 면에서 서로 합치하는가? 당신은 이렇게 짜 맞추어
    놓은 것에 정말로 기분이 흡족한가? 간단히 말해서, 당신은 이
    러한 생활을 하면 이전보다 더 행복해지고 긴장이 풀릴 것인
    가?

여기서 어떤 결과가 나오더라도, 이것을 바로잡을 적절한 시점은
늘 있는 법이다! 어느 누구도 당신에게 단번에 완벽한 다운시프팅
계획을 만들어내라고 요구하지 않는다. 돌아가는 길, 막다른 골목,
지름길 — 이 모든 것이 허용된다. 당신은 새 자동차를 다시 팔아치
울 수도 있고, 색상이 마음에 들지 않으면 도장을 새로 입히고, 아
니면 새로운 도로지도를 작성할 수도 있다. 그러나 가장 중요한 것
은 모든 불만의 원인들을 명확히 알아내는 것이다. 세부적으로 살
펴보자.

1번 질문과 관련하여 문제가 생겼다면, 다시 한 번 13장을 읽어 보
고, 당신이 얼마나 자유로운 시간을 얻었는지, 그리고 그중 얼마를

새로운 활동에 투입할 수 있는지 검증해보아야 할 것이다.

2번 질문에서 생기는 문제점, 말하자면 금전적인 현실이 들어맞지 않는 것은 어쩌면 당신의 새로운 자금 조달 계획을 충분히 검토하지 않았거나, 이러한 (금전적인) 토대에서는 실현할 수 없는 몇 가지 목표들이 포트폴리오에 함께 포함되었다는 점을 암시할 것이다. 해결의 실마리는 4장에 나와 있다.

만약 당신이 3번 질문에 깜짝 놀라 주춤하였다면, 당신의 다운시프팅 과정 전체가 잘못되었거나, 적절한 요소들이 당신의 포트폴리오에 포함되지 않은 것이다. 놀랄 필요는 없다. 다시 한 번 세심하게 1장과 2장, 그리고 경우에 따라서는 13장을 숙독하면 된다.


## 일정표


당신의 계획, 당신의 목표와 거기서 생겨나는 세부 단계들은 이제 명확해졌다. 당신의 새 자동차와 여행 경로는 완벽하게 준비되어 있다. 아직 부족한 것이 있다면, 그것은 원활한 일정표다. 여기서는 당신의 새로운 여행 계획에서 각각의 구간들에 도달하는 시점을 정할 것이다. 이 일정표를 당신이 다운시프팅에 관해 살펴보는 마지막에 와서야 작성하는 이유는, 다운시프팅을 하는 대부분 사람들이 지금에 와서야 비로소 어디로 여행을 떠나는 것인지 명확히 인식하기 때문이다.

이 일정표는 네 개의 서로 다른 부분들로 구성되어 있다. 이것은 말하자면 당신이 다운시프팅 계획을 세울 때 근거가 되었던 네 개의 이정표들이다. 각 이정표마다 당신은 반드시 필요하고 당신 개인에게 중요한 세부 단계들을 기록하기 위한 시간축을 작성해야 한다. 여기서 당신은 너무나 많은 사소한 문제들로 시간을 보내서는 안 된다. 하지만 이 네 개의 시간축마다 적어도 다음 두 개의 서로 다른 선분(시기)이 포함된다.

- 계획을 세우는 단계
- 실행에 옮기는 단계

구체적으로 설명하자면, 언제부터 계획을 시작하고, 언제 실행에 옮기는지를 되도록 정확하게 확정해야 하는 것이다. 그러지 않으면 당신이 구체적인 성과를 올리기도 전에 계획에 매달려서 수년을 허비하는 일이 벌어질 수도 있다. 단 하나가 아니라 네 개의 서로 다른 시간축을 작성하는 것도 그 나름의 이유가 있다. 각 이정표마다 계획을 세우는 것과 실행에 옮기는 것은 전적으로 중복될 수 있기 때문이다. 세부적으로는 다음과 같은 내용들을 의미한다.

- 거리를 유지하고 차선 바꾸기를 준비한다. 이 시간축의 마지막에 와서 당신은 자신의 생활을 직업에서 오는 스트레스와 출세의 압박감에서 어느 정도나 벗어나고 싶은지, 그리고 어떤 사

람들을 어떤 식으로 당신의 계획에 포함시킬지 알게 된다.

● 자금 사정을 조정하고, 거주지를 옮기는 것이 다운시프팅 계획에 포함되는지 확인한다. 이 시간축의 마지막에 와서 당신은 자신의 재정 상태를 정확히 파악하게 되며, 앞으로 어디에서 살고 싶은지도 알게 된다. 그 다음에는 '재정 현실성 테스트'가 따르며 경우에 따라서는 이사도 하게 된다.

● 직장 문제를 해결한다. 이 시간축의 마지막에 와서 당신은 자신이 앞으로 어떤 조건하에서 그리고 어떤 생업으로 돈을 벌고 싶은지 알게 된다. 여기에 이어 직장을 구하거나 경우에 따라서는 고용주와 그것을 협상하는 단계가 나온다. 다운시프팅을 하면서 직장에 첫 출근을 하는 날이 이 시간축의 끝이 될 것이다.

● 새로운 사회적 신분상징을 확정한다. 이 시간축의 마지막에 와서 당신은 앞으로의 생활에 어떤 새로운 중점을 부여하고 싶어하는지 알게 될 뿐 아니라, 또한 구체적인 실행에도 착수했을 것이다.


이때 각각의 기간들을 계산해내는 데 가장 중요한 수단은 당신이 풀었던 여러 테스트들과 이 책을 읽으면서 내렸던 결정들이다. 자금조달의 예를 살펴보자. 당신은 이제 다운시프팅 계획에 곧장 착수할 수 있는지, 아니면 먼저 금전적인 문제를 해결해야만 하는지 알고 있다. 만약 빚이 있다면, '자금 사정을 조정하기'라는 시간축 위에 놓이는 한 항목은 '채무 컨설팅 회사를 찾아가기/전문가와 상담을 하기'가 될 것이다. 모든 필요한 서류를 갖추는 것에서부터 컨설팅 회사로 찾아가는 데는 2주에서 3주 정도면 충분하다. 그 후에는 빚을 청산하는 데 얼마나 오랫동안 매달려야 하는지 확실하게 판단할 수 있을 것이다.

이사를 가는 문제를 예로 든다면, 필요한 모든 상담을 받고 직접 집을 살펴보는 것을 포함해서 계획을 세우는 데 여러 달이 걸릴 것이다. 직장을 구하는 데는 더 많은 시간이 걸릴 것이다. 어쩌면 당신은 어느 특정 기업의 특정한 일자리를 기다리고 있는지 모른다. 아니면 개인 창업을 계획하고 있는지도 모른다. 지금까지 내려진 결정들을 기반으로 해서 이런 것들을 위한 일정표를 짜는 일은 물론 훨씬 더 복잡할 것이다. 이 일정표는 무시할 수 없는 심리적 부수효과도 불러온다. 이것을 이용해서 당신은 자신이 올바른 방향으로 나아가고 있는지, 아니면 추가로 수정을 해야 하는지 알 수 있다.

마지막으로 가장 중요한 조언이 있다. 그것은 '시행하라'는 것이다. 기다리지 말고 지금 당장 착수하는 것이 가장 좋다. 당신이 세계 일주를 하든, 조깅을 하든, 밴드를 결성하든, 아니면 몇 달 전에 이웃의 헛간에서 본 낡은 자동차를 수리하려고 하든 상관없다. 더 이상 망설여서는 안 된다. 일정표의 모든 구성 요소들은 무엇보다 당신이 당장 착수할 수 있는 어떤 조처를 포함하고 있어야 한다. "하룻밤 더 자면서 곰곰이 생각해봐야겠어"라거나 "누구누구의 충고를 기다려보자"는 식이어서는 안 된다. 따라서 이 책을 다 읽고 나면 이렇게 하라.

- 지도책을 펼쳐서 당신이 어렸을 적부터 언젠가 한번 가보고 싶었던 무인도가 어디에 있는지 찾아내도록 하라.
- 운동화 끈을 졸라매고 달리기 시작하라. 비가 오든 눈이 오든 상관없이 말이다.
- 타악기나 기타를 하나 구입하고 연습실을 빌리도록 하라.
- 옆집 사람에게 전화를 해서 버려둔 낡은 자동차를 어떻게 할 작정인지 물어보라.

이렇게 해서 벌써 당신은 다운시프팅 계획의 거의 마지막 단계에 와 있다. 우리가 여기서 제기할 마지막으로 중요한 한 가지 질문이 나오지 않는다면, 자신이 최종적으로 그 문제에 직면해 있다는 것을 알아차릴 사람들은 아마 얼마 되지 않을 것이다. 웃어넘길 일이 아니다. 그것은 이런 것이다. "나는 다운시프팅을 끝까지 포기하지 않을 것인가? 출세 우울증이 갑자기 찾아오지 않을까? 그래서 엉뚱한 방향으로 접어들었다는 멍청한 생각이 들지 않을까?"

만약 우울증에 걸린다면, 그것에 대처하는 두 가지 방법이 있다. 그것을 극복하거나 아니면 그것에 굴복하는 것이다. 이것이 무슨 의미인지, 그리고 또다시 추월선으로 변경하는 대신 그것과 싸워 이기는 것이 어떤 의미가 있는지는 다음 장에서 알아볼 것이다.

**제 15 장**
# 그날 이후

어쩌면 당신은 이런 감정을 잘 알고 있을 것이다. 중요한 프로젝트를 마쳐야만 하고, 긴장에 사로잡혀 수주일 동안 열심히 일했지만, 마감시간은 점점 더 냉혹하게 다가온다. 그리고 그 후에 마침내 중요한 그날이 오고 프로젝트를 성공적으로 마무리하고 나니, 잔뜩 기대했던 안도감이 찾아오는 것이 아니라, 허탈하고 공허한 느낌이 생기는 것이다. 당신은 기분 좋게 구름 위로 떠다니는 것이 아니라 구덩이 속으로 빠져든다. 그 이유는 모든 정신 에너지가 오직 한쪽으로만 흘러서 완전히 빠져나가버렸기 때문이다. 기뻐할 여력이 더 이상 남아 있지 않은 것이다.

준비를 하는 동안 온갖 행복감과 희망에 찬 기대감에 부풀었던 다운시프팅 계획을 진행할 때도 바로 이런 일이 일어날 가능성이 있다. 당신이 직장에 강하게 얽매여 있다면, 그리고 당신의 생활에 부여하려는 새로운 방향이 이전의 노선과 차이가 많이 난다면 이러한 시나리오가 현실로 나타날 개연성이 있다. 그렇다 하더라도 잘 짜인 다운시프팅 계획만이 조화롭고 순탄하게 이행하는 가장 확실한 보증이다. 그러나 이러한 계획의 기본원칙 역시 '모든 뜻밖의 일에 대비하라' 는 것이다. 그러므로 머릿속에서 너무 앞서나가기 전에 여기서 시험 삼아 얼핏 생소한 느낌이 들지도 모르는 한 가지 시나리오를 곰곰이 생각해보아야 할 것이다. 당신이 그날 이후를 환호를 울리며 축하하는 것이 아니라 걱정스럽게 맞이한다고 상상해보라.

## 안전띠를 풀다

다운시프팅 계획이 마침내 현실로 변한 첫날에 어떤 일이 벌어질지는 아주 여러 가지 요인에 따라 달라진다. 당신이 지금까지 일해온 직장에서 계속 일하는지, 그리고 얼마나 일하는지, 또 즉각 새로운 활동, 새로운 취미에 몰두하는지, 당신에게 중요한 어떤 사람들을 얼마나 심도 있게 계획에 함께 포함시켰는지에 따라 달라진다. 심지어 날씨도 영향을 미칠 수 있다.

많은 사람들에게 행복과 불안, 확신에 찬 긴장과 불확실이 뒤섞여 나타난다. 이처럼 감정이 기묘하게 뒤섞이는 원인은, 아주 간단히 말해서 당신이 한편으로 많은 부담에서 벗어나고 속도를 줄이고 성공적으로 차선을 바꾸었다기 때문이다. 그러나 다른 한편으로는 당신의 이전의 생활에서 버팀목이 되었던 익숙한 체제들이 사라져버렸기 때문이기도 하다. 당신의 새로운 자동차는 이전과 다르게 달리고, 당신의 차가 달리는 지역은 때때로 마치 다른 대륙에 와 있는 것 같은 생소한 느낌을 주는 것이다.

예를 들어 당신이 일부 시간을 이제 집에서 일을 하면서 보낸다면, 집안이 하루 종일 이상하게 조용하다는 사실을 확인하게 될 것이다. 이것은 사무실에서 보내는 일상의 소란과 분망함과는 현저하게 대조되는 것이다. 커피를 마시기 위해 커피메이커가 있는 곳으로 가더라도 더 이상 동료를 만나지 못한다. 그리고 퇴근 후의 모임은 이제 당신이 빠진 상태에서 이루어진다. 지금까지 당신의 정체성의 근거였던 직업과 관련하여 당신은 이제 훨씬 더 외로운 처지이며 스스로 헤쳐 나가야만 하는 것이다. 특히 당신이 대기업 출신이라면, 이 변화는 갑작스럽게 다른 은하계로 건너가는 것에 견줄 수 있을 것이다. 아주 중요한 직책을 맡았고 여러 명의 부하직원들을 이끄는 데 익숙했던 사람에게는 이 역할의 변화도 당연히 더 힘들게 여겨진다.

이런 상황에서 당신은 갑자기 그리고 어쩌면 평생 처음으로 공허함을 느끼게 될 것이다. 그 이유는 이미 설명한 적응에 대한 압박감, 출세가 끝났다거나 수입이 줄어드는 데 대한 두려움, 그리고 특히 '고속 승진'이라는 약물에서 벗어나는 데 대해 더디지만 확실하게 반응을 보이는 자신의 양심 때문이다. 그날 이후는 따라서 모든 점에서 이상하게 느껴질 수 있으며, 당신이 직장에 얼마나 의존했는가(그리고 어쩌면 아직까지도 얼마나 의존하고 있느냐)에 따라 스스로에게 터무니없는 비난을 하는 일이 일어날 수도 있다. 이러한 상황이 되면 많은 사람들이 과거를 미화하는 경향이 있다. 갑자기 일에서 받는 부담이 훨씬 덜 심각하게 여겨지고, 초과 근무와 수군거림은 다감하고 부드러운 분위기를 발산하는 것이다. 이 모든 것은 결국 다음과 같은 질문으로 끝난다. "사실 전혀 그렇게 심각하지는 않았어, 그렇지 않아?"

다운시프팅을 하는 사람들이 '직장을 그만둘' 때 직면하는 가장 일반적인 생각들과 또한 그 해결의 실마리들이 무엇인지 알아보자.


문제점 : 동료들을 잃어버린 것 같고 고독한 느낌이 든다. 사무실은 우리의 인간적인 욕구를 마음껏 발산하는 사회적 환경이다. 그것이 친분 관계든 연줄 관계든 상관없이 말이다.

해결책 : 계속해서 그 회사와 몇몇 동료들과 접촉을 유지하라. 가령 당신이 이전처럼 사무실에 나가서 일하는 특정한 날들이나 저녁 모임, 혹은 점심 시간을 통해서 말이다. 그리고 줄어든 직장 내에서의 대인관계를 의식적으로 다운시프팅을 하면서 얻는 새로운 대인관계를 통해 보충하라.


문제점 : 돈을 충분히 벌지 못하고 있다는 불안감이 든다. 경제적으로 아무리 철저히 계산했다 하더라도, 금전적으로 어떤 중대한 조처를 감행했을 때, 생계와 관련하여 갑자기 엄청난 불안이 생겨날

수 있다.

　해결책 : 당신이 두 번째 이정표에 도달한 후에 작성했던 금전 계획을 검토하고 새로 철저하게 검산해보라. 당신이 느끼는 불안이 전혀 근거가 없는 것이라는 사실을 깨닫는 것이 중요하다. 만약 이것이 제대로 되지 않는다면, 휴대용 전자계산기를 다시 한번 꺼내서 금전적인 보완책을 마련하도록 해야 한다. 그것은 거의 언제나 이런 내용이다. 처음에는 일을 약간 더 많이 하고 돈도 더 많이 비축한다. 그리고 경제적인 안정을 얻었다는 확실한 느낌이 들 때까지 그 돈에 손대지 않는다.

　문제점 : 이런 식으로는 출세할 수 없을 거라는 의구심. 이것은 가장 자주, 가장 끈질기게 일어나는 의구심이며, 가령 다음과 같은 항변과 자책으로 각각 다르게 표현된다. "내가 지난 수년 동안 힘들게 일해서 이루어놓은 것을 이제 경솔하게 모험에 거는 것은 아닐까? 내가 언젠가 다시 따라잡을 수 있을까? 내 인생의 가장 소중한 시기를 놓치는 것이 아닐까?" 혹은 또 "내가 직장에서 계속해서 100퍼센트의 성과를 올리지 못하면 어떻게 될까? 그렇다면 회사에서의 내 좋은 시절은 얼마 남지 않은 것일까?"

　해결책 : 만약 당신이 직장에서 없어서는 안 될 존재이며, 지금까지 이루어놓은 모든 것을 잃을지도 모른다고 정말로 믿고 있다면, 대부분의 톱매니저들도 즉각 시인하게 될 그런 논리들을 유념하도록 하다. 그중 하나는 이런 것이다. 현대적인 경영과 줄어든 근무 시

간은 가장 잘 어울리는 것이다. 만약 당신이 일을 맡기는 손쉬운 요령을 능숙하게 발휘한다면 말이다. 그리고 또 하나는 무조건 전력을 기울임으로써 자신이 직장에서 없어서는 안 될 존재가 되어야만 한다고 믿는 것은 잘못된 생각이라는 점이다. 오늘날에는 고능률 업체에서도 주당 근무 시간을 올리려는 경쟁은 업무성과를 더 높이는 것이 아니라, 심근경색과 이혼을 불러오고 자녀들을 무관심하게 버려두는 결과를 낳는다는 인식이 널리 자리 잡게 되었다. 그리고 마지막으로 자기 자신만의 활동의 여지를 만들고 자신의 생활에서 지금까지 등한시된 면을 풍요롭게 만드는 사람은 더욱 의욕적이고 더욱 생산적으로 일한다는 점을 기억하라. 이것은 틀림없는 사실이다. 직장에서 최고의 능력을 발휘해서 대체로 탈진한 상태에 놓인 거의 모든 사람들은 자신의 생활을 조정함으로써 더욱 풍부하게 만들었을 때, 능률이 상당히 높아진다고 단언한다. 그러므로 다운시프팅 계획을 진척시키면 출세에 방해가 되는 것이 아니라 오히려 도움이 되는 것이다.

문제점 : 갖가지 포트폴리오 계획을 세웠는데도 당신은 새로운 여가를 무엇으로 채워야 할지 알지 못한다. 이 문제는 특히 지금까지 계속해서 타율적으로 일해왔고, 남들이 자신에게 방법을 알려줄 것이라고 믿어왔던 사람들에게 전형적으로 나타난다.

해결책 : (적어도 초기에는) 일정표와 포트폴리오를 엄격하게 지켜라. 회사에서 일을 하면서 인도 기한과 다른 규정들을 준수해온

것과 꼭 마찬가지로 말이다. 항상 결정적인 변화를 불러오는 것은 다른 사람들이 아니라 바로 당신 자신이라는 사실을 명확히 기억하도록 하라.


　문제점 : 유행을 선도하는 사람이라는 (불편한) 느낌. 물론 유행을 선도하는 역할을 하면서 부분적으로만 기분 좋게 여길 가능성도 있다. 당신이 사회적인 관습과 동료들과 이웃 사람들의 시기심에서 벗어나는 데 아무리 많은 노력을 기울였다 하더라도말이다.

　해결책 : 우선 당신이 사회에서 탈출하는 게 아니라는 점을 명확히 깨달아야 한다. 오히려 그 반대다. 당신이 더 높은 삶의 질을 위해 과도한 일의 부담과 지나치게 늘어난 소비에서 벗어나려고 노력함으로써, 당신은 소수의 사람들에 속하는 것이 아니라 점점 더 늘어나는 다수의 사람들에 속한다. 그리고 아마 사회적 관심사에 대한 당신의 공헌도 다운시프팅 경력이 쌓이면서 당신이 하루 종일 직장생활을 하던 시절보다 훨씬 더 높아질 것이다. 이와 마찬가지로 큰 도움이 될 수 있는 것은 다운시프팅을 하는 다른 사람들과 모임을 가지는 것이다. 바로 당신의 다운시프팅 포트폴리오에서 정했던 활동들과 연결시켜서 이런 사람들을 찾아내는 것이 가장 쉽다. 여행을 하는 도중에, 혹은 어느 대학의 강의실에서, 혹은 사회 참여 프로젝트를 맡고 있을 때나 아니면 야외 수영장에서 이런 사람들을 만날 수 있을 것이다. 사무실만 아니라면 어디에서나 가능하다.

지금까지 완전히 다르게 표현될 수 있는 다섯 가지의 가장 흔한 항변과 자책들을 살펴보았다. 이러한 충고들을 명심한다면 '출세 우울증'과 경우에 따라 위태로워질지도 모르는 첫 며칠과 몇 주를 별 어려움 없이 견뎌낼 수 있을 것이다. 예상했던 것과는 달리 사정이 더 힘들다면 앞 장들에서 확인했던 모든 장점들을 떠올려보아야만 한다. 스스로 이렇게 다짐하라. "나는 회사가 아니라 내 가족을 보살피는 거야." 혹은 "내 새로운 취미와 관련된 중요한 약속들이 아주 많아." 그리고 항상 '첫걸음을 내딛는 것은 다른 사람들이 아니라 자신에게 달렸다'는 사실을 기억하라.

당신을 안심시키기 위해 마지막으로 한마디 언급한다. 이 내면적인 갈등은 대부분 완고한 출세 중독자들에게만 해당되며, 심지어 그런 사람들도 이 갈등은 그들이 지금까지 감행한 모든 계획과 활동들에 비하면 쉽게 견뎌낼 수 있다. 다운시프팅을 하는 대부분 사람들에게 있어 꽤 심각한 이 단계는 늦어도 2, 3개월이 지나면 종결된다.


## 재취업을 하기 위한 선택 사항


따라서 당신이 새로운 주행 코스를 제대로 찾을 때까지, 당신의 새 자동차가 올바른 차선으로 달리기까지는 약간 시간이 걸릴 것이다. 그러나 이 모든 것이 아무 소용이 없다면 어떻게 될까? 당신이 이전에 지니고 다니던 명함이 없어서 아주 중요한 어떤 것이 빠졌다는 느낌이 든다면? 그럴 때는 가끔식 고속도로로 되돌아가는 것도 나쁘지 않을 것이다. 어쩌면 당신은 대형 렌터카를 구해서 한동안 다른 사람들과 함께 시속 180킬로미터의 속도로 질주하게 될지도 모른다. 그런 다음 이렇게 확인한다. "이런 일을 다시 해보는 것도 멋진 일이야. 하지만 이젠 충분해." 실제로 되돌아가볼 필요 없이 단지 언제든지 그렇게 할 수 있다는 느낌만으로도 충분한 경우가 자주 있다.

그렇지 않다면 당신은 당신의 직장과 금전적인 능력에 따라 다음과 같은 선택을 한다. 동절기 동안에는 추월선에서 생활하고 일한다. 반면에 하절기에는 고속도로를 벗어난 길로 옮겨 간다. 그리고 이것조차 해결책이 아니라면, 고속도로로 이어지는 가까운 연결도로를 선택할 수도 있다. 고속도로로 접어들면서 당신은 이렇게 말할 것이다. "나는 다시 전속력을 낼 거야." 새로 방향을 정하고 일을 줄이는 것이 당신의 경력에 신선한 자극을 가져다줄 것이다.

당신이 이렇게 재취업을 할 생각을 가지고 있다면, 사전에 준비를 해야 한다. 먼저 당신을 다시 출세의 고속도로로 내모는 이유가 무엇인지 따져보라.

● 직장을 그만둔 이유는 무엇인가?
● 이제 다시 취업을 하도록 자극하는 요인은 정확히 무엇인가?

주행 코스를 벗어나 긴 외유를 하고 온 동안 당신에게 어떤 변화가 생겼든 상관없이, 당신이 이 과정에서 긍정적인 경험을 전혀 하지 않았을 가능성은 거의 없다. 이러한 깨달음을 잘 기억해두었다가 이 다음에 활용하라. 어떠한 경우에도 원래 당신이 다운시프팅 계획을 세우는 계기가 되었던 이전의 악습을 되풀이해서는 안 된다. 그러므로 당신이 장기간의 프로젝트에 종사하는 것이 단기적인 성공 압박에 시달리는 것보다 더 많은 만족을 가져다준다는 사실을 경험했다면, 다시 취업을 할 때 그 회사의 신속 기동대에 속하는 부서로 옮기지 말아야 한다.

규칙적으로 운동을 하기 시작했다면, 앞으로는 운동화를 절대 다용도실에 넣어두고 못쓰게 만들지 마라. 정기적으로 배우자와 함께 극장에/아들과 함께 축구장에/친구들과 함께 카누장에 가기 시작했다면, "유감스럽지만 오늘을 안 됩니다. 오늘은 아주 중요한 약속이 있어서요"라는 문장을 새롭게 가슴속에 새겨두도록 하라. 당신이 직장 일 때문에 시간을 빼앗겨 생활이 방해받을 경우에는 언제나 이 말을 사용하라. 그 반대의 목적으로 이 말을 사용해서는 안 된다.

재취업을 하면 당신은 동료들과 더욱 활발히 접촉해야 한다. 점심 식사를 하거나 저녁에 맥주나 포도주를 마시며 모임을 가지면 옛 관계를 힘들이지 않고 복원할 수 있다. 또 이런 모임은 이전의 직업과 옛 회사의 사정을 살피고 어떻게 하면 가장 쉽게 그 자리로 되돌아갈 수 있는지 알아낼 수 있는 기회가 되기도 한다.

마지막으로 가장 중요한 조언은, 당신이 고속도로를 벗어난 세상으로 외유를 한 후에 어떤 일을 하든, 첫날부터 당장 그동안 마치 아무 일도 없었다는 듯이 다시 어떤 일에 몰두할 수 있으리라고 기대해서는 안 된다는 것이다. 그사이에 많은 것들이 변했다. 회사뿐 아니라 당신 자신도 말이다.

## 새로운 시간 계산 : 첫날부터 미래에 이르기까지

이제 어떤 상태인가? 액셀을 밟은 발에 경련이 오는가, 아니면 벌써 고속도로 건너편의 지평선을 보고 있는가? 출세 우울증에 걸리지 않을까 불안해하는가, 아니면 그것은 찬물로 샤워를 하고 신선한 공기를 약간 마시면 없어지는 출세에 대한 미련일 뿐인가?

더 바람직한 상태는 다음과 같은 것이다. 만약 당신이 완만한 다운시프팅 계획을 선택했고, 직장에서 진정한 생활로 유연하고 단계적으로 옮겨 간다면, 당신은 첫날에 얼마나 많은 긍정적인 것들을 지금까지 놓쳐버렸는지 확인하고서 너무나 기뻐하고 당혹해할 가능성이 가장 높다. 첫 며칠과 몇 주가 지난 후에 당신은 자발적으로 기어를 다시 한 단 더 내리거나 고속도로를 완전히 떠날 결심을 할 가능성도 충분히 있다.

어쩌면 아직 남아 있을지도 모르는 한 가지 의문은 시간과 관련한 것이다. 다운시프팅 계획을 만들어내고 또 성공적으로 실행하기까지 보통 얼마나 걸리는가? 당신의 개인적인 목표 설정에 따라 보통

약 6개월에서 1년의 기간이 걸린다. 만약 당신이 자신의 직장 생활에 원칙적으로 만족하고, 신속하게 당신의 고용주와 일에서 오는 부담을 줄이기로 합의하고, 새로 생겨날 여가를 어떻게 그리고 무엇으로 채울 것인지 이미 알고 있다면, 몇 주만으로도 충분할 것이다. 당신이 완전히 탈진한 상태에 있고, 직업을 바꾸고 모든 면에서 진정한 새 출발을 감행하고 싶다면, 그것은 모든 필요한 사전준비를 포함해서 2년 이상 걸릴 수도 있다.

비록 다운시프팅이 쉬운 일을 하는 것 그리고 불필요한 부담에서 벗어난 생활을 하는 것과 밀접한 관련이 있기는 하지만, 때때로 이전의 생활과 고속 출세를 돌이켜보고, 왜 당신이 직장에서 성공했는지 생각해보는 것도 도움이 될 것이다. 그것은 아마 당신이 끈질기게 지속적으로 당신의 목표를 추구했기 때문일 것이다. 그러나 직장에서와는 달리 다운시프팅을 할 때는 다음 두 가지 사항을 기억해야 한다.

● 새로운 시장을 점유하거나 자신의 경력을 꾸려나갈 때와는 달리 다운시프팅에는 자신의 생활을 하루아침에 완전히 뒤바꿀 필요는 없다. 당신이 진정으로 무엇을 하기를 원하는지, 당신의 장점과 단점이 어디에 있는지, 당신이 어떤 직업 분야에 창의적인 소질이 있는지 알아내기까지, 간단히 말해서 당신의 포트폴리오가 충분히 만족스러울 때까지는 약간 시간이 걸릴 수도 있다.

● 우리들 대부분에게 어떤 변화를 불러오는 것은 장점과 단점을 동시에 지니고 있다. 따라서 첫 1, 2개월 동안 당신의 기분이 바뀌는 것은 지극히 자연스러운 일이다. 변화가 급격하게 이루어질수록 정신적인 동요의 폭도 더욱더 클 것이다. 이때 가장 위안이 되는 점은 변화를 불러오려는 소망은 심술궂고 옹졸한 유령과 같다는 것이다. 당신은 그 유령을 내쫓을 수 없다. 그것은 끊임없이 계속 나타난다. 그 유령에게서 벗어나는 유일한 방법은 실제로 그것을 붙들어서 그것과 대결을 벌이는 것이다.


## 다운시프팅에 관한 소견


처음으로 다시 한번 돌아가보기 바란다. 이 책의 첫 장, 그리고 지금까지의 생활과 일에 대한 딜레마에서 벗어나려고 노력하는 데 당신에게 결정적이었던 순간을 말이다. 인생 행 로와 직업 행로를 바꾸려고 결심을 한 사람들은 대부분 오랜 기간 동안 그 결심을 숙고하고 계획하고 검토한다. 그 다음에는 서로 다른 방법을 모색한다. 일부 사람들은 변화를 지향하는 모든 단초들을 다시 제거하고 계속해서 이전과 똑같이 살아간다. 비교적 신중한 다른 일부 사람들은 계획을 세우는 데 대단히 많은 시간을 들인다. 각 개인의 상황에 따라 하나의 가능한 실마리가 생긴다. 이미 서두에서 언급했듯이, 다운시프팅 계획은 당신이 경우에 따라서는 한 번도 혜택을 받지 못하는 유익한 보험과 같은 것이다. 마지막 세 번째 부류는 이러한 생각들을 성공적으로 실행에 옮긴다.

자신의 행로를 어느 방향으로 몰고 갈 것인지 벌써 어렴풋이 깨닫고 있는가? 만약 그렇지 않다면, 마지막으로 다시 한 번 이 책에서 나왔던 출세의 고속도로를 달리는 자동차의 비유를 생생하게 떠올려보기 바란다. 당신의 인생이 지금까지 어떻게 흘러갔는지 생각해보라. 이제 당신에게 어쩌면 우리가 아직 결과를 그려보지 못했던 어떤 시나리오가 떠오를 것이다. 그것은 추월선에서 질주를 하며 정신없이 휴대폰을 사용하는 것과는 거리가 먼 것이다. 오히려 그 반대다. 이 시나리오는 당신이 교통정체 속에 갇혀 있는 그런 내용이다.

흔히 직장과 출세는 정신을 못 차릴 정도로 빠르게 내달리는 것이 아니라, 앞 차가 내뿜는 매연을 마시고 교통 안내방송이 나오기를 기다리면서 정지해 있기도 하고 상황에 따라서는 거북이 운행도 하는 그런 것이다. 따라서 당신이 아직도 망설이고 있고, 마음속으로 멋지고 빠른 자동차와 넓고 한적한 도로를 아쉬워하고 있다면, 다음과 같은 점을 생각해보기 바란다. 고속도로를 벗어나 다른 길들로 돌아가는 편이 더 좋을 때가 자주, 너무나 자주 있다. 어쩌면 그것은 꼬불꼬불한 코스로 되어 있기도 하고, 좁은 도로를 지나 조그만 시골 마을을 통과하기도 한다. 그러나 대부분 자동차의 긴 행렬에서는 벗어나 있다.

그러므로 당신이 계획을 세우고 준비를 하는 기간이 얼마나 걸리는지는 결국 부차적인 문제일 뿐이다. 결정적으로 중요한 것은 그것이 언제 그리고 어떤 결과로 끝날지를 정하는 것은 바로 당신이라는 사실이다. 어쩌면 당신이 변화된 생활양식과 근무양식에 관한 계획을 성공적으로 실행에 옮기고 가장 가까이 있는 출구로 빠져나가기까지는 석 달이 걸릴지도 모른다. 어쩌면 또 몇 년이 걸릴지도 모른다. 당신이 새로운 직장으로 쉽게 옮기도록 해주는 돈을 모으고, 직업상 바라던 방향으로 가는 데 필요한 중요한 추가 자격을 획득하거나, 아니면 당신이 앞으로 살고 싶은 집을 수리하는 데 걸리는 기간 말이다. 그러나 이렇게 준비하는 기간이 이미 해방감을 주고 아주 많은 의미를 부여할 것이다. 당신은 너무나 오랜만에, 어쩌면 평생 처음으로 생활을 자신의 진정한 소망에 맞게 바꾸고 새로 꾸미는 일에 매달릴 것이기 때문이다.

한 가지는 확실하다. 언젠가는 당신이 깜빡이를 넣고 차선을 바꾸고, 어쩌면 자동차도 바꾸는 순간, 어쩌면 심지어 고속도로를 완전히 단념하고 가장 가까운 출구로 빠져나오는 순간이 올 것이다. 그것이 언제가 되든 간에, 그리고 결정적인 조처가 대단한 것이든 사소한 것이든 상관없이 — 이 순간은 당신이 경험할 최고의 순간이자 가장 큰 해방감을 느끼는 순간이 될 것이다.

이것은 당신이 운행 코스를 벗어난 곳에서 일어나는 일들에 눈길을 돌리고, 약속 일정표에서 이전에는 적혀 있을 가능성이 전혀 없었던 것들을 발견하는 순간이다. 이 순간은 직장이 당신이 원래 늘 그래야 될 것이라고 추측했던 바와 같이 되는 날이다. 즉 직장이 이전과는 달리 생활의 나머지 부분과 조화롭게 맞아 들어가는 인생의 필수적인, 그러나 훨씬 좋게 꾸며진 일부가 되는 것이다. 이 순간은 당신이 출세의 고속도를 벗어난 세상이 얼마나 볼 만한 가치가 있는지 확인하는 순간이다. 그리고 아침에 일어나서 새로운 삶의 의미를 찾았음을 깨닫는 그런 순간이다.